入門 アメリカ経済 Q&A 100

坂出　健
秋元英一　編著
加藤一誠

中央経済社

はじめに――この本の読み方――

　この本は，アメリカ経済について知りたいと思う人へのガイドブックです。ただし，スマホの検索マップのように「行き先」を入力すれば，GPS機能により道順と曲がり角を音声ガイドで提供してくれるようなスグレモノではなく，もう少し粗雑な，一昔前の紙製のユースホステル・ガイドのようなざっくりとしたつくりです。いわば，アメリカ経済について知りたいがどこから手をつけたらいいのか迷っているあなた，ヒッチハイカーへ，目的地へたどり着くノウハウを100トピックに凝縮したQ&A形式の書籍です。

読み方① まず，知りたい・気になるトピックを読んでみよう

　メキシコ国境の壁（**Q72**），オバマケア撤廃（**Q87**），銃乱射事件（**Q71**）など，目次を見て関心のあるクエスチョン，テレビ・新聞などのニュースに出ているアメリカ経済社会の用語について知りたいトピックは，巻末の索引（Index）でページを確認して読んでみましょう。

読み方② トランプ政権の経済政策について知りたい人は？
　　　　　　　また，「アメリカ経済論」の講義では

　「Part 7 トランプ政権の誕生」（**Q68-100**）を読みましょう。トランプ政権の誕生のプレリュードとなる，2008年リーマン・ショックから世界金融危機への展開，ラストベルトの苦境，量的緩和などの新金融政策など，そして，2020年大統領選挙に向けての動きが分かります。その上で，なぜトランプ政権が誕生したのか？　その背景を理解するために「Part 6 ニクソン・ショックからリーマン・ショックへ」（**Q51-67**）を読み進めてはどうでしょうか？

読み方③ アメリカ経済史の講義では

　まず，「**Q03** アメリカ経済史をどうとらえるか？」でおおまかな歴史区分を整理し，「Part 1 アメリカ革命から南北戦争へ」「Part 2 南北戦争から第1次大戦へ」「Part 3 第1次大戦から第2次大戦へ」「Part 5 第2次大戦後からニクソ

i

ン・ショックへ」と読んでいきましょう。フロンティアの開拓と消滅，長期停滞論の登場からニューディール政策へアメリカ史の骨格を読み解いていくことができます。

読み方④　アメリカの政策決定プロセス

　アメリカの経済政策を含む意思決定メカニズムには，日本の制度と異なるさまざまな制度・仕組みがあります。中間選挙（**Q31**），強力な大統領の権限・州の権限（**Q27/28**），法案成立メカニズム（**Q30**），独立した中央銀行制度（**Q35**）などです。これらについて，「Part 4 アメリカ国家の意思決定メカニズム」をお読みください。

各トピックの読み方

　本書の100トピックは，25人のアメリカ経済・経済史の専門家が執筆しています。100個のクエスチョンについて，おおむね見開き2ページで1つのアンサーを（別の解法もあるかもしれないが1つの解法として）叙述しています。各トピックの最後には，叙述のもとになった参考文献を，紙幅の都合で2冊ほど挙げています。さらに勉強を深めたい方は参考文献をお読みください。

　それでは，よい旅を。

CONTENTS

はじめに――この本の読み方―― i

INTRODUCTION
アメリカ経済・経済史を考える視角

- **Q01** なぜアメリカ経済を学ぶか？ 2
- **Q02** アメリカ経済の「強さ」と「貧しさ」の二面性とは？ 4
- **Q03** アメリカ経済史をどうとらえるか？ 6

PART 1
アメリカ革命から南北戦争へ　1775-1865年

- 時代を映す映画① 『オズの魔法使い』 ―― 12
- **Q04** なぜイギリスから独立したか？〈アメリカ革命〉 イベント 14
- **Q05** 中西部アメリカを変えたのはエリー運河か？〈運河〉 社会 16
- **Q06** 南北戦争はなぜ起こったか？〈南北戦争〉 産業 18
- **Q07** アメリカ建国理念は何か？〈建国理念〉 政策 20
- **Q08** マニュフェスト・デスティニーとは何か？〈明白な天命〉 政策 22
- **Q09** アメリカ人はなぜ西を目指したのか？〈西漸運動〉 政策 24

PART 2
南北戦争から第 1 次大戦へ　1866-1917年

🎬 時代を映す映画② 『華麗なるギャツビー』————28

Q10 奴隷制は成功したか？〈奴隷制〉 イベント　30

Q11 アメリカにとって移民とは何か？〈移民〉 社　会　34

Q12 フロンティアの消滅の持つ意味は？〈フロンティアの消滅〉 社　会
　　　36

Q13 ジョン・D. ロックフェラーはどのように石油産業を支配したのか？
　　　〈石油産業〉 産　業　38

Q14 火薬王から化学王へ……そして「デュポン財閥」とは？
　　　〈化学産業〉 産　業　40

Q15 ヘンリー・フォードの経営はどのようなものだったのか？
　　　〈大量生産〉 産　業　42

Q16 フォードとGMの経営にはどういう違いがあったのか？
　　　〈自動車産業〉 産　業　44

Q17 アメリカにおいて中小企業はどのような存在なのか？〈中小企業〉
　　　 産　業　46

Q18 アメリカ経済において教育はどのような意味を持つのか？
　　　〈人的資本〉 政　策　48

PART 3
第 1 次大戦から第 2 次大戦へ　1917-1945年

🎬 時代を映す映画③ 『タッカー』————52

- **Q19** アメリカ大恐慌とは何だったのか？〈大恐慌〉 [イベント] 54
- **Q20** なぜアメリカは世界貿易縮小を防げなかったのか？
  〈スムート・ホーレイ関税法〉 [イベント] 56
- **Q21** ワグナー法はアメリカの労使関係にどのような影響を与えたのか？
  〈ワグナー法〉 [社　会] 58
- **Q22** 道路を整備したのは誰か？〈道路インフラ〉 [社　会] 60
- **Q23** アメリカはなぜ銀行と証券を分離したのか？
  〈グラス・スティーガル法〉 [政　策] 62
- **Q24** アメリカの金融の仕組みはどうなっているのか？
  〈商業銀行と投資銀行〉 [政　策] 64
- **Q25** 長期停滞とは何か？〈長期停滞〉 [政　策] 66

PART 4
アメリカ国家の意思決定メカニズム

🎬 時代を映す映画④『ペンタゴン・ペーパーズ』————70

- **Q26** アメリカの政策はどのように意思決定されるか？〈意思決定〉
  [政策決定モデル] 72
- **Q27** なぜ，州の権限が強いのか？〈地方政府〉 [政策決定モデル] 74
- **Q28** 大統領の権力は強いのか？〈大統領権限〉 [政策決定モデル] 76
- **Q29** 大統領はどのように選出されるのか？〈大統領選挙〉 [政策決定モデル]
  78
- **Q30** 法案はどのように成立するのか？〈連邦議会〉 [政策決定モデル] 80
- **Q31** 連邦議会議員はどのように選ばれるのか？〈中間選挙〉
  [政策決定モデル] 82

Q32 ２大政党制はどのような仕組みか？〈共和党と民主党〉
[政策決定モデル] 84

Q33 通商政策はどのように決まるのか？〈通商チーム〉 [経済政策] 86

Q34 ドルの為替価値を管理しているのは誰か？〈財務省〉 [経済政策] 88

Q35 FRBは銀行（家）の銀行か？〈中央銀行〉 [経済政策] 90

Q36 株主を重視する経営とは？〈株主重視〉 [経済政策] 92

Q37 反トラスト法はなぜ強力か？〈反トラスト法〉 [経済政策] 94

PART 5
第２次大戦後からニクソン・ショックへ　1946-1971年

🎬 時代を映す映画⑤『アビエイター』―――98

Q38 公民権法の成立はアメリカをどう変えたか？〈公民権法〉 [社　会]
100

Q39 サンベルトはどのようにガンベルトに転換したのか？〈ガンベルト〉
[社　会] 102

Q40 エアラインはアメリカの世界をどのように広げたのか？〈航空〉
[社　会] 104

Q41 アメリカは環境問題にどのように対処してきたのか？〈環境問題〉
[社　会] 106

Q42 連邦財政はどのような仕組みか？〈財政〉 [政　策] 108

Q43 連邦税制にはどのような特徴があるか？〈税制〉 [政　策] 110

Q44 アメリカの社会保障の仕組みとは？〈社会保障〉 [政　策] 112

Q45 公的年金はどのような仕組みか？〈公的年金〉 [政　策] 114

Q46 私的（企業）年金はどのように確立されたか？〈私的年金〉 政　策
116

Q47 私的年金の本家（401k）はどのような仕組みか？〈401k〉 政　策
118

Q48 ブレトン・ウッズ体制とは何か？〈ブレトン・ウッズ体制〉 国際関係
120

Q49 ドルの「とてつもない特権」とは何か？〈基軸通貨〉 国際関係 122

Q50 ニクソン・ショックとは何か？〈金ドル交換停止〉 国際関係 124

PART 6
ニクソン・ショックからリーマン・ショックへ / 1971-2009年

🎬 時代を映す映画⑥『ソーシャル・ネットワーク』────────128

Q51 アメリカ経済はなぜスタグフレーションに陥ったのか？
〈スタグフレーション〉 イベント 130

Q52 スタグフレーションを解決したレーガノミクスとは？
〈レーガノミクス〉 イベント 132

Q53 ニュー・エコノミーとは何か？〈ニュー・エコノミー〉 イベント
134

Q54 ITがニュー・エコノミーをもたらしたか？〈IT〉 イベント 136

Q55 ニュー・エコノミーはグローバリゼーションを加速させたか？
〈グローバリゼーション〉 イベント 138

Q56 産業競争力論争とは何だったか？〈産業競争力〉 産　業 140

Q57 連邦における競争力政策とは？〈競争力政策（連邦）〉 産　業 142

Q58 州・地方政府は産業政策を行うのか？〈産業政策〉 産　業 144

V

Q59 冷戦終結でアメリカ防衛産業はどうなったのか?〈冷戦終結〉
産業 146

Q60 レーガン減税の効果とは?〈レーガン減税〉 政策 148

Q61 双子の赤字はなぜ生まれたか?〈貿易赤字・財政赤字〉 政策
150

Q62 合理的期待形成理論とは何か?〈合理的期待形成理論〉 政策
152

Q63 教育改革はアメリカ経済を再生させるか?〈教育改革〉 政策 154

Q64 オイルショックは世界経済にどのようなインパクトを与えたのか?
〈オイルショック〉 国際関係 156

Q65 黒字国責任論とは何か?〈経常収支〉 国際関係 158

Q66 プラザ合意とは何だったのか?〈国際マクロ政策協調〉 国際関係
160

Q67 IS(投資・貯蓄)バランス論とは何か?〈ISバランス〉 国際関係 162

PART 7　トランプ政権の誕生 / 2009-2019年

🎬 時代を映す映画⑦『8Mile』——————166

Q68 消費者の行動はサブプライム問題にどう影響を与えたか?
〈サブプライム問題〉 イベント 170

Q69 リーマン・ショックはなぜ起こったのか?〈リーマン・ショック〉
イベント 172

Q70 リーマン・ショック後の世界金融危機はどのように収束したのか?
〈世界金融危機〉 イベント 174

Q71 アメリカはなぜ銃保有を禁じないのか？〈銃乱射事件〉 社 会
176

Q72 メキシコ国境の壁は移民問題を解決するか？〈トランプ・ウォール〉
社 会 178

Q73 ラストベルトはトランプ大統領を誕生させたか？〈ラストベルト〉
社 会 180

Q74 シリコンバレーはなぜ勝ち続ける？〈シリコンバレー〉 産 業
182

Q75 イノベーションはなぜ大事か？〈イノベーション〉 産 業 184

Q76 トランプ政権はどのような中小企業政策を実施しているのか？
〈中小企業庁〉 産 業 186

Q77 アメリカのIT産業はなぜ強いのか？〈IT産業〉 産 業 188

Q78 アメリカのバイオ・医薬品産業はなぜ強いのか？〈バイオ医薬品産業〉
産 業 190

Q79 アマゾンは流通業を破壊するのか？〈流通〉 産 業 192

Q80 反トラスト法はアマゾンを止めることができるのか？〈ビッグデータ〉
産 業 194

Q81 次世代自動車を巡る論点は何か？〈自動運転・EVへの対応〉
産 業 196

Q82 バーナンキは大恐慌をどう再解釈したか？〈インフレ目標政策〉
政 策 198

Q83 リーマン・ショック後の量的緩和とは何だったのか？〈量的緩和〉
政 策 200

Q84 今日のアメリカ経済は長期停滞の状況にあるのか？〈長期停滞〉
政 策 202

Q85 テイラー・ルールとは何か？〈政策金利水準ルール〉 政 策 204

Q86 「出口」政策とは何か？〈出口問題〉 政　策 　206
Q87 オバマケアの行方は？〈オバマケア改革〉 政　策 　208
Q88 退職後所得保障に問題はないのか？〈年金〉 政　策 　210
Q89 トランプ減税とは何か？〈トランプ減税〉 政　策 　212
Q90 なぜ予算交渉は難航するのか？〈財政の崖〉 政　策 　214
Q91 ウォール街改革法の行方は？〈ドッド・フランク法〉 政　策 　216
Q92 アメリカがTPPに復帰する見込みはあるか？〈自由貿易協定〉
　　　 国際関係 　218
Q93 アメリカはNAFTAを脱退するか？〈NAFTA〉 国際関係 　220
Q94 トランプ政権による技術政策の変化とその意味合いは？〈技術政策〉
　　　 国際関係 　222
Q95 トランプ政権はなぜパリ協定離脱を表明したのか？〈温暖化ガス〉
　　　 国際関係 　224
Q96 米中貿易戦争はどうなるのか？〈米中貿易摩擦〉 国際関係 　226
Q97 今後の国際分業関係はどのように再編されていくのか？〈国際分業〉
　　　 国際関係 　228
Q98 グローバル・インバランスはどう調整されていくのか？
　　　〈国際収支不均衡〉 国際関係 　230
Q99 トランプはドン・キホーテか？〈まとめ〉 国際関係 　232
Q100 ポスト・ニューディール政治経済秩序はどこへ向かうか？〈展望〉
　　　 国際関係 　234

あとがき　237
索　引　241

INTRODUCTION
アメリカ経済・経済史を考える視角

●この章で扱うテーマ

なぜアメリカ経済を学ぶか？ ……………………………………… **Q01**
アメリカ経済の「強さ」と「貧しさ」の二面性とは？ ………… **Q02**
アメリカ経済史をどうとらえるか？ ……………………………… **Q03**

Q01 なぜアメリカ経済を学ぶか？

アメリカ経済を学ぶ意味①

　日本経済の展開が，アメリカ経済を中心とする国際経済の行方に大きく左右されているからです。もちろん幕末の開国による日本の国際経済への組み込みそのものが，アメリカをはじめとする米欧列強の思惑によるものでしたし，戦前においても，アメリカから日本への石油・くず鉄の輸出禁止などが，日本がアメリカに対して戦争を宣言する大きな原因でありました。戦後においても，日本は，アメリカ市場に対して輸出することで高度経済成長を遂げました。1980年代は，日米経済摩擦の時代であり，引き続くアメリカの対日経済改革要請と市場開放要求に日本経済は翻弄されました。今後の日本経済を考えるに当たっても，特にアメリカが主導する日米経済関係の検証が欠かせないものといえます。

アメリカ経済を学ぶ意味②

　日本経済の困難を打開するに当たって，アメリカ経済がアメリカ経済自体と国際経済のフレームワークの数回の危機をどのように打開してきたかを跡づけることが有効であるからです。20世紀において，アメリカは国際経済のリーダー（覇権国）として，大きく二度の経済危機を打開してきました。まず，第1に1929年のニューヨーク株式市場での株価暴落を発端とする1930年代の世界大不況です。国際貿易・投資の収縮に対して，アメリカは国内経済政策としては，ニューディール（新規巻き返し）政策と呼ばれる全体としての需要創出策を打ち出し，第2次大戦後には，ブレトン・ウッズ体制と呼ばれるドルを基軸通貨とした国際自由貿易体制を築きました。対外経済政策としても，西欧復興計画（マーシャルプラン）を打ち出し，1950・60年代には，米欧先進国経済の

活性化を実現しました。

　第2の危機は，上の政策の結果として生じたドル危機と1970年代の二度の石油危機，米欧先進国のスタグフレーション（インフレ下の景気停滞）でした。特にアメリカは，貿易赤字と財政赤字という「双子の赤字」を抱え，「超大国アメリカは衰退した」と叫ばれるようになりました。こうした危機を，アメリカは，競争力政策を通じた産業競争力の再活性化，デレギュレーション（規制撤廃）を通じたイノベーションの掘り起こしなど，主に供給面の改革を通じて，乗り越えてゆき，IT産業が主導する「ニュー・エコノミー（インフレなき高成長）」の時代を迎えました。2008年のリーマン・ショックによる経済停滞後も，ゼロ金利政策・量的緩和政策などの政策革新を主導し，「出口」戦略（中央銀行の資産圧縮）を着々と進めています。日本は，政策革新を通じて経済危機を克服してきたアメリカ経済のバイタリティを虚心坦懐に学ぶべきでしょう。

アメリカ経済を学ぶ意味③

　日本にとって最も重要なパートナー国のユニークな「異文化」を根底から理解することにつながるからです。国際関係から社会面にいたって映し出されるアメリカの姿は，往々にして，アメリカに最も近しい国を自負する日本国民にとっては，想像を絶することが少なくありません。特にトランプ政権が登場してから顕著なことですが，アメリカは，多国間国際協定からの離脱を自国優先主義・ユニラテラリズムの立場から宣言します。「移民の国」を標榜しながら，メキシコとの国境に「壁」をつくろうとしています。公立高校での銃乱射事件にもかかわらず，国民の銃の保持については頑なに権利として尊重します。

　アメリカ人は，アメリカ例外論に基づき，ときに「明白な天命」として，アメリカ的価値観の世界への普及——反植民地主義・反共産主義・中東民主化計画——に傾いたり，逆に，TPP離脱のように，アメリカの意思は多国間協定・国際法に縛られないとする孤立主義に回帰したりします。経済思想としても，機会の均等を重視する反面，個人の尊厳を追求する「小さな政府」論のような新保守主義経済思想もアメリカの伝統です。アメリカ経済を理解するには，国際面でも国内面でもアメリカのユニークな特質を理解することが不可欠です。

（坂出）

Q02 アメリカ経済の「強さ」と「貧しさ」の二面性とは？

本書の特色－アメリカ経済の強さと貧しさ

　低迷する日本経済・欧州経済を尻目に，アメリカ経済は，リーマン・ショック後のゼロ金利から脱却する出口戦略を模索し，金利上昇局面を迎えています。マクロ経済にとどまらず，ネット関連会社を中心に株価は力強く上昇しています。その一方で，トランプ政権は，TPP離脱・NAFTA再交渉・パリ協定離脱など，ユニラテラル（一国主義的）な姿勢をあらわにしています。こうしたアメリカ経済の「強さ」の反面，アメリカ経済には「貧しさ」という側面もあります。トランプの2016年大統領選挙の勝因には，「ラストベルト（錆び付いた地帯）」においてホワイト・プア（貧しい白人層）を取り込んだことが指摘されています。また，連邦赤字は拡大して財政の崖という現象が起こり，年金・医療保険においても，前オバマ政権期のオバマケアのような国民皆保険制度は見直されています。本書は，「アメリカ経済の強さの源泉はどこにあるのか？にもかかわらず貧困な大衆が出現したのはなぜか？」を，歴史（アメリカ経済史）と政策（アメリカ経済論）の両分野を，産業・金融・財政・地理・経済理論の諸側面から包括的に学べる入門書です。こうした視角を持つ本書のアメリカ経済像は，全体的なトーンとして，「衰退するアメリカ」「病める大国アメリカ」「自由と民主主義の国アメリカ」というアメリカ認識とは，異なるものです。

本書の構成

　本書は，アメリカ経済を中心とした国際経済の見取り図を，アメリカ経済の各分野の専門研究者が見開き2ページのコンパクトな叙述で解説します。本書は，アメリカ経済の歴史・理論・現状分析を，100トピックに厳選し，以下の

7つのパートに分けて学びます。「PART1 アメリカ革命から南北戦争へ」では，この時期におけるアメリカ建国の理念と国土拡張・地理・交通を説明します。「PART2 南北戦争から第1次大戦へ」では，金ぴか時代と呼ばれる格差の拡大を伴いながらアメリカ経済が成長を続けた時代を，産業王たちの登場と関連づけながら説明します。「PART3 第1次大戦から第2次大戦へ」では，1930年代の大不況でアメリカ経済の成長が止まり，ルーズベルト大統領のニューディール政策と第2次大戦の戦時統制経済の下で，アメリカに労働者中間層が成長して，格差が是正され第2次大戦後経済成長の礎が築かれるまでを扱います。「PART4 アメリカ国家の意思決定メカニズム」では，こうして成立したアメリカ経済成長体制において，各政府機関がどのような機能を持ち，どのようなメカニズムで政策の意思決定をしたのか，解剖します。「PART5 第2次大戦からニクソン・ショックへ」では，アメリカの高度成長が，1970年代の二度のオイルショックで終焉し，理論的にもそれまでのケインズ経済学（需要サイドの経済学）に頼ることができなかった状況を説明します。「PART6 ニクソン・ショックからリーマン・ショックへ」では，打開策として登場したレーガノミクス（レーガン大統領の経済政策）を検証します。レーガノミクスと社会政治思想としての新保守主義は，これまで縮小してきた格差を拡大するような動きを加速します。レーガノミクスの供給重視の経済思想は，デレギュレーション（規制撤廃）などの経済の供給面の改革の下，イノベーションと成長を遂げたアメリカ産業・企業の動態を描きます。そうした民間活力はアメリカ経済復活の原動力でしたが，その軌跡は同時にアメリカ国民の格差と分断を拡大するものでした。ニューディール以来の「大きな政府」解体の名の下に，社会保障・年金・医療は削減・民営化されていきました。「PART7 トランプ政権の誕生」では，なぜトランプ政権が誕生したのか，そしてどのような経済政策を実行しているのかを検討します。トランプ政権は，国内的にも国際的にもエキセントリックで一方的な自国中心的経済外交政策を展開し，世界におけるアメリカのリーダーシップを自ら放棄しようとしているようにも見えます。最後に，トランプ政権の経済を歴史的に位置づけ，アメリカ経済と世界経済の今後の展望を示します。

（坂出）

Q03 アメリカ経済史をどうとらえるか？

時期区分	世界におけるアメリカの位置	中心的産業	経済政策	特色
PART 1 建国～南北戦争 1775-1865	ステイプル（輸出特産物）輸出経済	タバコ～綿花	南部，自由貿易／北部，保護貿易	奴隷制をめぐる対立
PART 2 南北戦争後～第1次大戦 1866-1917	後発国として資本輸入，農産物輸出	鉄鋼業をベースにした製造業の展開，鉄道建設	保護関税	奴隷制廃止により国内対立は緩和，工業の急成長
PART 3 第1次大戦～第2次大戦 1917-1945	アメリカは債権国に，資本輸出	自動車中心の製造業，公益，住宅建設	消費者資本主義の展開，都市化と郊外化の進展	中産階級の初期的形成，ケインズ（需要重視）型福祉国家
PART 5 第2次大戦後～ニクソン・ショック 1946-1971	政治的，軍事的ヘゲモン，冷戦時代	製造業＋サービス経済	雇用法下で景気対応型経済政策	中産階級の本格的形成
PART 6 ニクソン・ショック～リーマン・ショック1971-2009	新自由主義の盟主	製造業，サービス経済，金融資本主義	激しいインフレーションへの対応に終始	ケインズ型福祉政策の退潮，供給重視型政策へ
PART 7 トランプ政権登場 2009-2019	リーマン・ショック後の政策対応に世界各国が協力	サービス経済，金融資本主義とニュー・エコノミーの本格化	量的緩和政策と金融制度改革のポリシー・ミックス	福祉国家の再定義へ 企業間，労働者間の競争激化

PART 1　アメリカ革命から南北戦争へ（1775-1865年）

　地理的に見ると，大西洋をはさんでヨーロッパと一体だったアメリカ経済が次第に自立して，国内市場を主たる成長源泉にする国民経済に変わっていき，経済の重心は次第に北東部から，中西部，そして西部・南部へと移動していく。フロンティアが終わったといわれる19世紀末以降，アメリカ経済の世界への働きかけが強まる。かつて孤立主義に彩られていたアメリカが一方では世界経済のグローバル化を押し進め，他方では，攻撃的なスタンスで自国産業支援にまわる。

PART 2　南北戦争から第1次大戦へ（1866-1917年）

　1871～1913年間の成長率（1人当たりGNP増加率，2.2）は，南北戦争前（1800～1860年間1人当たりGDP増加率0.94）の2倍を優に超えている。これを上回る成長率が10年を超える期間で出現するのは第2次大戦後である。この時期が高度成長期だったことがわかる。移民増加により労働力供給が急増したにもかかわらず，産出増加率が労働力増加率を上回った，すなわち，生産性上昇が顕著だったのである。むろん，フロンティア地域を含む西部は信用の欠如と高金利に苦しむ後進地域であり，こうした地域経済格差が南部・西部のこの時期特有の農民運動の背景にあった。

PART 3　第1次大戦から第2次大戦へ（1917-1945年）

　ウィルソン大統領が理屈をつけて参戦した第1次大戦によって，アメリカも世界も大きく変貌する。戦前，世界資本主義システムは，帝国主義と金本位制によって成り立っていたが，帝国主義は存続したものの，金本位制はその重みに堪えられず戦後世界は大きなゆがみを抱え込む。武器弾薬から食料，兵員の供給まで，アメリカに依存した連合国は，多額の未払いの借金を抱えた。逆にアメリカは債務国から債権国へと立場を逆転させた。敗戦国ドイツは巨額の賠償金を背負うことになり，戦後復興は多難だった。アメリカの好景気も株式ブームも，結局は脆弱なヨーロッパと農業国が支えなくてはならなかった。

PART5　第2次大戦後からニクソン・ショックへ（1946-1971年）

　「資本主義の黄金時代」あるいは，福祉資本主義の時代と呼ばれる。経済成長に伴って，生産性が上昇し，賃金がほとんど毎年上がる。所得の上昇に伴ってブルーカラー労働者が，中産階級化するプロセスが進行する。貧困率は年々上昇することはなく，所得分配による格差拡大の動きは抑制されていた。この時代の前半は「アメリカン・ドリーム」を体現するアメリカが生産も，消費も世界をリードし，生産性上昇が競争力を支えていたが，次第にヨーロッパや日本に追い上げられていく。

PART6　ニクソン・ショックからリーマン・ショックへ（1971-2009年）

　1973年に石油輸出国機構（OPEC）によるカルテルを契機として石油価格が高騰し，石油や原料安に依存していた先進資本主義国の繁栄が急速に終わりを迎えた。先進国は軒並み悪性のインフレーションに見舞われ，このインフレーションに対してケインズ政策が無力だったことから，ケインズ主義は急速に支持を失った。不況とインフレーション（物価高）が併存した1970年代を「スタグフレーション」の時代と呼ぶ。やがて，供給の経済学と呼ばれる，通貨供給量をコントロールする政策が多くの経済学者の支持を集めた。財政支出は例外なしに規律が設けられ，政府の再分配機能は著しい制約を受けることになった。財政の所得再分配機能が弱まったために，中産階級の所得上昇は抑えられ，最下層と上流階級との所得格差がかつてないほど拡大し，貧困階層のシェアが増大した。

PART7　トランプ政権の誕生（2009-2019年）

　ニュー・エコノミーという用語の言葉の響きのせいか，オールド・エコノミーと対比させて，ある一定の産業群を指すという用いられ方が多いかもしれない。「オールド・エコノミー」の定義は歴史上で変化してきた。とりあえずは，OECD諸国の第2次大戦後の経済成長をリードしてきた大量生産型の製造業と定義してよいであろう。ニュー・エコノミーとは，ネットワークとコンピューターにより勢いをつけられた，知識をベースにした経済のあり方である。ニュー・エコノミーは今日のグローバル化（GDP当たりの外国貿易のシェア，

外国直接投資，移民数，国際資本市場における企業の資金調達のシェアなどにより測られる）の大波に直面している現状を乗り切るのに必要な櫓を提供する。別言すれば，ニュー・エコノミーとグローバリゼーションと情報技術（IT）とは，今日の事態を理解するに必須な基本的三角形である。

現代の情報技術，ないしは情報通信技術（ICT）は，1947年にベル研究所で作られたトランジスターの発明に始まる。次は，テキサス・インスツルメントのキルビー（1958年）とフェアチャイルド半導体のノイス（1959年）の共同発明による集積回路の発明である。インテルの集積回路はソフトウェアによってプログラムされる機能を持つマイクロプロセッサーを生み出した。1971年にインテルはそれを商業化した。1981年にはIBMが個人用コンピューター（パソコン）を開発し，情報技術普及の分水嶺となった。

1965年に当時フェアチャイルド半導体会社研究室長だったゴードン・ムーアはのちに「ムーアの法則」と呼ばれるようになる「予言」を行った。彼は新しいチップ1個はそれ以前のチップ1個よりもほぼ2倍のトランジスターを持ち，それは18〜24カ月ごとに前のモデルから更新される。つまり，チップ容量は1年に35〜45％という幾何級数的成長を記録しているとした。実際には半導体はムーアの予測よりも加速的に早く，1年に40.9％の値下がりによって安価に提供された。この驚異的値下がりこそが企業にIT導入を加速させた大きな要因である。

2016年大統領選挙におけるトランプの勝利は，アメリカの景色を根本から変えてしまった。アメリカ北中部のかつての鉄鋼・自動車・石炭など製造業ベルトの，われわれの用語で言えば，オールド・エコノミーの中枢部を地盤とする白人貧困層がトランプを支えた。この断定は，一部しか正しくない。トランプのアメリカとオールド・エコノミーのアメリカとの間にも大きな亀裂が走っている。リーマン・ショックとその後の再編は，この亀裂をより深めた。アメリカの経済は金融再編によって富裕者階級がより裕福になった。注意すべきは，過去の情勢と異なり，富裕層の人々が社会的勢力として力をつけ，自らの主張を堂々と展開し始めたことである。かつてのアメリカでは，対外的な発信はもっぱら中産階級以下ないしは貧困層と彼らに同調する人々だった。

（秋元）

PART 1
アメリカ革命から南北戦争へ

1775-1865年

● 時代を映す映画①

　オズの魔法使い　The Wizard of OZ（1939年）

● この章で扱うテーマ

イベント	アメリカ革命	Q04
社　会	運河	Q05
産　業	南北戦争	Q06
政　策	建国理念	Q07
	明白な天命	Q08
	西漸運動	Q09

● 主なできごと

```
1763  砂糖法（アメリカ歳入法）制定
1765  印紙法制定
1773  ボストン茶会事件
1775  アメリカ革命（開始）
1787  フィラデルフィア制憲会議
1788  合衆国憲法成立
1790  スレイター，水力紡績工場設立
1791  ハミルトン「製造工業に関する報告書」
1793  ホイットニー，綿繰り機発明
1803  ルイジアナ購入
1825  エリー運河完成
1849  ゴールド・ラッシュ
1861  南北戦争開始（～65年）
1862  ホームステッド法成立
1863  奴隷解放宣言
```

時代を映す映画①

🎬 『オズの魔法使い』 The Wizard of OZ（1939年）

　カンザスの農場に住む少女ドロシーは，ここではないどこか素晴らしい場所があると夢想している。ドロシーはあるとき，竜巻に襲われ，魔法の国オズへ飛ばされてしまい，ドロシーの不思議な旅が始まる。旅の途中，ドロシーは，知恵がないカカシ，心を持たないブリキ男，臆病なライオンと出会う。カカシは脳を，ブリキ男は心を，ライオンは勇気を手に入れる願いを叶えてもらうため，ドロシーと魔法使いに助けを求める旅に参加する。魂を触れ合う経験を経るなかで，ドロシーは「（カンザスの）家が一番」と思うようになるが，実はこの「家が一番」と願うことこそが家へ帰る方法であった。ドロシーは銀の靴のかかとを3回鳴らして，カンザスに戻る。

　この作品は，寓話として，キャラクターが何を示唆しているかが問題とされてきた。なにしろ，「オズOz」そのものが，金の重量単位のオンスを暗示していることが明らかである。現代の経済学者マンキューは，オズを19世紀末のアメリカの金融政策に関する寓話だと解説する。1880〜1896年にかけて，アメリカ経済は，物価水準が23％下落するデフレ期で，カンザスを含むアメリカ西部の農民の多くは借金を抱え，物価下落は農民が抱える実質負債額を増大させた。他方，彼らに資金を貸していた東部の銀行家には有利であった。こうした状況下で，ポピュリズム（人民主義）派の政治家は，西部の農民が抱える問題の解決策として，銀貨の自由鋳造（「自由銀」）を提唱した。金に加えて銀も貨幣となるため，貨幣供給が増えて，物価水準は上昇し，農家の負債が実質的に軽減されると考えたのである。

　中西部のジャーナリストであった原作者ボームが『オズ』の各キャラクターにそれぞれ何を念頭に置いていたかについては論争があるが，例えば経済史家ヒュー・ロッコフは，次のように当てはめている。ドロシー「伝統的なアメリカの価値」，カカシ「農民」，ブリキ男「工業労働者」，臆病なライオン「ウィリアム・ジェニングス・ブライアン（自由銀を提唱した1896年の民主党大統領候補。大統領選では共和党のマッキンリーに敗れ，アメリカは金本位制にとどまる）」，黄色いレンガ道「金本位制」。ドロシーは黄色いレンガ道（金本位制）でなく，銀の靴（自由銀）により，カンザスへ帰ることができることを悟るの

は示唆的である。

　マーク・ハーツガードは，1939年のMGM映画版は，1900年の原作とは異なる「政治的寓話」を象徴していると指摘した。映画も原作も，ドロシー一行が，（不況に苦しむ農民・労働者が冷酷な資本家の妨害にあいながらたどり着いた）エメラルドの町は，「正午に起きて，1時から2時まで働く」労働者の楽園，つまり「ニューディール世界」なのである。労働者の楽園で人々を統治している大魔術師は，フランクリン・ルーズベルトに他ならないと解釈される。アメリカ国民の映画『オズの魔法使い』は，セルフヘルプというアメリカ国民の心の琴線に触れ，その挿入歌「虹の彼方」はアメリカの現代のヒット映画でも効果的に使われている。

参考文献　N．グレゴリー・マンキュー著，足立英之ほか訳（2001）『マンキュー経済学Ⅱマクロ編』東洋経済新報社．
　　　　　室谷哲（2003）「ポピュリズム外伝―『オズの魔法使い』考」『アメリカ経済史学』第2号．

（坂出）

Q04 イベント

なぜイギリスから独立したか？
〈アメリカ革命〉

植民地時代のアメリカ経済

　イギリス植民地時代，アメリカ経済において，北部と南部は，異なった経済的特徴を有していた。北部においては，田舎商人が成長していた。北部各地域は，それぞれ，自給自足的経済構造を持っており，各地域間の陸上輸送は困難であった。海上輸送は，比較的容易であったため，海港であるボストン，プロビデンス，フィラデルフィアなどの海港が発展した。田舎商人は，アメリカ東部の海港から，雑貨をアフリカ西海岸に運び，そこから，奴隷を西インド諸島に輸送し，砂糖などの西インド諸島特産品をアメリカ東部の海岸に運んだ。アメリカ北部沿岸部は，貿易・捕鯨を通じて発展したが，内陸部は自給自足にとどまっていた。

　他方，南部は，ステイプル（輸出特産物）生産のためのプランテーション型植民地として発展した。主要なステイプルは，タバコと綿花であった。バージニアなどアパー・サウスでは，イギリス向けのタバコ・プランテーションが発達した。綿花については，1780年代には，量産に適した内陸綿が栽培されるようになったが，綿花の量産・量販には，綿花栽培の労働集約的性格が制約となっていた。綿花栽培においては，畑から綿花を摘む作業，綿と種子を分離する作業に膨大な労働力が必要だったのである。後者については，ホイットニーが1793年に発明したコットン・ジン（綿繰り機）によって解決された。前者の綿摘み労働については，奴隷制度の拡大によって乗り越えられた。19世紀前半には，イギリス産業革命によって原綿需要が急速に拡大した。アフリカ系奴隷は，1800年の約90万人から1860年の約400万人に増大した。南部では，富裕な商人への土地の集積・買い占めが進んだため，大土地所有が発展した。奢侈品（タバコ）需要増大を通じて，南部経済とイギリス経済の結びつきが強化され

た。南部の綿花生産は飛躍的に増大し，当時進行していたイギリス綿業の産業革命に原料を供給した。南部植民地からイギリスに，タバコが輸出され，イギリスから南部植民地に工業製品が輸出された。つまり，南部経済は，イギリスの「プランテーション型植民地」として組み込まれた。

アメリカ革命の経済的要因

アメリカ革命の経済的要因としては以下が挙げられる。第1に，北部植民地における貿易・商業資本の発達が挙げられる。イギリスは，1733年糖蜜法を成立させ，北部商人に対する貿易活動に規制を加え，これに北部商人は反発した。第2に，貨幣金融問題である。全体として，アメリカ植民地からイギリスに正貨が流出し，アメリカ植民地は貨幣不足に陥った。貨幣不足解消の方法として，植民地政府は，政府紙幣および土地銀行券を発行した。貨幣の過剰発行はインフレを招いた。このインフレは，債権者であるイギリス本国商人の利益を損なうため，本国は植民地政府による紙幣発行を抑制した。貨幣発行の抑制は，植民地商人，南部プランターのイギリス本国に対する不満をかきたてた。

この状況下で，イギリスが，第3次英仏植民地戦争に勝利し，広大な植民地領有権を獲得し，その防衛のために巨額の公債が累積されイギリス財政が悪化した。これを賄うため，イギリス政府は，1763年以降わずかの間に，印紙法をはじめとする植民地課税を強化した。この課税に対する反発がアメリカ革命の直接の原因であった。アメリカ革命後，北部では，ニューイングランドで綿工業が発展した。初代大統領ワシントンは，経済的自立と国防力強化のため工業奨励策を唱え，1790年，財務長官ハミルトンに工業政策提案を要請した。ハミルトンは，1791年，「製造工業に関する報告書」を作成した。この報告書は，モノカルチャー的ではなく，均衡のとれた産業構造を持つ国民経済建設，そのための製造業奨励が必要と主張し，アダム・スミス流の自由貿易主義を批判した。

参考文献 安部悦生（2002）「ジェネラル・マーチャントと棉花プランテーション」安部悦生ほか『ケースブック・アメリカ経営史』有斐閣ブックス。
田島恵児（1983）「独立革命と『ハミルトン体制』」岡田泰男・永田啓恭編『概説アメリカ経済史』有斐閣。

(坂出)

Q05 中西部アメリカを変えたのは エリー運河か？

社会

〈運 河〉

「道路と運河に関する報告書」（ギャラティン・レポート）

　19世紀前半，主要なインフラは道路と運河であった。ジェファソン政権の国務長官アルバート・ギャラティンは，1808年「道路と運河に関する報告書」（ギャラティン・レポートと称される）を議会に提出した。これは，道路整備と運河の開削や河川の改良からなるアメリカ初の総合的な地域開発計画であった。しかし，当時の連邦歳入の97％は関税であり，1812年米英戦争によって輸入品が途絶えると資金は不足した。この後，20世紀まで，連邦政府が積極的にインフラ整備に関与することはなかった。

　ギャラティンが最も重要と位置付けたルートの1つにエリー運河が建設され，ニューヨーク州のエリー湖畔のバッファローとオルバニーが結ばれた。工事は1817年に始まり，1825年に全長363マイルの運河が州資金により完成した。

「運河の時代」

　小麦と小麦粉を中心とした西部農産物がエリー運河で東部に運ばれ，東部の製品が西部に運ばれた。運河の完成前から交通量が増え，運河経由で運ばれた小麦や小麦粉は，1835年に26万8,000バレル（小麦粉換算）であったが，1840年には100万バレルを超え，1860年には434万4,000バレルに増加した。オハイオからミシシッピ川を下り，ニューオーリンズを経て東部に運ばれていた西部農産物は，直接東部へ流れ始めたのである。

　19世紀の半ばまでの競争相手は荷馬車であったが，運河の経済性は揺るがなかった。荷馬車の速度は遅く，大量に運べないため，距離当たり運賃も高かった。エリー運河の完成後，馬車で1トン当たり100ドル前後であった西部貨物の運賃は15ないし25ドルに低下した。

完成からわずか10年後の1835年に拡幅が決定されたのは，エリー運河への投資が収益を生むことが分かったからである。運河の収入は1826年に69万ドル，1835年には138万ドル，45年には236万ドルに達した。

　エリー運河に続き，1832年にはオハイオ・イリー運河，1834年にはペンシルベニア・メイン・ライン運河（一部鉄道による連絡）が開通した。45年にはマイアミ運河，そして51年にはイリノイ・ミシガン運河が完成した。これらの運河は全体として五大湖地方を東部諸都市に結ぶ輸送システムを形成した。

　1840年までに全ての距離を合わせると，ニューヨーク〜シアトル間よりも長い3,326マイルもの運河が建設され，1816年からの間の建設費は1億2,500万ドルと推計されている。運河のほとんどは1824年から40年までに建設され，1840年から60年の間に大規模な運河は建設されておらず，鉄道建設が本格化する19世紀半ばには運河の時代は終焉を迎えていたと考えられる。

現在の内陸水運

　アメリカでは現在も内陸部で重くてかさばる農産物や鉱産物が産出される。**図表**は1980-2015年における貨物輸送の分担率を示している。35年間で内航水運のシェアは低下したとはいえ，2015年でも9.3％もある。交通手段の費用構造を比較すると，いずれの交通手段も距離に応じて運賃が高くなるが，船は陸送に比べて傾きがなだらかで，長距離輸送に適している。つまり，距離当たりの運賃は徐々に減少（逓減）するという性質を持っている。

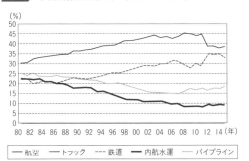

図表 貨物輸送分担率（トンマイル）

出所：Bureau of Transportation Statistics, Table 1-50より作成。

|参考文献| 加勢田博（1993）『北米運河史研究』関西大学出版部。
　　　　 櫛田久代（2009）『初期アメリカの連邦構造』北海道大学出版会。

（加藤）

Q06 産業

南北戦争はなぜ起こったか？

〈南北戦争〉

ジャクソニアン・デモクラシー

　1820～40年代には，ジャクソン大統領を旗手とするジャクソニアン・デモクラシーが活性化した。この時期には，男子普通選挙権が多くの州で認められていき，選挙権の拡大によって，大衆を政治的に動員するタイプの政治家が活躍するようになった。この時期の階級関係は，当時の富の象徴であった東部金融貴族（東部の大銀行や大商人など）に対する西部農民と都市民衆の団結の対抗関係であった。この対立は，「債権者」に対する「債務者」の対抗でもあった。低利の信用を得にくい地域であった南部のプランターたちも債務者として西部農民と同じ立場に立っていた。他方，この運動は，非白人のアフリカ系奴隷・ネイティブアメリカンの人権に対してはクールであった。

　しかし，北部の工業化の急速な進展と，エリー運河開通後の東西地域間の通商拡大，南西部への南部・北部両地域からの農民の入植拡大は，西部農民と南部のプランターの同盟関係を掘り崩した。西部が食料の市場向け生産を拡大するほどに，その輸出先は南部から工業化が進展する北部に向けられるようになり，南部プランターにとっては，奴隷制農業システムによる農業に対して，西部の自由労働・家族労働に基づく農業がライバルとなってきたのである。

　19世紀前半の経済成長の下に形成されてきた西部農民と北部資本家の新たな利害関係は，1854年の共和党の結成——西部農民の土地要求に対する産業資本の支持と北部産業資本の保護関税要求に対する西部農民の同意——は，両者が南部奴隷制廃止の一点で結合したものである。

解放奴隷の経済的・政治的地位－シェアクロッピング制とジムクロウ諸法

　南北戦争は北部の勝利に終わり，奴隷解放が宣言された。南部では約400万

人のアフリカ系奴隷が政治的自由を与えられ，プランターは奴隷労働力という最大の資産を失った。しかし，アフリカ系解放奴隷の経済的地位は不安定であった。アフリカ系奴隷は，生産手段も生活手段もなく文字通り無一文で「解放」されたのである。そのため，解放されたアフリカ系住民の大半は元のプランテーションに戻らざるを得なかった。南北戦争後の南部再建問題の中核は，解放されたアフリカ系住民をいかにして労働させるか？　にかかっていた。当初は，アフリカ系住民を年雇用契約による賃労働者として働かせ，プランテーション経営を再建する賃労働制が試みられた。しかし，アフリカ系住民は，賃金未払いなど，従来の奴隷労働と変わらぬ実態に反発したため，シェアクロッピング（分益小作）制が普及していった。この制度は，地主から土地・農具・種子・肥料などの生産手段を借りた小作人＝クロッパーが，綿花などの商品作物を家族労働で生産し，収穫物を地主と小作人で折半する分益小作制であった。この制度の下では，高率の現物地代，地主への生産手段の依存，など，南部におけるプランテーション的大土地所有の実態は変わらなかった。

　アフリカ系住民を労働者として吸収した北部と違い，南部諸州では，アフリカ系住民を人種的に差別した法案（総称としてジムクロウ法）が次々と制定された。南部では，これらの州法により，学校・病院・バスなどの公的サービス，交際・結婚などの人権，投票のような政治的権利について，アフリカ系住民は差別された。これらの法律は，1964年の公民権法制定まで，存続した。

　南部再建は挫折し，経済的にはシェアクロッピング制，政治的・法的にはジムクロウ諸法により，アフリカ系住民の経済的・社会的地位は，南北戦争時の奴隷解放宣言にもかかわらず，低いままで，推移した。北部と南部の対立の中心的問題であった，南部の奴隷制の問題は，未解決のままに持ち越され，北部の工業的発展，南部における社会システムの堅固さ，西漸運動による西部の外延的発展というアメリカ経済の19世紀後半以降の展開のなかで，諸問題のなかでも中核的問題として持ち込まれた。

参考文献　秋元英一（1995）『アメリカ経済の歴史 1492-1993』東京大学出版会。
　　　　　宮野啓二（1983）「南部奴隷制とその解体」岡田泰男・永田啓恭編『概説アメリカ経済史』有斐閣選書。

（坂出）

Q07 政策

アメリカ建国理念は何か？

〈建国理念〉

「アメリカという国」の建国理念

　アメリカは，1787年にフィラデルフィアの制憲会議で成立し，翌88年に発効以来，27回の修正を経て，いまだに機能し続ける世界最古の成文憲法を持つ国である。このアメリカ合衆国憲法と3年後に追加された修正10カ条，いわゆる権利章典で構成される政治インフラの形成過程を正確に理解することがアメリカ建国の理念を知る一番の近道である。

　まず1776年の独立宣言から，イギリスとの3年間のアメリカ革命とその勝利，1783年のパリ平和条約による独立獲得を経て，1788年にアメリカ合衆国憲法が発効するまで，12年間もかかっているという事実を知らねばならない。これは，初代大統領に収まるワシントン以下当時の指導者，今では「建国の父たち」と呼ばれるエリートたちが，イギリスやフランスとは違う「新世界」アメリカならではのオリジナルな民主主義をつくるのだ，という気負いとこだわりの下で，事実上の独立国であった13のイギリス植民地，つまり現在の州が連合して新国家をつくる過程で，州政府対連邦政府，大州対小州，東部対南部，商業対農業，都市対地方，常備軍対民兵──といったあらゆる種類の利害の対立の調整のために時間がかかった，ということである。あえて時間をかけたともいえる。

　この結果，まず旧植民地を州として，その州権を尊重した上で，いわゆる三権分立によるチェック・アンド・バランスのシステムを通じて人民の主権を確立する──といった原則を骨子とするアメリカ型民主主義が誕生する。その中心に座るのが，こうしたさまざまな対立をまとめ上げ，「妥協の束」とも呼ばれた合衆国憲法である。

アダム・スミスの予言

　制憲会議は1787年5月25日，独立軍総司令官であったジョージ・ワシントンを議長にかつぎ出し，ロードアイランドを除く12の州から55人の代表が出席，秘密会として始まった。バージニア州のジェームズ・マディソンが提出したバージニア州案をもとに討議が進む。蒸し暑い夏だったという。81歳のベンジャミン・フランクリンら独立宣言に署名した8人の元勲に交じって，36歳のマディソン以下30代の若者たちのエネルギーが議論をリードした。

　最大の問題点は，1781年に13の州を事実上独立共和国として認めて出来上がっていた連合規約を，どこまで修正して連邦として機能する中央権力をつくるかであった。特に人口に比例して議席数が決まる二院制を主張するバージニア州案と，各州平等に1票を持つ一院制に固執したニュージャージー州案が激しく対立。しかし最終的には，下院を人口比に応じた議席数とすると同時に，上院は大小に関わりなく各州平等に2票を割り当てる，というコネティカット州案が採用される。「偉大なる妥協」と名付けられている。

　続いて黒人奴隷に投票権は認めないものの，各州の人口数（下院の議席数に反映される）に付け加えることを求める南部諸州と，これに反対する北部諸州との対立も，各州の奴隷をその5分の3だけ人口として数える「5分の3妥協」が成立し，大筋の草案がまとまる。

　あのアダム・スミスが1776年3月，つまりアメリカ独立宣言の4カ月前に出版した有名な『国富論』の中で，このアメリカ建国について興味深い観察を残している。スミスは，『国富論』第4編第7章「植民地について」の中で，「アメリカの発見と喜望峰経由での東インド航路の発見は人類の歴史に記録された最大かつ最重要な出来事である」と述べている。そして最後を「しかしこの帝国の維持のためには巨額の経費がかかっており，この負担から解放されることを考えておいた方がいい」といったアメリカ独立を容認する文章で結んでいる。

参考文献　斎藤真（1992）『アメリカ革命史研究―自由と統合』東京大学出版会。
　　　　　　五十嵐武士（1984）『アメリカの建国』東京大学出版会。

（松尾）

Q08 政策

マニュフェスト・デスティニーとは何か？

〈明白な天命〉

「明白な天命」というマインド

　アメリカの19世紀以後の西部への発展の歴史の中で「明白な天命（Manifest Destiny）」というスローガンが果たした役割を忘れてはならない。日本ではなぜかなじみが薄い。

　1803年，第3代大統領に就任したジェファソンの下で，東部，南部の13州だけだったアメリカ合衆国の領土を一気に2倍にする「ルイジアナ購入」というドラマから話が始まる。1801年のスペインとの秘密協定でルイジアナを手に入れ，アメリカ大陸での「ニュー・フランス」建設の夢を見ていたナポレオン（1世）が，ハイチの黒人奴隷による共和国樹立運動の鎮圧に手を焼き，同地に進駐していたルイジアナへの遠征軍6万人が立往生する事態に，1,600万ドルでミシシッピ川流域地方をアメリカに売却する決断を下したからである。新興国アメリカにとっては，脇腹にスペイン，フランスという植民地大国が居座る可能性が2つとも一気に吹き飛んでしまう幸運だった。

　ジェファソン大統領は，すかさず翌1804年5月，自らの秘書であったメリエザー・ルイスとその同僚のウィリアム・クラークの2人にセントルイスからミシシッピ川をいかだ型の船でさかのぼり，必ず太平洋側に達し，そのルートを地図に残すとともに，「出会ったもの全ての事物」について記録してくるように命じた。2人は1年半後の1805年11月，同行の先住民ガイドに恵まれたこともあって，ロッキー山脈越えに成功，コロンビア川河口で太平洋と対面する。ジェファソンの戦略と計算が成就した一瞬でもあった。

　この結果，アメリカが大西洋と太平洋という2つの大洋を支配することになった高揚感のなかで，ニューヨークで弁護士として活躍していたジョン・オサリバンという人物が「アメリカの西への発展は神の祝福を得ている」として

「明白な天命」という表現を唱え出す。

　オサリバンは，メキシコから独立を果たしたばかりのテキサス併合が現実のものとなった1845年，自らが発行する『合衆国雑誌および民主評論』という雑誌に「未来ある偉大な国家」と題する論文を発表，「年ごとに増える何百万人という国民の自由な発展のために，神意によって割り当てられた大陸に拡大するというわれわれの「明白な天命」」といった具合に「明白な天命」という言葉が初めて使われる。

　また，この論文では，「すでに誰も対抗しえないアングロ・サクソン移民の先遣隊が，クワとライフルを持ってカリフォルニアへ殺到し始めた。カリフォルニアは独立と自治の権利を手にするだろう。大西洋の帝国と太平洋の帝国が1つとなって動き出す日は近い」と赤裸々にその後アメリカ最大の州となるカリフォルニア獲得の野心が語られている。1845年，第11代大統領に就任したジェームズ・ポークの下で，この「明白な天命」路線は国策となった。

「明白な天命」と中国

　ただし，中国との関係では，オサリバン論文の61年も前に，アメリカ建国の父たちの手によって「中国皇后号」と名付けられた商船が初めてインド洋を渡り，30トンの米国産朝鮮人参などを積んで静かに広東の港に入り，普通の商取引を始めていた。アヘン戦争では中立を守りながら，1844年には戦勝国イギリスと同じ内容の望厦条約を結んで国交を樹立。当時，ジョン・タイラー大統領は清朝の道光帝に宛てた親書の中で「太平洋だけが隔てる2つの偉大な国の平和な関係」を強調，「明白な天命」路線のパートナーとしての中国への期待感をのぞかせている。このあと，アメリカは1853年，黒船の砲艦外交による日本開国，南北戦争を経て，アラスカ購入（1867年），ハワイ併合（1898年），フィリピン領有（1898年）と続き，1899年，ヘイ国務長官が中国の門戸開放宣言を発表する。この「明白な天命」路線の終着点が，アメリカと日本との不幸な戦争の遠因となる。

> **参考文献**　松尾文夫（2017）『アメリカと中国』岩波書店．
> 　　　　　　岡田泰男（1994）『フロンティアと開拓者—アメリカ西漸運動の研究』東京大学出版会．

（松尾）

Q09 政策

アメリカ人はなぜ西を目指したのか？
〈西漸運動〉

ターナーのフロンティア理論

歴史家F. J. ターナーが，1893年の「アメリカ史におけるフロンティアの意義」で提示したフロンティア理論は，19世紀のアメリカ経済を説明する経済史学説であるにとどまらず，ヨーロッパとは異なるアメリカ社会の特質を包括的に説明するテーゼ的な意味を持ち，肯定派・批判派の双方から活発に論じられてきた。

岡田泰男の整理に基づけば，ターナーのフロンティア理論はおおむね次のような内容を持つ。①［西部開拓］アメリカの歴史は西部開拓の歴史であった。西部に拡がるような土地の存在とそこを開拓するフロンティア・スピリッツがアメリカ史の基本線・原型である。②［流動性］そうした絶えず前進線をすすめるフロンティアでは，不断に未開の状態への回帰とそこが新たな発展を遂げるという再生の繰り返しこそが，アメリカの生活様式の流動性を生み出し，新たなチャンスをもたらす西部への拡大こそが，アメリカ社会の性格を大きく特徴づけている。③［国民性としての人種のるつぼ］フロンティアは，「アメリカ人」という移民群という混合的な主体からなる国民を形成した。フロンティアにおけるるつぼにおいて，移民は「アメリカ化」され，1つの混ざり合った集合体が発生した。④［個人主義］フロンティアは民主主義と個人主義を育んだ。フロンティア開拓に必要なセルフヘルプの精神は個人主義を生み出した。そうした，本来反社会的であり，あらゆる支配・抑圧に対しても，反抗の芽を持つ。⑤［自由な土地とチャンスの平等］自由な土地が存在する限りにおいて，自力で財産を得るチャンスは人々に公平に与えられ，そうして獲得された経済力は政治的な力をもたらすことになる。

なかでも，⑤「自由な土地とチャンスの平等」が重要である。ターナーはフ

ロンティア理論において，自由な土地の特別な重要性を次のように述べている。「アメリカの開拓地の西側に，いつも自由な土地が拡がっているということが，最も重要である。東部で社会状況が固定化する傾向のあるとき，資本が労働を圧迫したり，大衆の自由を妨げるような政治的束縛のあるときには，いつでもフロンティアの自由な状態へ逃げられる門があった。自由な土地は，個人主義，経済的平等，立身出世の自由，民主主義を促進した」。岡田泰男は，同節の前半部分が「西部に自由な土地があったので，労働者に逃げ道が提供され，激しい社会的対立や労働運動が生じなかった」という安全弁説に当たると指摘している。安全弁説は，アメリカではヨーロッパと違い，労働運動・社会主義が高揚しなかった要因としても解釈できる。

　フロンティア理論は，民主主義・個人主義・平等・機会・開拓者精神といったアメリカ的価値・美徳を白人開拓民の立場から，ある種ユートピア的に描くものであっただけに，1960年代においてベトナム反戦・公民権運動といったカウンター・カルチャーが台頭してくるなかで厳しい批判にさらされるようになった。ターナーが「自由（free）な土地」として前提とした西部を含む北米地域にそもそもネイティブアメリカンが生活しており，アメリカのフロンティア拡大がネイティブアメリカンの生活拠点である土地を強奪するプロセスであったことの等閑視は再考されるべきであろう。アメリカ史学においても，ターナーが射程に入れなかった先住民史・女性（ジェンダー）史・環境史などアメリカ史を多面的・複眼的に捉える研究諸分野が活性化した。こうしたアメリカ史の研究の新しい諸潮流と西部研究の相対化は，多くの成果を生み出すことになったが，「アメリカとは何か」という中心命題との関連で総合化に向かうことが期待される。

参考文献　岡田泰男（2003）「第6章　フロンティアの経済史的意義」岡田泰男・須藤功編著『アメリカ経済史の新潮流』慶應義塾大学出版会。
　　　　　岡田泰男（1994）「『フロンティア理論』100周年：ターナー学説の批判と評価」『三田学会雑誌』87（3）。

（坂出）

PART 2
南北戦争から第1次大戦へ

1866-1917年

●時代を映す映画②

　　華麗なるギャツビー　The Great Gatsby（1974年，2013年）

●この章で扱うテーマ

イベント	奴隷制	Q10
社　会	移民	Q11
	フロンティアの消滅	Q12
産　業	石油産業	Q13
	化学産業	Q14
	大量生産	Q15
	自動車産業	Q16
	中小企業	Q17
政　策	教育（人的資本）	Q18

●主なできごと

　1866　南部でシェアクロッピング制度開始
　1869　大陸横断鉄道開通
　1870　スタンダード石油会社成立
　1887　州際通商法制定
　1890　シャーマン反トラスト法成立，フロンティアライン消滅
　1913　連邦準備銀行発足
　1914　フォード社，移動組立法導入

── 時代を映す映画② ──

華麗なるギャツビー　　The Great Gatsby（1974年，2013年）

『オンリー・イエスタディ』

　1920年代は現代アメリカの原型ができた10年間といってよい。消費，自動車社会，郊外の大きな宅地をはじめとする都市のかたち，などさまざまである。

　1920年代を描いた小説には，F.L.アレン『オンリー・イエスタディ』（筑摩書房）があり，20年代を面白く描いたこの小説が後年の1920年代像に影響を与えたことは否定できない。映画にしても，「Once Upon a Time in America」，「アンタッチャブル」をはじめ，20年代を舞台にしたものが少なくないし，アレンの世界と重なる。「華麗なるギャツビー」は2度も映画化され，ハリウッドを代表するロバート・レッドフォード，レオナルド・ディカプリオという2人の俳優がギャツビーを演じている。

禁酒法は密造の動機をつくり，酒の価格を引き上げた

　ニューリッチであるギャツビーは，ニューヨーク市郊外の海辺の豪邸で暮らす。週末にはパーティーを開き，貧しさゆえに結ばれなかったケンタッキー州・ルイビル育ちのデイジーが来るのを待っている。映画はギャツビーの隣人の若者ニック・キャラウェイを語り手にして展開し，パーティーでは，禁酒法下でも客に酒がふるまわれ，客はチャールストンに興じる。

　禁酒法とは，憲法修正第21条とそれを実効あるものとするボルステッド法のことである。好景気によって所得が増加した1920年代には，嗜好品である酒の需要は増えたはずである。しかし，新たな供給はゼロと法で定め，財務省酒類取締局は密造を摘発したため，アルコールの生産コストは上昇し，価格はさらに上昇した。利益は密造者であるアル・カポネなどのギャングの資金源ともなった。ギャツビーもその利益を得て，財を成したことが示唆される。

好景気の影響と郊外化

　第1次大戦で戦場となったヨーロッパに代わり，アメリカは世界の工場となり，GDPも増えた。人々の所得は増え，より広い宅地を求めて都市内鉄道の周囲にあった住宅は，郊外に移動した。都心への通勤には自動車が必要であっ

た。この映画で自動車は重要な役割を果たしている。

　郊外への道路は未舗装であり，信号や標識も少なく，接触事故になりそうになる場面がある。ガソリンスタンドや自動車修理業を営むウィルソンの自動車屋は，ニューヨークと郊外を結ぶ未舗装道路の交差点にある。フォード社がT型フォードを大量生産し，自家用車は安くなった。自動車屋は勃興した関連産業だが，商売は好調といえない。物語の終盤，ウィルソンは自分の妻を轢死させたと勘違いし，ギャツビーを撃つ。

　ニックがパーティーの参加者を紹介する1コマでは，アメリカのクラス（階層）がうかがえる。ギャツビー邸のあるウエスト・エッグは新興地である。イェール大学卒業のブキャナン夫妻（トムとデイジー）が住むのは，対岸のイースト・エッグである。パーティーには，ウエスト・エッグから多数の映画関係者が招かれた。当時の映画の中心はニューヨークであった。新興の地ウエスト・エッグと20世紀に勃興した新産業にギャツビー自身が投影され，イースト・エッグには，トム・ブキャナンのような旧世代のリッチたちが住んでいたと想像できる。

参考文献　上岡伸雄（2013）「解説　ジャズ・エイジの寵児，その人生を映した名作」『偉大なギャツビー』集英社文庫。

（加藤）

Q10 イベント

奴隷制は成功したか？

〈奴隷制〉

近代の奴隷制

　炎天下のエジプトで足に鎖をつながれたまま，成人男性が巨大な石を運ぶ姿か。あるいは，今日のアフリカで鎖こそないものの，年端のいかぬ子どもたちが水を運び，観光客に花や食物を売る姿か。

　上の例では，前者が前近代の奴隷制，後者が現代の奴隷制の一例である。大西洋を越えてアフリカから連れてこられた黒人奴隷たちは，大雑把には約1千万人，経済史上では，必要とされた農園の種類によって大きく砂糖文化圏と綿花文化圏とに分かれる。今日のアメリカ合衆国の地理的範囲では，アメリカの植民地時代にはタバコ農園が中心だった。やがて，19世紀に入る頃から，綿繰り機（コットン・ジン）の発明によって，綿花生産の技術的な隘路が克服され，タバコに代わって綿花農園が最盛期を迎える。同じ奴隷制プランテーションでも，綿花農園と砂糖農園では大分様子が異なる。砂糖農園はまず規模が大きく（ジャマイカのプランテーションの奴隷数の平均は180人，アメリカ南部綿作プランテーションの中位奴隷数は35人），したがって農業労働者の数が多い上に，砂糖精製の工場を併設していたために，労働強度が上回り，個々の労働者に対するプレッシャーは綿作農園よりも大きかった。労働者は多くの場合集団生活を強いられ，家族単位で住むことのできた綿作農園よりも労働条件は厳しかった。

アメリカの奴隷制研究

　アメリカの経済史研究においては，奴隷制が効率的だったか否かを巡って論争が繰り広げられ，フォーゲルとエンガマンによる新しい解釈は，奴隷制の収益性を広く承認することとなった。奴隷制の解釈を巡って新しい解釈は，どの

ような研究史上の革新をもたらしたのだろうか。

　日本では，残念なことにアメリカの新解釈はほとんど受容されず，南部奴隷制研究はいまだにアメリカから見ると，半世紀も遅れている。まず前提として，アメリカでは，経済史と社会史の学者間の史資料を巡る協力関係が広汎に見られ，彼らの間の切磋琢磨が研究を前進させた。センサスの数字の元となる原票はプランテーションの具体的な姿をよみがえらせ，プランターの日誌や遺言記録も多面的に利用され，それらが数量的に深く分析された。

　言うまでもなく，奴隷所有がプランターにとって収益を生むためには，予期される奴隷の年々の産出額が，同じ奴隷の生涯に及ぶ維持コスト（生活を維持するために必要な食料，衣料，住居，道具，医療費の総額）を上回ることが必要である。その場合，奴隷価格はプラスとなって，奴隷制生産は収益を生む。1850年頃の男性奴隷の平均純収入は，35歳前後で最高点に達する。奴隷が8歳までの時期は，養育費（コスト）の方が産出額を上回るから，収益はマイナスである。老齢になって75歳を超えると，純収入はマイナスに転ずると見られていた。こうしたことから，奴隷所有が生む累積生涯価値は10％前後であり，これをプランターが実現していたことになる。奴隷制の伝統的解釈では，購入した時点の奴隷価格が売却した時点の価格を上回るときにのみ，収益を得られるとされた。ここでは明らかに，目に見える衣食住の費用以外のコストが捨象され，プランターにとっての収益が過大評価されていたわけである。

土地の主と労働者の主

　次に，綿花生産を巡る地理的ダイナミズムに目を向けよう。

　アメリカ南部綿花生産の地理的分布の推移を見ると，19世紀初頭には，南北カロライナやジョージア州など旧南部が中心で，南北戦争直前になると，ミシシッピやテキサスといった新南部が比重を増していることが分かる。アメリカ史の常識からすれば，新しく農業に参入する場合には，肥沃でかつ土地の安い西部に入植しようとするだろうことは容易に想像がつく。だが，南部の中での東部から西部への人口移動が奴隷の移動を伴っていたことは見過ごされがちである。自由な労働力と奴隷労働力との大きな違いは，後者が奴隷主，プランターに所有されていることだ。プランターが南西部に良い土地を見つけて，自

分の農場を移転したいと考えた場合，移動と開墾の費用以外に障害は見つからない。奴隷労働力の供給は保障されていたからである。だが，このことは，逆にプランターの経営上の選択肢を狭めることとなった。プランターは絶えず，奴隷労働力当たりの生産性を最大にすることに留意せざるをえなかった。ガヴィン・ライトの言うように，南北戦争前のプランターは「労働者の主」（laborlord）でなくてはならなかった。これに対して南北戦争後のプランターたちは，文字通り「土地の主」（landlord）であった。

　南北戦争前の南部では土地所有でなく，奴隷所有が時とともに集中した。奴隷の蓄積と他のあらゆる形態の富の蓄積が高度に相関していた。男性の農業奴隷の平均価格が1,000ドルを超えた1850年代には，奴隷2人を所有した人々は，北部の平均的な人々と同じくらい金持ちだということになり，奴隷1人の平均価値は大半の家族の年収を上回った。奴隷所有者階級内部でも，多くの奴隷を所有するプランターがはるかに多くの富のシェアを占めた。ロレンツ曲線を示した**図表**を見れば明らかなように，1860年，北部農場のジニ係数は0.486だったのに対して，南部農場のそれは，0.716であり，南部農場の分配の不平等がきわだっていた。

アメリカ国民経済と南部経済の関係

　南北戦争前の南部経済は，産業革命の渦中にあったイギリスに向けての綿花輸出をベースに発展した。綿花輸出を死活問題とする南部は自由貿易を支持し，幼弱な綿工業を育てる必要のあった北部は保護貿易を支持した。ダグラス・ノースは，南北戦争前のアメリカ国内の地域間通商について周知の仮説を提示した。それによれば，1815〜43年間のアメリカの経済成長を主として促進した究極の要因は，南部の綿花に対するイギリスの需要の増大である。それによって南部は綿花に対する特化を強め，南部は西部の食料と北東部で生産される安価な製造業品（主として奴隷用の長靴，靴，および粗綿布の衣料品）に対する需要を増加させた。交通革命によって輸送コストが下がると，国内市場の規模が拡大し，大規模生産の経済が実現し，地域ごとの経済的特化が進んだ。北東部が製造業により特化し，都市化が進むにつれて，西部の食料に対する南部の需要は増加した。各地域はそれぞれの生産の比較優位を生かして発展し，他地

図表 北部農場と南部農場の所得の不均等（1860年）

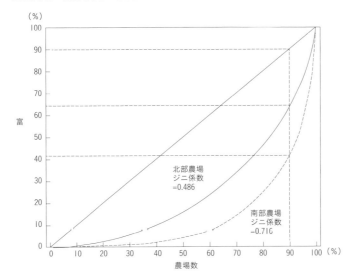

資料：Ransom, *Conflict and Compromise*, 1989, p.64.
注：図の対角線はジニ係数＝0の，富の分配が全く平等な場合を想定している。

域で生産された財貨をますます多く需要した。1843年以降は，綿花に対する海外需要の主導的役割は減少し，国内市場諸力の重要性が増大した。

　こうして，南部の綿花輸出が，北東部の工業製品，西部の食料生産に拍車をかけ，南部の富が西部と北部に「流出」する結果となる。また，当初もっぱらイギリス向けだった南部の原料綿花は，北部の綿工業生産の拡大に伴って，北部向けにますます多く供給されるようになり，1790年には500万ポンドだった国内の工業用綿花使用量は，1860年には4.33億ポンドに急増した。

参考文献 R. W. フォーゲル，S. L. エンガマン著，田口芳弘・榊原胖夫・渋谷昭彦訳（1981）『苦難のとき―アメリカ・ニグロ奴隷制の経済学』創文社。
秋元英一（1995）『アメリカ経済の歴史』東京大学出版会。

(秋元)

Q11 社会

アメリカにとって移民とは何か？

〈移 民〉

　アメリカ資本主義の成立と発展の究明を研究課題とするアメリカ経済史研究にとって移民は重要なテーマである。国内の農業地域から労働力が供給されたヨーロッパとは異なり，労働市場に参入してきた移民を賃金労働者として活用したことにアメリカの特徴があるからである。

　資本も労働も自由に国境を越えた19世紀の国際移民の時代に，アメリカは世界最大の移民受入国となった。その理由として，高い労働力需要や生活水準など移民を惹きつけるアメリカ側のプル要因と経済不況や戦争など送出国側のプッシュ要因とが重なったことがある。景気変動に応じて移民数が増減したことから見ても，移民の推移は経済的要因に強く規定されてきた。

　特に19世紀後半からの工業化の進展は産業労働力需要を大幅に増加させた。この頃から移民の主要な供給源はイギリスやドイツ，アイルランドなど北西欧の旧移民からイタリアやポーランドなど東南欧の新移民へと転換した。この新移民は大量生産体制における半熟練・不熟練労働力層を形成し，アメリカ経済の成長を支えた。一方で新移民は，その多くが英語を話すことのできない単身の出稼ぎ労働者であったこと，宗教的にもカトリックやユダヤ教など多様だったことから，アメリカ社会への同化が疑われるようになった。加えて中国や日本などアジア移民の増加も，移民制限の機運をいっそう盛り上げることとなった。

　とりわけ労働組合は移民労働者の増加が自らの賃金水準や労働環境を悪化させたとして移民制限を要求し，移民を求める経営者側と対立した。新移民を貧困や犯罪，政治的汚職の温床と考えた上流階級出身の知識人らもこの移民制限運動に加わった。排外主義感情の高揚は，「科学」を装った人種差別思想が学術的に正当化されたことによって勢いづいた。その結果1882年に中国人排斥法

が制定されたのを皮切りに，1917年には識字率の低い新移民の入国を制限する目的で「識字テスト法」が，1921年と1924年には移民の出身地や移民個人の資質に応じて入国者を選別する出身国別の移民割当法が成立した。1924年移民法は，帰化不能外国人の移民を禁止し，事実上それは日本人移民を指したことから排日移民法とも呼ばれる。しかし，第1次大戦やロシア革命といったヨーロッパの変動の影響も大きく，同法最大の目的とは，新移民を制限することにあった。

大恐慌や第2次大戦の影響から1930年代と40年代の移民は減少したが，超大国となった戦後は移民受け入れの緩和に向かった。1965年移民法では出身国別割当制度を撤廃しただけでなく，人道主義的観点から「家族再結合」の原理に基づきアメリカ市民の離散家族に，また産業界の労働需要に応えて技能労働者にそれぞれ優先枠が設定された。製造業の衰退とサービス業の発展という産業構造の変化は，低賃金労働を担う中南米からの移民を増大させた。その一方で，冷戦期の軍需を含めた諸産業の発展によって科学技術者や専門職従事者の需要も拡大し，経営・専門職に従事するアジア出身の高技能労働者もアメリカ経済を牽引した。こうして移民の間にも分極化の傾向が強く見られるようになった。

かつての移民は成長著しい製造業で仕事を得て，時間とともに中間層の仲間入りを果たすことができた。しかし今日の低技能移民の労働条件はますます悪化している。21世紀に入って移民と安全保障との結びつきが強化されると，不法移民を含むヒスパニック系移民に対する風当たりはより強くなった。とはいえ，労働組合の中には組織率の低下から，彼らを取り込もうとする動きも見られる。ヒスパニック系移民が自らの貢献度を証明するために「就業拒否，通学拒否，購買拒否」を訴えたデモ「移民のいない日」は，移民なしにアメリカ経済が成り立たないことを証明した。移民受け入れを巡る衝突は避けられないにせよ，アメリカにとって移民は重要な存在であり続けるだろう。

参考文献　岡田泰男（2000）「第6章　移民と労働者」『アメリカ経済史』慶應義塾大学出版会。
藤重仁子（2012）「第12章　移民政策」地主敏樹・村山裕三・加藤一誠編著『現代アメリカ経済論』ミネルヴァ書房。

（下斗米）

Q12 社会

フロンティアの消滅の持つ意味は？
〈フロンティアの消滅〉

　アメリカ西部の開拓は19世紀半ばから進んだが，本格的に白人の西部移住が増えたのは南北戦争以降であり，1862年のホームステッド法の制定や鉄道網の発展などが契機となった。1870～80年代には土地投機も過熱し移住の波はピークを迎えたが，80年代半ば以降は農作物価格の低下や国際競争の結果，西部農業は長期停滞期に入り，1890年の国勢調査でついにフロンティア・ライン（約2.5km²当たりの人口密度が2～6人の地点を結ぶ線）は消滅を告げた。

　アメリカ史における西部の位置付けを理論的に説明したのがフロンティア消滅から3年後に発表されたF.J.ターナーによる「フロンティア理論」であった。ターナーはフロンティアの消滅はアメリカ史の1ステージの終焉と見なし，フロンティアという「自由な土地の存在，その継続的な後退とアメリカの西部への定住の進行は，アメリカの発展を説明しうる」と主張した。フロンティアは個人主義，経済的平等，実用主義，開拓者精神など独特のアメリカ的気質を育て，国の諸制度の形成にも影響した。アメリカを国民国家として統合し，民主主義を促進したのがフロンティアの存在であった。ターナーの描いたフロンティアをたくましく前進していく開拓者の波は，国民の意識の中に刷り込まれ，世界最大の工業国家へと邁進するアメリカの発展の姿と重なった。フロンティア理論の神髄はアメリカ国民に浸透し，西部に対する憧憬の中に固定化された。

　しかし，白人入植者のフロンティアは多くの問題を抱えていた。1つにはフロンティア社会は千差万別で，人々が思い描いたような平等な社会ではなかった。また，「自由な土地」という概念も誤りで，実際は初期段階から連邦政府による介入や援助の下で西部開拓は進んだ。無限と信じられた土地は1870年代には資源・自然保存の観点を生み，国立公園の設立も見られた。西部農業は水問題に常に悩まされ，灌漑用水の設置はさまざまな支援を要し，20世紀には連

邦政府の巨額援助によってダム建設が進められるようになる。

　フロンティアは先住民部族壊滅の最前線でもあった。開拓とともに先住民との衝突は増え，先住民の生活源であったバッファローも世紀末にはほぼ絶滅した。先住民は不毛な保留地に押し込められて有用な土地が奪われるなかで白人勢力に抵抗したが，1886年のアパッチ族のジェロニモの降伏，90年のウーンデッド・ニーでのスー族大量虐殺でほぼ鎮圧された。奇しくもフロンティアの消滅が宣言された同年は，先住民の征服達成と表裏一体を成したのである。

　フロンティアが消滅すると，次なる目標は太平洋へと移った。世紀転換期の政策は対外植民地獲得へと舵を切り，米西戦争でキューバ，プエルトリコに加えグアム，フィリピンなど太平洋の拠点を押さえ，93年にはハワイも併合しアジア進出への足場を固めた。こうした帝国主義的展開は，19世紀後半の国内先住民征服の延長線上にあったといえよう。

　19世紀後半のアメリカは不平等化が進み，フロンティアの消滅もその一因となった。平等化政策であったホームステッド法は開墾向けの土地が失われて形骸化した。商業農業の進展は農民の銀行や鉄道への依存度を高め，海外市場動向に左右される脆弱性をもたらした。フロンティア消滅は西部での自立の機会を失ったアメリカ人への心理的影響も大きかった。

　フロンティア理論は西部発展の主解釈として20世紀半ばまで支持された。しかし，ターナーのフロンティアは東から西へ一面的に展開する極端に一般化された19世紀末までの西部像であり，多面的な人口移動や人種・階級・性別などの多様性，都市化や環境問題などの視点が欠落していた。こうした批判の結果，1980年代以降「新しい西部史家」たちが中心となり，西部史の再構築が求められた。今日の西部史は太平洋側からのグローバルな視点からの西部分析，植民地期の西部史，ジェンダーや環境問題と西部など研究視角が細分化している。こうした研究の流れは，1890年のフロンティアの消滅がアメリカ史における大きな画期である，という見解自体を軽視・否定していくであろう。

参考文献　岡田泰男（1994）『フロンティアと開拓者──アメリカ西漸運動の研究』東京大学出版会。

（柳生）

Q13 ジョン・D. ロックフェラーはどのように石油産業を支配したのか？〈石油産業〉

産 業

　1859年にE. L. ドレイクによってペンシルベニア州で誕生した石油産業は，南北戦争以後，全国市場の成立と技術革新・改良の展開という新たな環境を基盤に急速な発展を見せた。J. D. ロックフェラー（1839-1937）と彼の会社（スタンダード・オイル社）が産業の発展を牽引したのだが，その際の基本的戦略は垂直的統合をテコにした水平的結合であった。以下，その過程を見てみよう。

　ロックフェラーが当初参入したのは灯油目的の石油精製事業であった。設立当時（1870年）のスタンダード・オイル社は精製技術面で多くの競合他社に圧倒的なコスト優位に立てるような状況になく，精製事業に関連する諸機能，わけても輸送部門に競争力の源泉を求めた。同社はオハイオ州クリーブランドに位置し原油・製品とも鉄道輸送を不可欠としていたが，当時の4大幹線鉄道は激しく競争していた。ロックフェラーはこの競争状態を利用し，大口顧客として差別運賃の獲得に成功したのである。これは，製油所─鉄道という「準垂直的統合」と考えられ，スタンダード・オイル社に一定の競争上の優位を与えることとなった。同社はこの優位によってクリーブランドの同業他社を買収し，一挙に全国の20％以上のシェアを得た。

　クリーブランドを「征服」したスタンダード・オイル社にとっての次の脅威は，ペンシルベニア鉄道であった。同鉄道の子会社であるエンパイア社は，原油を各油井から鉄道ターミナルに輸送する集油パイプラインの多くを支配していた。つまり，同鉄道がスタンダード・オイル社以外の精製会社を取得すれば，同社の精製部門での競争優位が揺らぐ可能性があったのである。これに対して1873年，スタンダード・オイル社は集油パイプライン部門に参入し，集油パイプライン─鉄道─製油所という垂直的統合を築いていった。ペンシルベニア鉄道との全面的な「戦争」に勝利したスタンダード・オイル社は主要集油パイプ

ラインを支配し，それを背景に水平的結合をさらに進展させた。すなわち，1879年までに全国の精製部門の90〜95％を支配したのである。なお，このことは中小の業者が叢生していた原油生産部門への交渉力強化につながり，同社に対して新たなコスト優位を与えることになった。

1879年，タイドウォーター社によって総延長110マイルの長距離パイプライン（トランクライン）建設が成功し，輸送コストのさらなる低下への道が開かれた。タイドウォーター社が独立系の原油生産者・精製業者と統合することになれば，スタンダード・オイル社の優位は脆弱化せざるをえない。そこでスタンダード・オイル社は直ちに自社のトランクライン建設にとりかかり，この部門でも支配的地位を獲得したのである。こうして同社の垂直的統合は，集油パイプライン―トランクライン―製油所という，より強力な形態へと変質した。

スタンダード・オイル社の次の課題は，「膨大な資産の保有関係を整理することと，全体を有機的統一体として合理的に管理すること」であった。というのも，垂直的統合の過程で組織は膨張したものの，集権的・統一的な意思決定が困難であるなど，同社の実態は「ルースな同盟」関係という性格が強かったからである。かくして，1882年にスタンダード・オイル・トラストが設立されることになった。トラスト証券発行と株式保有の統一化を通じて構成企業の資産の保有関係を単純化し，機能別委員会を抱えるトラスティー会議に最高意思決定権限を集中したのがその特徴である。

集権的に全体を管理する機構をひとまず備えたスタンダード・オイル社は，1880年代後半から原油生産部門・製品販売部門の垂直的統合を進め，1890年代には一貫操業体制を確立するに至った。以後，トラスト解体や持株会社によるグループ再編を経て20世紀を迎えた同社であったが，社会的な反独占意識の高揚のなかで，事業の膨張は管理機構を混乱させ始めていた。要するに，需要構造の転換といった環境の激変に対して，迅速な対応が困難になっていたのである。

> **参考文献** 谷口明丈（2008）「現代企業の発生―ロックフェラーとスタンダード・オイル」東北大学経営学グループ著『ケースに学ぶ経営学〔新版〕』有斐閣。
> 豊田太郎（2003）「1870年代アメリカにおける原油生産者プールの形成と崩壊―スタンダード石油に対する従属への道」徳永光俊・本多三郎編『経済史再考』思文閣出版。

（豊田）

Q14 産業

火薬王から化学王へ……
そして「デュポン財閥」とは？
〈化学産業〉

デュポン社の起源

　フランス革命の混乱を逃れ，父ピエールとアメリカに渡ったイレーネ・デュポンは，フランスで化学者ラボアジェの下で火薬製造について学んだ経験から，アメリカでの火薬製造を決意した。アメリカの高品質火薬市場におけるイギリスの独占を打ち破ることを意図したナポレオン政府の援助もあり，フランスから最新の機械・技術を持ち帰ることができ，1802年にデラウェア州ウィルミントンで工場の建設に着手した。デュポン社はその設立から，アメリカ政府との軍用火薬の契約を重視し，デュポン家とトーマス・ジェファソンとの親交がそれに貢献することを期待していた。ピエールは，第3代ジェファソン大統領によるフランスからのルイジアナ購入を仲介し，ジェファソンは陸軍長官にデュポン社からの火薬購入を要請したのである。デュポン社は，アメリカ最大の火薬企業となったが，南北戦争後に新規参入により価格競争が激化するなかで，1872年のカルテル（火薬産業組合）の結成を主導した。

　19世紀のデュポン社は，社長がデュポン一族の家長としての役割も果たす「同族企業」であったが，1902年に社長のユージンが死亡し，後継者難からライバル会社への売却が検討されるなかで，創業者イレーネの曾孫の世代の従兄弟（アルフレッド，コールマン，ピエール）が会社を買収し，新たな世紀を迎えたのである。この3人の従兄弟の中で，アルフレッドとの対立を経て，ピエールが実権を握るのであるが，デュポン社が火薬トラストへの成長を経て，さらにアメリカ最大の化学企業となるとともに，GM社やUSラバー社等を支配し，産業帝国（財閥）を構築する大きな変動の時代であった。それは，合併・多角化により，経営上のより高度な課題に直面したデュポン社が，ROI（投下資本利益率）の導入等，経営の近代化を進めた時代でもあった。

火薬トラストから産業帝国

　デュポン社は，カルテルを維持するために加盟会社等の株を取得していたが，これらの企業を合併し火薬トラストとなった。それが，反トラスト法に違反しているとして，1911年に会社の分割を命じる判決が下された。これが，火薬産業から化学産業へ多角化する契機となった。多角化を模索するなかで，第1次大戦が勃発し，デュポン社は，連合国へ火薬を供給し膨大な利潤を得た。このことから，後に「死の商人」，「アメリカのクルップ」と批判されるのであるが，この利潤の過半は配当に回され，残りは染料事業への進出等の多角化の資金，GM社株の取得に向けられた。戦時需要に応じて増強した設備の活用の問題が，多角化を喫緊の課題とした。多角化の初期は，外国からの技術導入が重要な役割を果たした。それは輸出を制限するものであったが，化学企業としての歴史が浅いデュポン社は，国内市場での地歩を固めることを優先したのである。

　この時期のデュポン社は，一族以外の有能な人材を登用し，ROI等の管理会計手法の導入，多角化による事業部制の採用等，近代的経営を実現した。それは，ピエールが「同族企業」の古い体質からの脱却を意図したことによるものともされる。しかし，戦時中の高配当は，アルフレッドと対立していたピエールへの株主の支持を拡大し，その後もピエール兄弟とその一族（姻族も含む）の社長が続いたのである。

　1927年に基礎研究組織が設置され，ネオプレン，ナイロンの発明という大成果をもたらし，化学産業における技術的優位が確立したといえるのであるが，長期的視野からの基礎研究を可能にしたのがGM社からの配当収入であった。それは，1926年から32年にデュポン社の利益の半分以上を占めていた。

　1927年にデュポン社がUSスティール社の株を取得した際には，デュポン一族がGM社だけでなくUSスティール社にも支配を拡大しようとしているとの懸念を背景に，FTCが調査を実施した。それによりデュポン社はUSスティール社の株を売却することになった。しかし，その後もUSラバー社，レミントン・アームズ社等への支配を拡大し，産業帝国（財閥）を築いたのである。

参考文献	伊藤裕人（2009）『国際化学産業経営史』八朔社。
	小沢勝之（1986）『デュポン経営史』日本評論社。

（伊藤）

Q15 産業

ヘンリー・フォードの経営はどのようなものだったのか？

〈大量生産〉

　自動車メーカーであるフォード自動車を創立したヘンリー・フォード（Henry Ford）は，1863年ミシガン州ディアボーンに生まれた。彼はフレデリック・テイラー（Frederic Taylor）によって体系化された「科学的管理法」をさらに発展させ，近代社会における大量生産に適した生産体制「フォーディズム（Fordism）」を生み出した。

　南北戦争のさなかにアイルランド系移民の子として生まれたフォードは，1947年に84歳で死去するまで，持ち前の強い創意工夫の精神によって経営全般，特に生産・人事管理システムにおいてフォード自動車を世界的企業に育て上げた。また彼の編み出した経営管理手法は，単なる一経営手法にとどまらず20世紀以降アメリカ自動車社会の形成，ビッグビジネスに基づく資本主義，それに対応する雇用関係，労使関係を必然化させた。

　そもそも20世紀初頭まで，自動車といえばひと握りの富裕層だけが所有することができる高価な乗り物であった。蒸気機関を動力源とする車も多かったが，価格と実用性の困難から広く普及することはなかった。そこで富裕層だけでなく平均的な所得層にも自動車の普及を目指して1908年から市販されたのが大衆車であるT型フォードである。当時ほかにもフォードではN型，R型，S型，高級車K型など複数車種を販売したが，T型が価格面での優位性から大ヒットし，フォードはこのT型1車種だけの生産・販売に特化した。これにより規模の経済性が働き，当初1台当たり800ドルを超えていた単価は300ドル台にまで下落した。また今日の乗用車のように仕様や色などのバリエーションがあるわけではなく，色は黒一色の単機能で，実用一点張りのこのT型1車種のみに生産を集中した。

　当初T型の生産にはデトロイト近郊のハイランドパーク工場が稼働した。そ

の後，さらに生産効率を重視したディアボーンのリバールージュ工場（コンプレックス）に生産が移管された。リバールージュ工場は巨大であった。組立工場のみならず，発電所，製鉄工場，ガラス工場ほか一部を除いて自動車生産の全てがここで完結し，集中的・無駄を省いた形で1カ所にまとめられている。すさまじいほどの一貫生産，生産の垂直統合がここで試みられ，リバールージュ・コンプレックスに陸揚げされた鉄鉱石自体が，この敷地で2日後にT型フォードに形を変え生まれ変わる，という徹底ぶりであった。このリバールージュ工場は現在も稼働し，2017年時点でもアメリカ国内販売台数トップの座を維持しているF型フォード（ピックアップトラック）を生産し続けている。

　生産効率を向上させる手立ては上記にとどまらない。組立に使用される部品は全て規格部品を用い，特殊な部品は用いなかった。また作業自体も熟練を要しない簡単な単純作業に分解し，誰が業務を遂行しても全く同じ作業が完了できるよう，徹底的に作業の標準化を行った。当時のアメリカでは，東・南ヨーロッパをはじめ多くの国々から移民が流入しており，彼ら英語ができないのみならず，十分な教育も受けたことがない非熟練労働者たちを使いこなす必要があるという，移民社会アメリカならではの社会的理由も存在した。

　福祉的労務管理政策をとるフォード自動車は，言うまでもなく従業員に手厚い会社であり，働き口として人気のある会社でもあった。しかしながらヘンリー・フォードは，当時流行していた労働運動，労働組合活動は嫌い，忌避の立場をとっていた。1920年にはアメリカ労働総同盟（AFL: American Federation of Labor）への加入者が500万人に達し，その後のニューディール期以降において労働運動は活気づいていくのであるが，ヘンリー・フォードは当初から自社の社会部で労働者を手厚く処遇している以上，労働組合活動は不要であり，自社での組合活動家による組織化には徹底的に抵抗した。その抵抗は権威主義的であって，時には力で押さえつけようとしたあまりに暴力沙汰になることもあった。そのためヘンリー・フォードは一般にアメリカで尊敬を集める存在である一方，労働運動の観点からは批判されることも多い。

参考文献 　塩見治人（1978）『現代大量生産体制論—その成立史的研究』森山書店。
　　　　　　 和田一夫（2009）『ものづくりの寓話』名古屋大学出版会。

（篠原）

Q16 産業

フォードとGMの経営にはどういう違いがあったのか？

〈自動車産業〉

　いわゆるリーマン・ショックの影響を受け，2009年にアメリカ・ビッグスリー（GM，フォード，クライスラー）のうち，GMとクライスラーが経営破綻した出来事は，まだ記憶に新しい。世界に先駆けてモータリゼーションを成し遂げたのはアメリカ社会であり，自動車の大量生産体制を成し遂げたのも同国である。アメリカでは自動車産業が常に特別な存在であり続けていただけに，この破綻劇は大変ショッキングな出来事であった。

　そもそも20世紀に入り，世界に先駆けて近代的経営管理手法が花開いたのは他ならぬフォードとGMにおいてである。フォードは世界初の大量生産体制を確立し，GMは複数のブランドで既存車種を次々とモデルチェンジするマーケティング手法を初めて確立した。両社は今日に至るまでしのぎを競ってきた優れたライバル関係であった。

　ヘンリー・フォード（Henry Ford）によって興されたフォード自動車は，フォーディズム（Fordism）と呼ばれる生産体制を確立した。これはテイラーの科学的管理法を基礎にし，作業の標準化，互換性部品，ベルトコンベアでの流れ作業での大量生産を初めて可能にしたものである。

　このフォードでの働き方もまた，当時，誠に画期的であった。T型フォードの生産が始まるまで，モノづくりといえば，家内制手工業として経験を積んだ熟練労働者が文字通り「手作りで」生産活動に当たった。ところがフォードによる生産体制では，極力，熟練は排除されるようになった。一見したところ複雑に見える熟練作業を，徹底的に要素動作に分解し，かつそれにより残った単純作業を標準化し，マニュアルのとおり働けば，難しくない「誰にでもできる仕事」に分解し尽くしてしまった。こうした単純労働者をベルトコンベアの周りに配置し，一定間隔でコンベアを流れてくる作りかけの自動車に，例えばあ

る者はAというボルトを締めるだけ、というふうに全員を単純反復作業だけに従事させる。この大量生産革命でT型フォードは爆発的な人気を博した。

これに対しGMは、フォードとは対照的な戦略で業績を伸ばした。マルチ・ブランド戦略である。たしかにT型フォードは丈夫で価格は安いため、よく売れた。しかし色は黒一色のみ、オプションの選択肢は全くなく、周りを見渡すとT型フォードばかりで、徐々に飽きられ始めた。つまり例えば若者は若者好みの車種が欲しくなるし、富裕層は富裕層なりに、他車とは差別化されたゴージャスな車種が欲しくなるのは自明の理である。GMは2009年の経営破綻を契機に、オールズモービル（Oldsmobile）やポンティアック（Pontiac）といった主要ブランドをいくつか廃止するという思い切ったリストラを行った。リストラされたとはいえ、今日に至るまでGMが広く揃えてきたブランドのバリエーションと、頻繁なモデルチェンジによって消費者を飽きさせないマーケティング手法は、GMが育んできた強みであった。

GMの持ち味はさまざまなブランドを増やし、その個性を維持・向上させるための組織づくりにもあった。1920年から社長に就任したアルフレッド・スローンは化学メーカーのデュポン社長ピエール・デュポン（Pierre Dupont）と親交があり、両社ともに新たな企業組織の試みである事業部制を導入した。それまで中央集権的な企業組織が世界で主流であったが、各事業部に権限を与える事業部制でシボレー等ブランドごとの個性、バリエーションを高めることに成功した。これによりT型フォードに飽きつつあった消費者の多様なニーズを捉えることができたのである。

その後、GMとフォードはお互いの強みを学び合うよきライバルであり続けたが、現在でも両社を見ると、われわれはそれぞれの持ち味、個性を見てとれるのである。

> **参考文献**　A. P. スローン著、田中融二・狩野貞子・石川博友訳（1967）『GMとともに―世界最大企業の経営哲学と成長戦略』ダイヤモンド社。
> 　A. D. チャンドラー著、有賀裕子訳（2004）『組織は戦略に従う』ダイヤモンド社。

（篠原）

Q17 産業

アメリカにおいて中小企業はどのような存在なのか？

〈中小企業〉

中小企業とは？

　アメリカにおける中小企業の政策的定義は，質的と量的の2側面から規定されている。質的には，中小企業法が，中小企業は「…自律的に所有及び経営され，かつ当該事業分野において支配的でないもの…」と定めている。一方，量的には，中小企業政策を所管する中小企業庁（Small Business Administration: SBA）が，産業分類の1,000を超える最下層項目ごとに規模の基準を定めている。例えば，製造業では，多くの業種は従業者500人未満を中小企業とするが，750人未満や1,000人未満などの業種もある。卸売業も，業種により従業者数100人，150人，200人，250人までをそれぞれ中小企業としている。さらに，小売業やサービス業では，従業者数ではなく年間売上高が基準になる。煩雑だが，各業種の特性に応じて，「支配的でない」企業だけを中小企業としている。

中小企業の地位と変化

　従業者数500人未満を中小企業とすれば，企業の99.7％が中小企業である。ただし，2004年から2014年の10年間では，アメリカの従業者全体に占める500人未満の企業の割合は，50.1％から47.8％へと若干低下した。雇用面でインパクトのある巨大企業の出現が，中小企業のプレゼンスに影響している可能性はある。

　中小企業の雇用状況を産業別に見てみよう（**図表**参照）。伝統的な分野である製造と小売は，依然として重要だが，従業者数の減少が進んでいる。製造業の海外移転やインターネット通販の成長は，中小企業にも影響を与えている。これに対して，健康・福祉分野のサービスは大きな存在になっている。高齢化に伴い増大する介護需要に対して，移民を含む大量の労働力が投入されている。

図表 中小企業（500人未満）の従業者数が多い分野の雇用と賃金の状況（2014年）

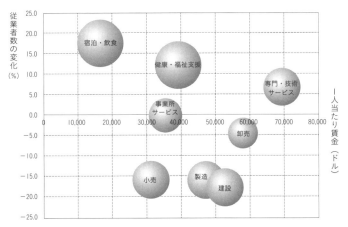

注：バブルの大きさは2014年の就業者数を、従業者数の変化は2004年から2014年の変化を示している。
出所：SBA, "Employer Firms, Establishments, Employment, and Annual Payroll Small Firm Size Classes, 2014" より作成。

また、飲食業なども、雇用の受け皿として重要だが、賃金水準はかなり低い。

ハイテク・ベンチャーの特異性と中小企業の多様性

IT、ロボット、製薬などに代表されるいわゆるハイテク・ベンチャーも、規模のうえでは中小企業となる場合がある。しかし、こうした企業は、大企業でも対応できないハイリスクな研究開発に特化したプロジェクト組織であり、大企業、大学、政府などの支援を含め、技術、人材、資金が集中的に投入される。ハイテク・ベンチャーは中小企業一般とは性質が大きく異なるといえる。

ただし、産業の複雑化に伴い、さまざまな専門・技術サービスは、雇用と賃金の両面で、中小企業の重要な分野になってきた。また、SBAの推計では、中小企業の約28％は女性の所有、同約20％はエスニック・マイノリティーの所有であり、中小企業は重要な就業や挑戦の機会といえる。中小企業の姿は極めて多様であり、社会や産業の変化を敏感に映しているのである。

参考文献 浅野敬一（2017）「三重構造—中小企業政策の展開と"ベンチャー"」谷口明丈・須藤功編『現代アメリカ経済史—問題大国の出現』有斐閣。

（浅野）

Q18 政策

アメリカ経済において教育はどのような意味を持つのか？
〈人的資本〉

　アメリカ人にとって，教育とは生涯最大の「投資」である。教育は，人種・民族・性別・地域・家庭などの属性に左右されることなく，豊かになろうと努力をする全ての個人が享受しうる，開かれた社会システムとされる。教育を受けた有能な個人の集積または多様な融合はアメリカ経済の強さの源泉である。教育を「投資」と考える「人的資本論」では，高い労働スキルを持つ個人ほど企業や労働市場側からの評価としての高い賃金・給与を受け取ることができる。特に高等教育の投資としての収益性は個人，社会いずれの次元においても大きく，このことは教育が経済に対して合理的・生産的な機能を果たしていることを証明する。

「人的資本論」という経済理論

　アメリカを含む先進国では，教育と経済の関係が密接であり，合理的である。つまり豊かな国ほど，教育が経済に対して生産的な役割を果たしている。アメリカはその典型国である。

　経済学には教育経済学という領域がある。「教育」という人間の行為または社会システムが個人または社会全体にもたらす経済的価値や効果を経済理論の枠組みによって考察する領域である。1992年ノーベル経済学賞を受賞したシカゴ大学のゲーリー・ベッカー教授がリードする「人的資本論」はその理論的支柱を成す。人的資本論では，教育を，生涯豊かに過ごすために必要不可欠な「投資」であると位置づけた上で，個人は自らの教育投資によって生涯所得の最大化を実現し，ハッピーになれると想定する。教育を受けた個人は労働スキルに対する企業・労働市場の側からの客観的評価である賃金・給与を受け取るが，その賃金・給与は教育投資に対する適正な収益（リターン）と理解される。

リターンがコストを上回ればその個人の教育投資としての成功を意味する。

客観的指標としての「教育歴」

　ベッカーの「人的資本論」において，個人に対する客観的評価としてのリターンを決定づける大きな要素となるのが「教育歴」である。教育歴は労働市場における需要（学生）と供給（企業）間で共有され，雇用の採否を決定する材料の1つとされる。もちろん教育歴のみに依存することは「悪しき学歴社会」を助長するという批判も根強い。しかし客観的指標の1つとなりうる教育歴が存在することで個人は積極的に教育を受け，専門知識や労働スキルを高める意欲・努力が促進される面は無視できない。教育歴の果たす一定の経済機能やシグナルは，労働力の質を維持・発展させる合理的かつ生産的な役割を果たしている。個人の能力を評価・重視することは，アメリカ社会全体に個人間の公平性や合理性を担保し，「人的資本論」と整合し，経済的成功の機会保障に資する民主主義の観点からも望ましいとされる。

高等教育と「アファーマティブ・アクション」

　「大学は学問の最高学府」と言われる。アメリカ社会でもリターンの大きい高等教育の存在感は大きく，世界から有能な人材と多額の資金を集めている。一方，アメリカの高等教育への進学率はアフリカ系アメリカ人やヒスパニック等のマイノリティーほど低く，それが所得における人種間格差の拡大要因にもなっている。その是正策として，多くの州では「アファーマティブ・アクション」（affirmative action），すなわち人種差別撤廃措置を講じ，アフリカ系アメリカ人等のマイノリティーの高校生に大学の入学枠を設けている。しかしこの措置は白人に対する逆差別に当たるとの判決が複数の州で下され，これを廃止する州も出ている。教育，特に高等教育がこうした法廷論争を呼ぶのも，教育がアメリカ人・アメリカ社会に大きなリターンを与える投資であるという認識が広く深く浸透しているからである。

参考文献　　塙武郎（2012）『アメリカの教育財政』日本経済評論社。
　　　　　　　ゲーリー・ベッカー著，佐野陽子訳（1976）『人的資本―教育を中心とした理論的・経験的分析』東洋経済新報社。

（塙）

PART 3
第1次大戦から第2次大戦へ

1917-1945年

●時代を映す映画③

　🎥　タッカー　Tucker: The Man and His Dream（1988年）

●この章で扱うテーマ

イベント	大恐慌	Q19
	スムート・ホーレイ関税法	Q20
社　会	ワグナー法	Q21
	道路インフラ	Q22
政　策	グラス・スティーガル法	Q23
	商業銀行と投資銀行	Q24
	長期停滞	Q25

●主なできごと

1921　連邦道路法
1929　株式大暴落
1930　スムート・ホーレイ関税法成立
1933　ルーズベルト大統領就任とニューディール開始，グラス・スティーガル法成立
1934　互恵通商法制定
1935　ワグナー法，社会保障法成立
1938　民間航空法
1944　ブレトン・ウッズ会議

時代を映す映画③

🎬 タッカー　　Tucker：The Man and His Dream（1988年）

　1988年,「日米逆転」「ジャパン・アズ・ナンバーワン」の掛け声が飛びかい,メイド・イン・ジャパンの自動車・家電製品がアメリカ市場を席巻するなか,『タッカー』という映画が封切られた。ジョージ・ルーカス（総指揮）,フランシス・フォード・コッポラ（監督）という豪華な布陣で制作された。

　事実に基づいたストーリーはこうだ。第2次大戦中,楽天的で夢想家の発明家プレストン・タッカーは,自動車の町デトロイト郊外で,ビッグスリー（GM,フォード,クライスラー）の車に負けないような製品開発を続けていた。1945年に戦争が終わると,タッカーは,自分の夢の車を実現することを決意する。友人でありパートナーの元銀行マン・エイブとともに,流線型の斬新なデザイン,高速でかつ安全性の高い,未来の夢のモデル・カー「タッカー・トーペード」を作り上げた。ビッグスリーの戦前以来の旧式なデザインに飽きたアメリカの大衆のニーズにぴったり適う車であった。タッカーは,タッカー車の洗練されたデザインを卓抜な広告で大衆にアピールし,エイブを通じてウォール街で株式公募を通じて資金を集め,タッカー車の大量生産体制の構築を目指す。

　しかし,自動車業界のビッグスリーが,自分たちのマーケットを脅かすタッカーの試みを黙って見過ごすはずはなかった。彼らは結託して,次々と陰湿な妨害工作をタッカーに加える。タッカー車の価格をつり上げるため,原料の鉄鋼の納入価格を2倍に引き上げたのだ。そのあげく,法的攻撃をしかけてきた。タッカーを「存在しない自動車を売り出そうとしたペテン師」に仕立てたのだ。検察側,詐欺罪・証券取引法違反の罪でタッカーを起訴する。タッカーが無罪を勝ち取り,タッカー車を売り出すためには,疑惑を晴らすため,期日までに50台のタッカー車を完成させ,ペテンではないことを証明しなければならなかった。タッカーと仲間たちは50台のタッカー車を製作する。

　150年の懲役と6万ドルの罰金を検察側から訴えられたタッカーは,法廷での最終弁論で12人の陪審員たちに次のように訴える。「もしベンジャミン・フランクリンが現代に生きていれば,おそらく無許可で凧を揚げた罪で逮捕されたにちがいありません。自由企業体制と自由競争こそがこの国の根幹を成しているのであります。われわれはそれを育て守り,人々が過ちを犯せるようにし

なくてはなりません。でなければ，ある朝，目覚めてみると，いつのまにやら，アメリカ人の作った国産品より，よその国から入ってくる輸入品を好んで選ぶことになるでしょう。車やラジオや電気製品をドイツや日本から買う時代がやってくるのです！」陪審員たちはタッカーの訴えに感動し，タッカーは無罪判決を勝ち取る。裁判所から出たタッカーを，ようやく完成した50台のタッカー車のパレードと狂喜した民衆が迎える。

　タッカーの演説は，日米経済摩擦が示すような1980年代の日米の競争力逆転の時代にアメリカン・ドリームのあるべき姿をコッポラとルーカスが訴えたメッセージなのだろうか。この映画は，タッカーがビッグスリーによって握りつぶされる悲劇的な結末のわりには，タッカーが，色とりどりのタッカー車とパレードする様は，華やかで明るい。

> **参考文献**　ロバート・タイン著，中井京子訳（1988）『タッカー』二見書房。
> 　　　　　伊藤智義・森田信吾（1989）『栄光なき天才たち4』集英社。

（坂出）

Q19 イベント

アメリカ大恐慌とは何だったのか？

〈大恐慌〉

ニューディールの意味

「ニューディール」という用語に特殊な意味はない。新しくやり直す、ないしは、新規まき直しという意味。1932年の大統領選挙の際に、民主党大統領候補ルーズベルトが演説の際にふと使ったことから、大恐慌後のルーズベルト（民主党）政権による主として経済政策全般を表す言葉として普及してきた。

1929年大恐慌の原因

1929年大恐慌の原因を調べる前に、一般に、資本主義のシステムは景気循環を通常のこととするのだということを認識する必要がある。どんな好景気も、永続的に続くものではなく、やがては、不況に道を譲る。資本主義とうまく付き合うためには、不況や恐慌をなるべく穏やかなものにコントロールする必要がある。飛行機が着陸するときの形容にはハード・ランディングとソフト・ランディングがある。言うまでもなく、後者の方が望ましい。1929年大恐慌が歴史に残るのは、好況のあとの急激な経済の落ち込みの激しさに一因があった。

1929年大恐慌の原因は過剰生産恐慌と理解していいのか

企業の側から見た場合、恐慌が起きるのは、それまで順調に売れていた製品が売れなくなり、結果として製品在庫が積み上がり、過剰生産の状況となり、物価が下落して不況になることをきっかけにしていると考えられている。経済学を学ぶ学生がしばしば最初に受ける説明は、供給（企業）側の過剰生産、そして需要（消費）側の過小消費によるというものである。これは、実は経済現象の一部しか説明していない。というのも、経済には商品という実物の流れ以外に、金融と称されるお金の流れがあるからだ。今日であれば、経済現象を説

明する場合に，金融の流れは非常に大きい役割を果たすと考えなくてはならない。特に，第1次大戦後の1920年代は，戦争による資金需要によってやむなく金本位制を停止させられた資本主義諸国が必死の思いで第1次大戦前にあったような金本位制を再建しようと懸命の努力を重ねた時代である。アメリカは金本位制再建の鍵はイギリスの復興だと考え，資金援助等の支援を惜しみなく与えた。こうして，債務地域であるヨーロッパや後発国に対するアメリカの金融支援が動力の役割を果たして，1920年代の国際経済は回り始めた。

世界経済が1929年大恐慌に突入するきっかけは何だったのか

第1は，世界全体の債務の多くを背負っていた農業諸国が，生産の過剰と資金繰りに窮して打開策に追われていたこと。第2は，ドイツやオーストリアといったヨーロッパ中央部の諸国が金融危機や財政危機に見舞われて，それまで以上にアメリカやフランス，イギリスなどの大国に援助を求めていたこと。第3は，アメリカの株式ブームが過熱化して，それまでヨーロッパなどに投下されていた資金がますます多く本国アメリカに還流し始めていたこと，である。一言にしていえば，危うい均衡を保っていた1920年代の世界経済が崩壊する兆候が現れ始めていたのである。

1920年代には軍縮とか，平和会議とか，ヨーロッパや国際連盟を中心に頻繁に会議が開かれていた。しかし，今日でいうG7とか，世界経済に関する会議は予定は組まれていたものの，本格的に実現したのは，1933年にロンドンで開かれた世界経済会議くらいだった。ところが，1933年にはドイツですでにヒトラーが政権を掌握しており，アメリカはルーズベルトが一国主義的な（アメリカ第一主義）経済を目指す方向に舵を切っていた。つまり，世界全体で危機をどう乗り越えるかといった想像力にあふれた会議を行うには，やや遅すぎたのである。注意すべきは，今日のEU（ドイツ，フランスを軸とするヨーロッパの協力関係）のようなコアの関係軸が存在しないか，あるいは脆弱であったことが，国際協力の前進を妨げたことである。

参考文献 秋元英一（2009）『世界大恐慌—1929年に何がおこったか』講談社学術文庫。

(秋元)

Q20

イベント

なぜアメリカは世界貿易縮小を防げなかったのか？
〈スムート・ホーレイ関税法〉

なぜアメリカは不況期に関税を引き上げたのか？

　当時のアメリカは，フーバー政権が1930年にスムート・ホーレイ関税法による関税引き上げを行い，ニューディールが開始される1933年にはルーズベルト政権が世界経済会議を破綻に導くなど，およそ世界経済の方向を見据えた対応だったとはいえない。これはなぜなのだろうか。

　フーバー大統領は彼なりの意味で国際主義者だった。国際会議の開催に努力したし，賠償問題が行き詰まると，フーバー・モラトリアムを宣言して危機の緩和に努力した。ただ，まず，フーバーは国内の政治的人気が十分でなく，アメリカという国をどういう方向に導いていくのか，という点についても，国民に納得のいく説明を行うことができたとはいえない。他方，ルーズベルトはムードの先行する政治家で，国内の人気は高く，またアメリカの景気を回復させるには，デフレを回避してインフレーション気味の経済政策（後にリフレーションと呼ばれる）を行って国内物価を引き上げなくてはならない，ということを認識しており，そういう方向で早くから政策化を考えていた。つまり，アメリカが目指す金本位制離脱や物価引き上げの方向は，フランスやイギリスの（場合によっては金本位制復活を意図する）企図とは正反対だった。

スムート・ホーレイ関税法の位置

　当時最大の通商問題となっていたのは，アメリカにおいて論議され，1930年6月に立法化された「スムート・ホーレイ関税法」である。アメリカはもともと高関税の国だった。東部製造業を保護関税によって守るという共和党の伝統的な政策に沿っていたからである。当時，アメリカの製造業は470億ドルを生産し，外国から8.54億ドルの耐久財を輸入し，輸入浸透比率は3％未満だっ

た。1928年，アメリカは好景気だった。ただし，例外があった。アメリカ農業である。アメリカ農業は第1次大戦中，交戦中の連合国に対して食料輸出を盛んに行って利益を得たが，耕地の拡大，農機具，機械等の購入を強いられた。戦争が終わり，ヨーロッパ農業が復興するにつれて，アメリカ農業は価格下落や農地抵当流れによって採算を悪化させることが多くなった。しかも，農業団体から要望のあった農産物価格支持政策は大統領をはじめとして支持を得られなかった。こうして農業利害関係者たちは，新しい関税法の第1のターゲットに農産物関税を選んだ。スムート・ホーレイ関税はもともとの農業関税に，製造業の関税を含ませることによって，広がりの大きな関税となってしまった。課税品目の平均税率は38.4％から48.3％に上昇した。スムート・ホーレイ関税法は，ニューヨーク証券取引所の暴落の日（1929年10月24日）よりかなり前（つまり，好況期）から議論が開始され，大恐慌の影響が急激に浸透する1930年半ばに成立した。したがって，税率（特に，従価課税の場合）は価格暴落の影響を受けて当初の試算よりもはるかに大きな上昇を示すことになった。この間，輸入品価格は1930年に18％，31年に22％，32年に22％下落した。輸入物価の下落によって，従価の輸入品関税平均は，29年に40.1％だったものが32年には59％へと47％の上昇となった。

こうして，新関税とデフレーションによる物価下落によって，相対的に高額になった輸入品は売れ行きが落ち，大恐慌期を特徴づける貿易全般の縮小につながった。アメリカ以外の国々による報復関税もこの傾向を加速させた。

参考文献 小山久美子（2006）『米国関税の政策と制度』御茶の水書房。

（秋元）

Q21 社会

ワグナー法はアメリカの労使関係にどのような影響を与えたのか？
〈ワグナー法〉

　1935年に制定されたワグナー法は，正式には全国労働関係法（National Labor Relations Act）という。起案した当時の民主党上院議員ロバート・F.ワグナー（Robert F. Wagner）に即して，一般にワグナー法と呼ばれる。

　ワグナー法の目的は，団結権，団体交渉権，ストライキ権をはじめとした労働者の権利を保障することにある。第1条は，被用者の団結権と団体交渉権を保護し，団体交渉を積極的に促進することによって，組合承認を巡る労働争議を減少させ，労使間の交渉力を平等化し，労働者の労働条件と購買力の向上を図り，州際通商の自由な流通を実質的に阻害する原因を取り除くことが目的だと宣言された。

　ワグナー法は，制定された1935年当時のフランクリン・ルーズベルト大統領による一連のニューディール政策の一環によるものである。1929年にウォール街から始まった大恐慌は1930年代を通じてアメリカ国内で不況とそれに伴い数多くの失業者を生み出した。それに対しルーズベルト大統領は，従来よりも政府が積極的に経済政策に介入する政策転換を行い，TVA（テネシー川流域開発公社），NIRA（全国産業復興法），CCC（民間資源保存局）等にならびワグナー法の制定に尽力した。

　とはいえ，ワグナー法はルーズベルト大統領により一筋縄で安易に導入が進められたわけではなかった。もともとワグナー法で重視されている労働者の団結権と団体交渉権は，1933年に提出されたNIRAに含まれるはずであった。アメリカ社会への大恐慌の影響が色濃く残る1933年3月4日，アメリカ大統領選挙において当時ニューヨーク州知事であった民主党員ルーズベルトが選出された。ルーズベルトは就任から100日間で矢継ぎ早に重要な恐慌対策を打ったのであるが，NIRAはその最も重要な政策の1つである。

何度かの修正を経て1935年に提出されたワグナー法案は，会社組合や不当労働行為の禁止，団体交渉における多数派原理の確立，労使紛争の際に強制力を持って調停できる準司法的な行政機関の設置などが求められていた。経営者側はこれに反対したが，議会で多数派であった民主党・アメリカ労働総同盟（AFL）の後押し，また当時の最高裁での判例もあり，同年7月5日に発効に至った。同法案の狙いは，ニューディール政策の下，労働者に購買力を向上させ，国民所得の賃金部分を増やし，所得再分配を実現することにあった。

　同法案成立によって，アメリカ国内の労働運動は法的に保護され，組織率が上昇した。**図表**は，1900年～1951年までの労働組合組織率の推移である。これを見ると分かるとおり，1935年ワグナー法制定以降，労働組合組織率が急増している。

　現代アメリカ労使関係の枠組みはこのワグナー法によってほぼ原形が作られ，ニューディール・システムと呼ばれる。20世紀に入り大量生産体制，テイラーの科学的管理法が花開いたアメリカ産業社会であるが，経営による供給独占に対抗するためのアメリカ型産業モデルがこのワグナー法により整備されたといえる。

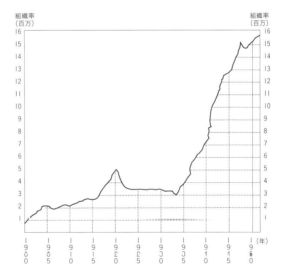

図表 1900-1951年北アメリカ労働組合組織率の推移（カナダを含む）

出所：U.S. Bureau of the Census, Historical Statistics of the United States, Colonial times to 1970, pp. 176-77.

参考文献　紀平英作（1993）『ニューディール政治秩序の形成過程の研究―20世紀アメリカ合衆国政治社会史研究序説』京都大学学術出版会。
　　　　　　河内信幸（2005）『ニューディール体制論―大恐慌下のアメリカ社会』学術出版会。

（篠原）

Q22 [社会] 道路を整備したのは誰か？

〈道路インフラ〉

初期アメリカにおける道路整備

　植民地時代，ニューイングランド地方では地方自治体が，それ以外の地域では郡（county）が，住民に建設作業を賦課して道路を整備した。人口は独立後の1790年でさえ400万人であり，しかも住民は専門的技能を持たないため，粗末な短距離道路が多く，冬には降雪や凍結で通行できなくなった。

　独立後，1787年頃から経済活動が活発化し，原材料や製品の輸送量が大量かつ定期的になると，道路整備は州の仕事になった。ニューイングランド諸州やペンシルベニア州は州内の交通を改良し，産業発展の条件を整えた。しかし，州には十分な資金がなく，民間のターンパイク会社が有料道路を建設した。通行量の多いターンパイクは整備状態，経営状態ともに良好であった。

　1803年のルイジアナ購入によって西部開発が国家の目標になると，ジェファソン政権はギャラティン・レポートを公表し，国内交通路の改良に取りかかった。連邦議会ではカンバーランド国道建設法が成立したが，連邦が道路建設の事業主体となることについては，意見が分かれた。議会では国民の税を特定地域に使用することに反対が強く，連邦主義と反連邦主義という理念上の相違に加え，憲法解釈が議員の選出地域の利害と絡み合った。

　合衆国憲法は例えば，連邦議会に以下のことを認める。①「諸外国との通商および各州間ならびに先住民部族との通商を規定すること」，②「郵便局および郵便道路を建設すること」および③「陸軍を編成し，維持すること」である。加えて，1791年成立の憲法修正第10条は「この憲法によって合衆国に委任されず，また州に対して禁止していない権限は，それぞれの州または人民に留保される」と規定している。

　1811年にカンバーランド国道の工事は連邦資金で行われ，1818年にホイーリ

ングまでが完成した。憲法上，議会で法案が成立しても大統領は法案に署名せず，拒否権を行使できるため，1817年にマディソン大統領が，1830年にジャクソン大統領が憲法上の疑義から道路への連邦支出に拒否権を行使した。

州政府は道路を建設し，郡にも道路補助を支出した。1834年頃からカンバーランド国道さえも，道路の通過する州の州道となった。新規道路の建設と既存公道のターンパイク化が任務であったターンパイク会社は，普通株を発行して自己資本を調達する企業体であった。州は会社にチャーター（設立許可）を与え，出資，資金貸与，直接補助，所得税の免除や軽減，土地収用の援助などの便宜を与えた。19世紀半ばまでに全国的にターンパイクが建設されたが，運河や鉄道が建設されると道路はそれらの支線的な役割にとどまった。そして経営が行き詰まるターンパイクが増え，ターンパイクはやがて公道となった。

公共事業としての連邦補助道路の拡大

連邦が州と協力して道路の計画，建設に当たったのは，1893年の農務省道路調査局の創設以降である。そして，役割が拡大する契機は1916年連邦補助法であり，1921年の連邦道路法によって連邦の位置付けは明確になった。ニューディール期において州・地方政府の財政は逼迫し，連邦がそれを肩代わりした。同時に，道路運送会社も州際商業委員会（ICC）に統制されることになった。

州の道路の規格や質には差があり，第2次大戦において輸送は困難を極めた。こうして，国防の観点からインターステート道路網が整備されることになり，1956年連邦補助道路法が成立し，定率（ガロン当たり3セント）連邦燃料税が財源となった。税収は連邦道路信託基金（Federal Highway Trust Fund）に繰り入れられ，各州に移転される。燃料消費は走行するほど増えるため，負担が大きくなり，重量車ほど道路への損傷が大きく，そうした車両の燃料消費も多い。制度は税率を上げて現在も維持されており，州が事業主体でありながら，道路整備において連邦補助は不可欠なものになっている。

> **参考文献** 今野源八郎（1959）『アメリカ道路交通発達論』東京大学出版会。
> アメリカ連邦交通省道路局編，別所正彦・河合恭平訳（1981）『アメリカ道路史』原書房。

（加藤）

Q23 アメリカはなぜ銀行と証券を分離したのか？
政策
〈グラス・スティーガル法〉

　アメリカの1933年銀行法（通称グラス・スティーガル法：以下，GS法）は，アメリカの金融機関に対し，商業銀行業務（預金を受け入れて貸付を行う業務）と投資銀行業務（証券を引き受けて分売する業務）の兼営を禁止したことで知られる。

　GS法が制定された背景には，商業銀行による投資銀行業務への過度な傾斜が投機的な株式ブームを生み出し，それが1929年の株価大暴落につながったと考えられたことがある。GS法の起源は，1930年6月にグラス上院議員が議会に提出した法案にさかのぼるが，同議員は，預金者の資金で営業している商業銀行は，商品取引の裏付けのある短期の貸付に業務を限定すべきであるとの考え方に立っていた。また，同法案が1933年6月にスティーガル下院議員の法案と合体されて法律となるまでの3年間は，中西部や南部の中小銀行から始まった銀行倒産の波が北東部の大銀行へと広がりを見せ，大恐慌が金融危機へと波及した時期であった。さらに，1932年から34年にかけて行われた「ペコラ調査」によって，大手の商業銀行や投資銀行が行っていたさまざまな不正行為が暴露されたことは，投資銀行も含めた金融制度の抜本的な改革を求める世論を醸成した。

　GS法の成立以前には，商業銀行が投資銀行業務を行うことは比較的自由であり，また投資銀行も企業預金を受け入れて商業銀行業務を行うなど，両者の境界はあいまいであった。このため，GS法では商業銀行が会社証券の引受業務を行うことや，証券引受を主たる業務とする業者と系列関係を持つことを禁止する一方，証券引受業務を主たる業務とする業者が銀行預金業に従事することを禁止した。その結果，商業銀行業務と投資銀行業務を兼営していた金融機関はそのいずれかに専念することを迫られ，当時のチェース・ナショナル・バ

ンクが証券子会社を清算・分離したり，ＪＰモルガン商会が商業銀行業務に専念する一方，投資銀行業務を新会社のモルガン・スタンレーとして分離したりするなど，金融機関の大掛かりな再編が生じた。

このような銀行と証券の分離に加えて，GS法では要求払預金に対する付利禁止や，定期預金に対する上限金利規制が規定されるとともに，連邦預金保険公社の設置が規定され，連邦レベルでの預金保険制度が創設された。また，GS法の成立に合わせて，1933年証券法，1934年証券取引所法が制定され，会社証券の公募発行に関する徹底的な情報開示が義務付けられる一方，証券取引委員会（SEC）が設置され，流通市場での証券売買のあり方が規制・監督されることになった。以上の改革をまとめると，預金を取り扱う商業銀行はリスクの低い貸付業務に専念させ，預金保険制度で預金者を保護する一方で，リスクの高い証券引受業務は預金と切り離し，証券売買については，情報開示の徹底と公正な取引の保証によって投資家の自己責任に委ねるものであったといえよう。

1999年に成立したグラム・リーチ・ブライリー法は，金融持株会社がその子会社を通じて行いうる非銀行業務の範囲を「金融の性格を有する業務」とすることで，銀行，証券，保険などのあらゆる金融業務の兼営を可能にし，GS法を事実上撤廃した。しかし，商業銀行本体による証券引受業務を認めたわけではなく，その意味ではGS法は完全に撤廃されたわけではない。また，金融持株会社という形態での巨大総合金融機関が相次いで誕生する下で生じた2008年の金融危機は，たとえ証券業務に伴う損失が原因であったとしても，その影響の大きさから金融機関を救済せざるをえないという「大きすぎてつぶせない（too big to fail）」問題をクローズアップさせ，銀・証分離の議論を再燃させる契機となった。その意味では，銀・証分離問題は依然としてアメリカの金融制度における現代的な課題であり続けているといえる。

参考文献 高木仁（2006）『アメリカの金融制度 改訂版』東洋経済新報社。
西川純子・松井和夫（1989）『アメリカ金融史』有斐閣。

(豊福)

Q24 政策
アメリカの金融の仕組みはどうなっているのか？
〈商業銀行と投資銀行〉

　アメリカで最初に設立された商業銀行は，アメリカ革命下の1781年に大陸会議から免許を受けたバンク・オブ・ノース・アメリカとされる。同行は後にペンシルベニア州から免許を受けて州法銀行となった。州法銀行の特徴は，大半の州が本店以外の支店設置を認めず（単店銀行制度），また州境を越えた支店設置を認めなかったことであり（州際業務規制），地方銀行の多くは決済上の便宜と余剰資金の運用のため，商取引の中心地であったニューヨークの銀行に預金を置くようになった。こうした単店銀行制度と州際業務規制はのちの国法銀行制度にも引き継がれ，銀行間預金の慣習は，地方銀行の準備金の一部をニューヨークの銀行へと集中する仕組みとして制度化された（コルレス制度）。ニューヨークの銀行はその資金を主に株式ブローカー向けのコールローン（要求払貸付）で運用したため，コルレス制度は銀行預金を証券市場へと供給する仕組みとしても機能した。ただし，これらはあくまで短期の貸付であり，企業が必要とする大量の長期資金は専ら証券の発行を通じて調達された。その証券の引受と分売を担ったのが投資銀行であった。

　初期のアメリカの証券市場において中心を占めたのは鉄道証券であり，巨額の資金を必要とする鉄道事業には，アメリカ国内のみならず海外の資金を動員する必要があった。こうした証券の引受を得意としたのが，外国貿易や外国為替の取引等を通じてロンドンや大陸との国際的金融関係を築いていた商会と呼ばれる金融業者であり，やがて北米に出自を持つＪＰモルガン商会や，ドイツ系ユダヤ人移民によるクーン・ロープ商会，ゴールドマン・サックス商会などが投資銀行として発展した。投資銀行は，証券の引受業務を通じて次第に取引先企業の取締役等に就任するようになり，証券引受のためのシンジケート（引受グループ）を組織して大企業の巨額の資金ニーズに応えた。一方，アメリカ

の経済発展に伴って商業銀行の設立も増加し，その余剰資金を蓄積したニューヨーク市中の大銀行は，シンジケートの構成員に加わることで，投資銀行による証券引受を支える役割を果たした。

しかし，こうした商業銀行と投資銀行との棲み分けは，1920年代に入ると崩れ始める。電力，電話，自動車，化学といった新産業の発展は企業の資金ニーズを拡大したが，これらの企業は証券発行による資金調達を選好した。このため，ニューヨーク市中銀行は，証券子会社を設立して自ら証券引受シンジケートの組織化に進出し，投資銀行との競争が激化した。こうして証券市場に注ぎ込まれた大量の資金が投機的株式ブームの一因となり，1929年の株価大暴落と大恐慌へと帰結した。アメリカ議会は，商業銀行と投資銀行の同質化にその原因を求め，1933年のグラス・スティーガル法によって両者の制度的な棲み分けを図った（**Q23**参照）。

銀行と証券の制度的な分離の下で，戦後，商業銀行と投資銀行はそれぞれ業容を拡大したが，1960年代から70年代にかけてインフレが高進すると，両者の棲み分けは再び不安定となる。市場金利が高騰する下で，預金金利を規制された銀行から市場金利商品へと預金が流出し，商業銀行の業績が悪化したためである。その結果，1980年代以降，商業銀行に対する金利規制の撤廃や業務範囲の拡大が進み，銀・証分離についても，持株会社方式での段階的な規制緩和が進んだ。ただし，その事実上の撤廃には1999年のグラム・リーチ・ブライリー法の成立を待たねばならなかった。一方，アメリカの商業銀行に独特の単店銀行制度は，大恐慌以後，次第に減少したが，支店を有する銀行数が単店銀行数を上回るのはようやく1990年代に入ってからであり，また，州際銀行業務が解禁されたのも1994年のことであった。その意味では，大恐慌以前およびニューディール期に形作られた制度的枠組みは，戦後も長きにわたってアメリカの金融制度を特徴づけたといえよう。

> **参考文献** 　西川純子・松井和夫（1989）『アメリカ金融史』有斐閣。
> 　　　　　　菅原歩（2012）「アメリカ合衆国」国際銀行史研究会編『金融の世界史─貨幣・信用・証券の系譜』悠書館。

（豊福）

Q25 政策

長期停滞とは何か？

〈長期停滞〉

長期停滞を巡るサマーズ・バーナンキ論争

　2013年11月8日のアーヴィング・フィッシャー記念のIMF会合で，ローレンス・サマーズ元財務長官が示した，先進各国が長期停滞（secular stagnation）に陥っている――均衡金利が低下しているためこれ以上金利を引き下げることが困難になっており総需要が制限される――という認識は，その示唆するところがFRBの金融政策見直しと財政拡張政策（公共投資）による状態改善というアメリカ経済政策の大転換を意味するところから，アメリカの政策エコノミストたちの活発な議論を巻き起こした。先頭に立って反駁したのがFRB議長を退任したばかりのベン・バーナンキであった。バーナンキは，2014年4月1日付けのブログで，均衡金利が長期に（an extended period）わたってゼロ近傍に存在することはありえないとサマーズを批判した。異例の低金利が投資の魅力を高めるとの含みである。

　バーナンキがサマーズを批判する際に，バーナンキがMITの学生時代に，サマーズの叔父ポール・サミュエルソンが，実質金利が永久にマイナスであれば，ロッキー山脈の急斜面を登るガソリンを節約するために，山脈を切り崩してしまうことすら合理的になってしまうだろうと若きバーナンキが出席したクラスで講義していたことを引き合いに出して，当て擦っている。長期停滞論を巡るサマーズとバーナンキの論争が，恐慌対策と経済成長を巡るアメリカ経済学界の長年の論争――財政派対金融派，あるいは，ケインジアンとマネタリストの対立――の再来とも見てとれる。長期停滞は，そもそも1938年にハンセン（アメリカにおける最初期のケインジアン）が提起した概念であり，フロンティア論とも密接に結びついている。

フロンティアの消滅とハンセンの長期停滞論

　ハンセンの長期停滞論は，歴史家F. J. ターナーの指摘した「フロンティア消滅」と結びついた，少なくとも背景にしたテーゼである。1890年センサス長官は，アメリカにおけるフロンティア（1平方マイル当たり2人以上6人以下の人口を有する地域）の消滅を宣言した。ターナーは，1893年，シカゴのアメリカ歴史学会で「アメリカ史におけるフロンティアの意義」という題目で演説した。彼は，フロンティアの消滅をアメリカの歴史的画期として提起した。その消滅までは，アメリカは西部への拡張によって特徴づけられ，自由な土地の存在，その絶え間ない後退，アメリカ人の西部開拓がアメリカの発展を特徴づけるのである。ハンセンの長期停滞論は，ターナーのフロンティア理論についての1つの有力な回答であった。1938年のアメリカ経済学会でのハンセンの会長講演「経済進歩と人口成長の停滞」のポイントはこうである。人口成長は停滞して，これは，もし技術進歩がなかったら，投資の大規模な減退を引き起こす。促進剤が議論の中核であるが，経済活動の水準ではなく，成長率が問題である。民間投資の減退を公共投資の増加で補うことが可能であろう。しかし，そのような補足はもはや部分的なものではありえない。この説明は，アメリカ史についてのフロンティア理論と呼応する。フロンティアの拡大は1世紀にわたって投資を支えてきた。フロンティアの消滅により，1920年代においては，自動車・電気のための莫大なインフラ建設のための技術革新投資が，需要を支えた。しかし，1929年の大恐慌はこの流れを断ち切った。人口成長の停滞と新産業の欠如は，投資の欠乏と停滞期を招いたのだ。

　ハンセンは，長期停滞を打破するものとして政府投資を重視し，アメリカにおけるケインズ経済学の導入を促したといえるが，この議論は，1930年代にターナーのフロンティア理論の実効性が批判にさらされるなかで，代替的に提起された，あるいはコインの裏表にある理論ともいえる。

参考文献　アルヴィン・H. ハンセン著，都留重人訳（1950）『財政政策と景気循環』日本評論社。
Backhouse, Roger E. and Boianovski, Mauro (2016) Secular stagnation: The history of a macroeconomic heresy, *The European Journal of the History of Economic Thought*, 23（6）．

（坂出）

PART 4
アメリカ国家の意思決定メカニズム

●時代を映す映画④

🎬 ペンタゴン・ペーパーズ　Pentagon Papers（2017年）

●この章で扱うテーマ

政策決定モデル	意思決定	Q26
	地方政府	Q27
	大統領権限	Q28
	大統領選挙	Q29
	連邦議会	Q30
	中間選挙	Q31
	共和党と民主党	Q32
経済政策	通商チーム	Q33
	財務省	Q34
	中央銀行	Q35
	株主重視	Q36
	反トラスト法	Q37

時代を映す映画④

🎥 ペンタゴン・ペーパーズ　Pentagon Papers（2017年）

　本作は，1971年ベトナム戦争を巡って戦争継続を進める政府・保守と反戦・撤退を求めるリベラルの対決のなかで，アメリカ国防総省（ペンタゴン）のベトナム戦争についての機密文書（通称，ペンタゴン・ペーパーズ）の作成者の1人エルズバーグ博士のリークを巡り，アメリカの2大有力紙『ニューヨーク・タイムズ』と『ワシントン・ポスト』が権力と対峙しつつ，報道の自由を守るかどうかの尊厳を賭けて報道合戦を行った内幕を，メリル・ストリープ（『ワシントン・ポスト』発行人役）とトム・ハンクス（部下の編集主幹役）の豪華キャストで描いた。

　エルズバーグ博士は，ジョンソン政権期に核戦略についての専門家としてペンタゴンに勤務し，マクナマラ国防長官の委嘱によって，国防総省のベトナム戦争調査に携わることになった。そのプロセスで，エルズバーグ博士は保守からリベラル・反戦にスタンスを変化させ，ペンタゴン退職後自らが執筆した機密文書をマスコミに公開し，ベトナム反戦運動の火に油を注ぐことを模索するようになる。

　1971年6月13日から，『ニューヨーク・タイムズ』に掲載されたリーク記事「ペンタゴン・ペーパーズ」は，ベトナム軍事介入の実態を暴いた。ニクソン大統領は激怒し，ジョン・アーリックマン補佐官にリークを阻止するよう命じた。執筆者の1人，ダニエル・エルズバーグに対して，6月25日，逮捕状が出された。アーリックマン補佐官は，（情報のリークを修繕する）「鉛管工」チームを作り，そのリーダーにCIAを退職していた（後に）ウォーターゲート事件主犯となるハワード・ハントを据えた。9月3日，ハントは，ロサンゼルスにあるエルズバーグのかかりつけの精神科医の診療所に侵入し，エルズバーグのカルテを盗み出した。エルズバーグに対する裁判は，翌1972年7月7日に開始された。エルズバーグ被告は容疑が全部有罪となれば（共同謀議・スパイ行為・窃盗罪），最高105年の懲役刑に科されることになった。このエルズバーグ事件をめぐって全米の反戦グループから裁判費用に対するカンパが寄せられた。この事件の余波は，議会，政府を巻き込み，アメリカ国民の政府不信とベトナム撤退への要求を加速させた。

　映画『ペンタゴン・ペーパーズ』は，機密文書公開を巡る『ワシントン・ポスト』の葛藤と決断の内幕を描いたものであるが，そもそも『ペンタゴン・ペーパーズ』がどういう目的で作成されたかという動機についてはナイーブである。マクナマラ国防長官がなぜベトナム戦争記録を作成したか？　これは鋭くアメリカの戦争責任に関わる問題である。世界のリーダーであるアメリカが，膨大な兵器と軍費，若いアメリカ兵士を投入しながら，戦争目標について，主たる目標といえる共産勢力の殲滅すら曖昧化し，国内の厭戦ムードのなかで戦力の逐次投入に追い込まれていた状況から脱するには，なぜ，誰が戦争を始めたかという戦犯の強調が必要とされていたのだろう。

(坂出)

Q26 政策決定モデル

アメリカの政策はどのように意思決定されるか？

〈意思決定〉

連邦政府の分権性

　アメリカには連邦政府が成立する以前から13の植民地が存在しており，憲法制定に際して問題となったのは，いかにして各植民地＝州の自立性を確保しつつ，統一政府を創り出すのかということだった。当時，憲法を執筆したアレクサンダー・ハミルトンやジェームズ・マディソンらは，連邦政府と州政府，また，連邦政府内でも立法と行政，司法の三権の間で政治権力を分割し，それぞれの政府機関が相互に牽制し合って独裁的な権力の登場を防ぐ分権的な国家を構想した。

　こうして創設されたアメリカ連邦政府では，行政府の長である大統領と連邦議会の議員とは別々の選挙で選出され，それぞれが独立した政治的地位を持つ。したがって，大統領の方針に与党の議員が反対したり，大統領が自らの政策を実現するために野党の議員と手を結んだりすることもありうる。また，連邦裁判所の裁判官は大統領が指名し上院が承認するが，司法の独立を保障するため任期は終身とされている。さらに，連邦政府と州政府，地方政府の間でも権力が分散されており，それぞれのレベルの政府は独自の財政基盤を持ち，憲法で規定された範囲で自立した活動を行う。連邦政府の権限は憲法に明記されたものに限定されているのに対し，州政府は憲法で禁止されていない権限をほぼ自由に行使できる。このため，州政府が革新的な政策に取り組み，それが成果を収めれば，連邦政府の政策に採用されることもある。

連邦政府の開放性

　以上のように，アメリカでは政府，とりわけ連邦政府の肥大化に対する警戒感が国民の間に伝統的に存在し，政府の役割をなるべく限定して民間主導のイ

ノベーションを促す土壌が歴史的に培われてきた。政府の政策決定プロセスも民間に幅広く開放されており，大企業や業界団体だけではなく，環境やマイノリティーの権利を保護するアドボカシー団体，シンクタンクや特定の理念に基づきさまざまな社会事業を支援する財団など民間の多様な意見を汲み上げる「政治的インフラストラクチャー」が存在し，それらの民間機関を通じて社会の多様な利害が政策に反映されるようになっている。

また，閣僚や各省庁の高官の任用に際しては，大統領が人事権を行使する政治任命制度が採用されており，プロの政治家や強固な官僚制による政治権力の独占を回避し，大統領の裁量次第で民間の知識や経験を大胆に活用できる仕組みになっている。例えば，共和党の伝統的なエリート層とは折り合いの悪いトランプ政権の場合，軍人出身のジョン・F.ケリー大統領首席補佐官やジェームズ・マティス国防長官，投資家のウィルバー・ロス商務長官，投資銀行出身のゲーリー・コーン国家経済会議委員長など，軍人や実業界出身の人材が重用されてきた。

このように，アメリカ政府の意思決定メカニズムの特徴は，政治権力を複数の統治機関に分割する分権性と，民間の利害を広くかつ迅速に反映しうる開放性にある。大統領や議会，あるいは州政府に権限が分散されているため，「アメリカの意思」がどこにあるのかは分かりにくい。また，外国人であるわれわれの目には，しばしばとんでもない意思決定がなされているように映ることもある。しかし，そもそもアメリカは叩き上げで社会的成功を手にしたセルフ・メイド・マンを尊重する実業重視の社会である。一見すると支離滅裂な意思決定メカニズムには，経済社会のダイナミズムを汲み上げ，民間主導のイノベーションを許容し育むという役割が存在するのである。

参考文献 久保文明編（2011）『アメリカ政治を支えるもの―政治的インフラストラクチャーの研究』日本国際問題研究所。
米国大使館・アメリカンセンターレファレンス資料室（2004）『米国の統治の仕組み』。

（藤木）

Q27 なぜ，州の権限が強いのか？

政策決定モデル

〈地方政府〉

「合州国」としてのアメリカ：連邦と州の関係

　アメリカでは州（state）が国の基本という考え方が古くからあり，アメリカ革命中の1781年に批准された連合規約の連合とは州の連合体という意味であった。連邦は州からの委任権限しか持たないとされるのは，1788年に発効した合衆国憲法修正第10条における列挙権限のみを連邦が有するという解釈に基づく。しかし，現実には連邦政府は内在的に外交の決定権限などを有しており，このことは憲法判例においても補強されている。

　小滝（2004）は，連邦政府と州政府は異なる目的で異なる権限をもって構成され，別々に人民の信託を受けたとする。これを二元的連邦主義（dual federalism）と呼ぶ。南北戦争以前には州が連邦を優越する二元的連邦主義が通念であったが，戦後，連邦の権限は強化された。鉄道や石油などの企業が州境を越えて活動し，連邦規制が必要だったのである。

　1913年発効の憲法修正第16条を根拠に，連邦政府は所得税の課税権限を持ち，翌年には第1次大戦に参戦した。連邦政府の権限はニューディール期以降さらに拡大するが，連邦財政が逼迫する1980年代には，連邦議会において州権が強調されるようになった。1994年の中間選挙で共和党が60年ぶりに連邦議会において多数を占めると，対立的な二元主義に復帰する動きが目立った。

州と地方政府（local government）

　合衆国憲法には地方政府や地方自治に関する記述がなく，州（議会）は州憲法あるいは州法に基づき地方政府の創設や政府への命令を含め強大な権限を持つ。とりわけ，地方政府が「州の創造物（creature of the states）」であるという考え方は，18世紀初頭から判例で示されたが，1868年のアイオワ州最高裁

判所の判事名をとって「ディロンの原則」（Dillon's Rule）と称される。

その後，州政府の地方政府への介入は強化された。目的は地方政府の予算の監視と恐慌時に増えた財政破綻の抑制にあったが，過剰な介入も少なくなかった。他方，産業の発展によって都市が形成され，都市では地方自治への要求が高まり，各州の憲法には地方自治を守るホームルール条項が設けられた。

地方政府と地方自治

地方政府とは，カウンティ，タウンシップ，タウン，地方自治体（municipality）および特別区（special district）の総称である。カウンティの呼称はルイジアナ州ではパリッシュ，アラスカ州ではバラーと変わり，州によってタウンシップ・タウンに分割されるが，2つの州を除く全米で基礎的な地方政府である。

市町村は住民の請願や投票を経て設置されるため，地方自治体と言われる。自治体とは，州議会や州憲法において認められ，特定地域において一定の人口に政府を提供するために設置された法人である。具体的には，市（city），アラスカ州以外の自治区（バラー），ニューイングランド諸州，ミネソタ州，ニューヨーク州およびウィスコンシン州以外のタウンとビレッジである。タウンやタウンシップが自治体法人である州もある。自治体法人は人口規模や人口密度をもとに州が法人格を付与し，警察，消防・救急をはじめ，交通や，公益事業を提供するため，財政破綻すれば，権限は大幅に縮小される。他方，カウンティ，タウンシップ，タウン，学校区や特別区は，州あるいは特定の任務の執行を意図して設置されるため，準地方自治体と言われる。

住民発案（イニシアティブ）と住民投票（レファレンダム）

住民発案とは，住民の請願による立法や憲法改正の提案のことであり，この手続きによって成立した州法や条例に対し，知事や市長は拒否権を行使できない。また，住民投票によって法案や条例案に対する諾否の意思を示すこともできる。これらの制度は，アメリカの直接民主制を体現する好例である。

参考文献 小滝敏之（2004）『アメリカの地方自治』第一法規出版。
小滝敏之（2014）『米国地方自治論』公人社。

（加藤）

Q28 大統領の権力は強いのか？

政策決定モデル

〈大統領権限〉

アメリカ大統領の役割

　アメリカ大統領には，①国民を統合する国家元首としての象徴的役割，②行政府の長として連邦行政機関を統括する役割，③軍の最高司令官としての3つの役割があるとされる。日本も含め，他の国々では①と②の役割は制度的に分割されていることが多いが，アメリカ大統領にはこれら2つの役割を同時に果たすことが求められる。さらに，行政府の長としての大統領の権限は強力で，個々の行政機関の上に立つ直属の組織や補佐官からなる大統領府を持つ。また，全行政機関の高官約3,000人の任命権を持つため，各省庁の高官は大統領個人に忠誠を誓い，大統領の意向を実現するために職権を行使する。日本の閣僚（大臣）に相当する役職は長官と呼ばれるが，英語ではThe Secretaryであり，語義的には大統領のための事務職にすぎない。

　しかし，アメリカ連邦政府全体としては，立法，行政，司法の各機関が政治権力を分割し，これらの機関が相互に牽制し合って絶対的な権力の出現を防ぐ抑制均衡の原理に基づき制度設計されている。したがって，行政府においては強力な権力を持つ大統領ですら，合衆国憲法上は議会への法案提出権が認められておらず，経済政策の形成プロセスには限定的あるいは間接的にしか関与できない。

現代大統領制の意義と限界

　こうした制度的制約を乗り越え，議会に対して重要な政策課題を提起し，その法案化を促すという現代大統領制を確立したのがフランクリン・ルーズベルトである。ルーズベルトは1929年世界大恐慌からの経済立て直しを進めるため，ブレーン・トラストと言われた専門家を政府に集め，彼らに緊急対策を作成さ

せ，議会を促して次々に立法化させた。ルーズベルトのリーダーシップは経済危機からの救済を求めた国民の期待に応えるものであり，この時期以降，国民の期待は「連邦政府こそが経済・社会問題を解決できる」というニューディール・コンセンサスとして大統領のリーダーシップを下支えした。現代大統領制下の大統領は国民の期待を背景に，行政府の専門スタッフ，議員や世論に対する説得という政治資源を用いて自らの政策目標を実現しようとした。

現代大統領制は1960年代のジョンソン政権期に頂点に達し，公民権法などの重要な改革法案として結実した。しかし1970年代以降，ニューディール・コンセンサスと議会における民主党の優位が解体し，さらに連邦議会が大統領の権限を制約する制度改革を進めた結果，現代大統領制は弱体化した。とりわけ1994年の中間選挙で共和党が上下両院で多数派を獲得し，民主党のクリントン政権に対決姿勢で挑むようになると，大統領のリーダーシップそのものが党派的行動だとして反対党やその支持者の反発を招き，政策形成が滞る事態が頻発するようになった。

近年の大統領は弱体化した現代大統領制の下で，いかにリーダーシップを発揮して政治的遺産を作るのかに腐心してきた。トランプ大統領もその例外ではない。就任直後に乱発された大統領令，ツイッターでの過激な発言，暫定予算案などでの議会民主党との取引など，「政治の素人」であるトランプ大統領の無軌道な政治手法は弱体化した現代大統領制に対処する試みでもある。しかし，国内の分裂を煽る不用意な発言，共和党指導部との微妙な関係など，その試みには稚拙さが目立ち，数多くのリスクをはらんでいる。

参考文献 　河音琢郎・藤木剛康編著（2016）『オバマ政権の経済政策』ミネルヴァ書房。
　　　　　　待鳥聡史（2016）『アメリカ大統領制の現在─権限の弱さをどう乗り越えるか』NHKブックス。

（藤木）

Q29 政策決定モデル

大統領はどのように選出されるのか？
〈大統領選挙〉

大統領選挙のプロセス

　アメリカの大統領選挙は，①1月から6月にかけて行われる各党の党員集会や予備選で党の大統領候補を選出，②7月から9月に党の全国大会を開いて大統領候補を指名，③11月に有権者の一般投票で大統領選挙人を選出，④選挙人の投票で大統領を選出，という4つの手続きを経過する。

　各党の大統領候補者は，州ごとに予備選か党員集会によって選出された代議員が全国大会で投票して決まる。それぞれの代議員はどの大統領候補に投票するのかをあらかじめ宣言しており，予備選の場合は有権者が投票所に足を運んで投票し，党員集会の場合は地区ごとに地域住民が集まり，議論をして代議員を決定する。

　ほとんどの場合，各党の大統領候補者は全国大会の前に決まっているため，全国大会は党の指導的政治家や有名人による演説，正副大統領候補の発表，党綱領の承認などによって，本選挙の前に党内の団結を固め，自党の候補に注目を集めるための象徴的な政治イベントとしての意味合いが強くなっている。全国大会の後，両党の候補者は全米を行脚して激しい選挙戦を戦うが，候補者同士が国民の前で直接対決する数回のテレビ討論会に大きな注目が集まる。

　一般投票では，一般の有権者が州ごとに一定の人数で割り振られた大統領選挙人に投票する。**図表**は，2016年の大統領選挙の結果を示している。大統領選挙人の数は州の人口に比例して割り振られており，一般投票は，ほとんどの州で得票数の多い候補者がその州に割り振られた大統領選挙人全員を獲得する勝者総取り方式が採用されている。2016年の選挙では，得票数ではヒラリー・クリントンが勝っていたにもかかわらず，大統領選挙人の数ではトランプが圧勝している。

図表 2016年大統領選挙の結果

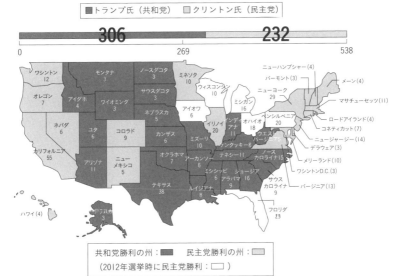

(注1) 大統領選は原則、勝者総取り（winner-take-all）制だが、メーン州とネブラスカ州は上院（2票）を除き、残りの票を下院選挙区の得票数に応じて割り当てる制度を採用している。
(注2) メーン州は全4票のうち、クリントン氏が3票、トランプ氏が1票をそれぞれ獲得。

(出所) JETRO「2016年米国大統領選挙結果」2016年12月13日。
〈https://www.jetro.go.jp/ext_images/_Reports/01/75868c1865baed2c/us_election2016_1213.pdf〉

大統領選挙の見どころ

　両党の候補者は、共和党の支持が強い中西部や南部の「レッド・ステイツ」と、民主党の支持が強い西海岸や北東部の「ブルー・ステイツ」ではそれぞれの地盤を固めつつ、支持が拮抗して選挙のたびに勝利政党が変動する「スイング・ステイツ」で重点的に選挙活動を行い、支持を拡大しようとする。2016年の選挙では、選挙の最終盤でトランプが五大湖周辺のスイング・ステイツで集中的に選挙活動を行い、前回の選挙では民主党が勝利したアイオワ、ウィスコンシン、ミシガン、オハイオ、ペンシルベニアの諸州を取り返し、本人までもが予想していなかった逆転勝利を実現した。

参考文献 　藤木剛康編（2012）『アメリカ政治経済論』ミネルヴァ書房。
　　　　　　米国大使館レファレンス資料室（2012）「早わかり『米国の選挙』」。

(藤木)

Q30 政策決定モデル

法案はどのように成立するのか？

〈連邦議会〉

アメリカ連邦議会と政策形成プロセス

アメリカ連邦議会は上院と下院から構成される。連邦議会は予算編成を含む立法活動を独占しており、さらに上院は大統領の政治任用職の承認権と外国との条約の批准権を持つ。また、上院では賛成票が60票に満たない場合、長時間の演説による議事妨害（フィリバスター）が認められており、少数派に有利なルールとなっている。

図表 立法プロセスの概略

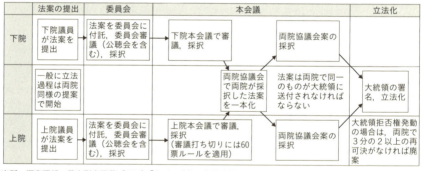

出所：河音琢郎・藤木剛康編著（2016）『オバマ政権の経済政策』ミネルヴァ書房、83頁。

図表は、アメリカにおける立法プロセスを示している。法案は議員が作成して提出する。提出された法案は関連する委員会での審議や公聴会を経たのちに採決され、賛成多数の場合は本会議に提出される。本会議では全ての議員に修正案を提出することが認められているため、数多くの修正案が提出され、法案の内容が大きく変わってしまうことすら起こる。本会議でも採択されれば別の院に送付され、審議と採択にかけられる。2つの院で採択された法案に相違が

あれば両院協議会が開催され，法案の一本化が進められる。そののち再度，両院で両院協議会案が採択にかけられ成立すれば，大統領の署名後に立法化される。提出された法案に対し，大統領が拒否権を発動した場合，両院で3分の2以上の賛成票を集められなければその法案は廃案となる。

政策プロセスの民主化と「決められない政治」

近年においては成立した法案数の減少や重要な法案が成立しなかったりする事態が頻発しており，「決められない政治」として問題視されている。「決められない政治」の直接の原因は政党間での党派的対立の激化だが，その背景にはアメリカ政治における民主化のより一層の進展が存在する。

1960年代までの政策形成プロセスでは，ニューディール・コンセンサスに支えられた大統領が超党派のリーダーシップで主要立法の方向性を示し，個々の法案の内容は強力な権限を持つ委員長が支配した。本会議に提出された法案のほとんどは成立が見込めたため，政策プロセスの中心はそれぞれの委員会にあった。委員会の有力議員は担当行政機関や関連する利益集団とインナーサークルを構成し（＝鉄の三角形），政策プロセスを排他的に支配していた。

1970年代以降，民主・共和両党では委員長をはじめとするボス的支配に反発し，党内民主化を求める動きが進展した。それまでは党指導部が選出していた議員候補者が予備選で選出されるようになり，候補者は政治活動に熱心な活動家の支持を得られなければ議員候補にすらなれなくなった。活動家の関心は特定の社会問題の解決にあり，議員は活動家の持ち込むさまざまなイシューに対応しなければならなくなった。こうして2大政党はボス支配による階層的組織から，議員個人を支援する活動家やアドボカシー団体のネットワーク組織に変質した。今日，両党間でのイデオロギー的分断が深まり，容易に妥協ができなくなっている一因は，それぞれの議員が自らを支持する活動家やアドボカシー団体の過激な意見に従わざるを得ないことにある。

> **参考文献** 藤木剛康（2017）「決められない政治」谷口明丈・須藤功編『現代アメリカ経済史―「問題大国」の出現』有斐閣。
> 藤木剛康・河音琢郎（2012）「政治システム」藤木剛康編『アメリカ政治経済論』ミネルヴァ書房。

（藤木）

Q31 連邦議会議員はどのように選ばれるのか？

政策決定モデル

〈中間選挙〉

中間選挙の仕組み

　アメリカ連邦議会では2年ごとに選挙が行われている。下院議員の場合，任期は2年であるため，2年ごとに435人の下院議員全員が議席を争うことになる。議席は各州に最低1つが保証されており，残りの議席は各州の人口に比例して配分され，各州議会が州内の人口変動に合わせて選挙区の区割りを決め直す。下院の選挙は小選挙区制であるため，各選挙区から1名の議員が選出される。他方，上院議員の任期は6年あるが，2年ごとにその約3分の1が改選されていく。上院議員の議席は各州に2つが配分されている。このように，アメリカの議会選挙は大統領選挙のある年と，大統領の任期のちょうど中間の2年目の年に行われており，通常，後者を中間選挙（midterm election）という。

　議会選挙では再選を目指す現職が有利で，近年では上下両院で80％以上の高い再選率となっている。高い再選率の背景には，個人中心の選挙，下院での選挙区割りの問題などがあるとされる。

　第1に，各政党の候補者になるためには，国政選挙に先立って党内で行われる予備選挙に勝たなければならない。かつての有権者は自分の所属政党を基準として投票する議員を決めていたが，とりわけ1960年代以降，有権者は候補者個人の考え方や人格を自らで判断して投票するようになった。こうして，各党の議員は自身の選挙活動や資金集めを支えてくれる活動家たちへの依存を強めた。ゆえに，現職議員はメディアへの露出や政策に影響を与えたい個人や団体からの資金集めといった点で，新人候補よりも有利な立場にある。

　第2に，下院での選挙区割りは各州の議会が決定する。このため，各選挙区の区割りは州議会の多数党に所属する議員が有利になるように引き直される。よって，地理や行政区画を無視した恣意的で不自然な形の選挙区割り，いわゆ

るゲリマンダーが作られるようになった。**図表**は，イリノイ州第17選挙区の境界を示しており，その形状から「スケボーに乗ったウサギ」と呼ばれている。

2018年中間選挙の結果と展望

　11月6日に行われた2018年中間選挙の結果，上院では共和党が多数派を維持する一方，下院では民主党が多数派を奪還し，上院と下院で多数派の異なるねじれ議会が成立した。一般に，中間選挙は大統領の業績の中間評価という意味合いを持つため，政権党はそれまでの議席数を減らすことが多い。しかし，トランプ大統領は自ら激戦区に足を運び，保守的な白人層の危機感をあおる発言を繰り返して共和党候補者の勝利に貢献した。このため，選挙戦を通じてトランプは議会共和党への影響力を強めた（共和党のトランプ党化）。新たな議会は2019年1月から始まるが，両党間の分断は一層深まっており，インフラ投資など妥協の可能な論点を除けば内政は停滞し，その分，大統領の裁量で実行できる外交や通商に注力し，諸外国に対し高圧的な態度で当たることが懸念されている。

図表　イリノイ州第17選挙区 "スケボーに乗ったウサギ"

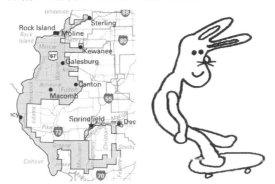

出所：Andrew Heaton "Congressional Districting as Rorschach Tests".
〈http://www.mightyheaton.com/2012/04/12/congressional-districting-as-rorschach-tests/〉

参考文献　藤木剛康編（2012）『アメリカ政治経済論』ミネルヴァ書房。
　　　　　　米国大使館レファレンス資料室（2012）「早わかり『米国の選挙』」。

（藤木）

Q32 政策決定モデル

２大政党制はどのような仕組みか？
〈共和党と民主党〉

アメリカ２大政党制の特徴

　アメリカの政党の特徴は，第１に，もともと地方組織の緩やかな集合体にすぎず，正式の理念や綱領，常設の全国組織が存在しないことである。政党は自分たちの支持する候補者を当選させるための活動組織にすぎず，全国大会も大統領候補を選出するためのセレモニーでしかない。第２に，党員制度も緩やかであるため，入党も離党も極めて容易で党費の支払いや組織運営への参加を求められることもない。ゆえに，トランプのように所属政党を変えたり，バーニー・サンダースのように大統領選への出馬直前に入党し，選挙後に離党したりしても咎められることはない。支持拡大や政治資金集めなど，党活動を実際に支えているのは自らの政治イデオロギーを実現するため自発的に参加してくる活動家であり，彼らの考え方が党の方針に大きな影響を与えている。それぞれの政党内には多様な政治的争点に関わるさまざまな活動家グループが存在しており，彼らの主張する多様な論点をどのように１つの政策パッケージにまとめ，一般国民に訴えかけるのかということが，全国レベルでの大統領選挙や議会選挙における重要な問題となる。

政党再編成とは何か

　このような独特の政党組織を前提に，政治的分断線というキー概念を用いてアメリカの政治対立や政治変動を分析したのがシャットシュナイダーである。シャットシュナイダーによれば，２大政党制においては敵味方を区別する分断的な争点はただ１つしか存在しえない。ゆえに，どのような争点を軸に分断線を引くのかという問題が政治の最も重要な争点となる。この争点こそが，政党間での争点と党内での論点を設定し，どちらの党がより多くの支持者を集めて

多数党となるのかを決めるからである。

図表は，1960年以降の政党再編成の進展を示している。1960年における政治的分断線は経済的再分配か，経済的自由放任かという経済問題に沿って引かれ，労働組合や移民，都市の知識人などの多様な支持層（ニューディール連合）を動員した民主党が優位に立っていた。経済的自由放任だけでは選挙に勝てないと考えた共和党は，民主党内の保守的白人労働者の支持を得るため，次第に文化的・社会的争点で保守的な価値観を強調するようになった。他方，民主党は高学歴の若い活動家の影響により，文化的・社会的争点でリベラルな価値観を強調して，都市部のリベラルな専門職の人々を引きつけた。こうして，2016年には経済問題での対立は後景に退き，社会問題での対立が前景化した。アメリカ政治では，こうした政治的争点と支持層の歴史的変化を政党再編成という。

図表　アメリカにおける政党再編成の進展

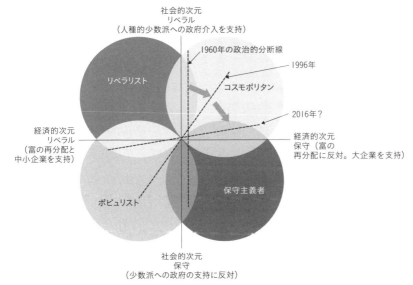

出所：Jennifer Victor（2016）"The clockwork rise of Donald Trump and reorganization of American parties," *Vox*, March 14.〈https://www.vox.com/mischiefs-of-faction/2016/3/14/11223982/clockwork-rise-of-donald-trump〉

参考文献　E.E.シャットシュナイダー著，内山秀夫訳（1972）『半主権人民』而立書房。
　　　　　藤木剛康（2017）「決められない政治」谷口明丈・須藤功編『現代アメリカ経済史――「問題大国」の出現』有斐閣。

（藤木）

Q33 〔経済政策〕 通商政策はどのように決まるのか？
〈通商チーム〉

経済ナショナリストの考え方

　トランプ政権の通商政策チームのキーパーソンは，投資家出身の商務省長官ウィルバー・ロス，経済学者で通商政策のアドバイザーであるピーター・ナヴァロ，レーガン政権期に対日通商交渉を担当していたUSTR代表のロバート・ライトハイザーの3名である。彼らは，アメリカは不利な通商合意で他国に利用され製造業とその雇用を失ってきたので，これまでの損失を2国間交渉によって取り返すべきだと考えるトランプ大統領と世界観が近く，経済ナショナリストと呼ばれている。

　経済ナショナリストによれば，アメリカの経済成長の鍵は減税と規制緩和，エネルギーコストの削減，貿易赤字の削減にある。21世紀における経済停滞や格差拡大の原因は，増税と過剰な経済・環境規制，エネルギーコストの増加，巨額の貿易赤字によって国内での投資が抑制され，海外に流出したことである。貿易赤字や海外投資は国内投資からの控除に等しく，雇用を製造業から低賃金のサービス部門に移動させ，経済成長の足かせとなる。したがって，貿易相手国の為替操作や不公正な貿易慣行，重商主義的政策を是正し，均衡貿易を実現するための通商交渉を進めなければならない。諸外国はアメリカの国内市場への輸出に依存しており，アメリカは強い立場を生かして2国間交渉に注力すべきである。貿易は投資や雇用の国際的な奪い合いであり，品目ごと，国ごとの2国間交渉の積み上げによってアメリカの貿易収支は改善される。

トランプ政権の通商政策の展開

　こうした経済ナショナリストの提起は，通商政策分野では着々と実行に移されつつある。2017年のUSTRの年次報告書では，通商政策の基本方針として，

①通商政策における国家主権の擁護，②アメリカ通商法の厳格な実行，③海外市場開放のための影響力の行使，④新たなより良い貿易合意の交渉，の4点が列挙された。報告書の冒頭では，これまでアメリカ国民は不利な貿易協定からの不利益を被ってきたが，トランプ政権は国家主権を優先し，WTOがアメリカに不利な裁定を下しても自動的には従わないと明言した。

　この制裁関税は安全保障の脅威という極めて幅の広い理由で賦課され，国内では白人労働者の支持を固めるため大々的に宣伝され，貿易相手国に対しては2国間交渉を要求する梃子として活用された。また，新たな貿易合意についてはすでにNAFTAや米韓FTAの再交渉を妥結し，日本や中国とも2国間の通商交渉を進めている。

経済ナショナリストへの批判

　経済ナショナリストの通商政策は多くの経済学者からの批判を受けている。第1に，貿易赤字を自国の損失だとするゼロサム的貿易観は，安価な輸入品による消費者全体の利益を無視している。第2に，1国の貿易収支に影響を与えるのは通商政策ではなく，国内における貯蓄と投資のバランスであり，仮に2国間交渉によって相手国からの輸入を減らしたとしても，他国からの輸入に代替されるだけである。第3に，製造業の雇用が減少した主要因は新規の設備投資による人員削減であり，仮に製造業が国内での投資を増やしたとしても，製造業の雇用がかつての水準にまで戻ることはない。第4に，今日の貿易の大宗は国際的に展開するサプライチェーンを結びつける中間財貿易である。したがって，トランプ政権が輸入制限や高関税によって中国製品からアメリカ市場を保護しようとしても，サプライチェーンに参加している国々の企業にも大きな損失を与えることになる。何よりも，最大のリスクは2国間での取引が積み重ねられることでWTO体制が形骸化することであろう。

参考文献　中本悟（1999）『現代アメリカの通商政策―戦後における通商法の変遷と多国籍企業』有斐閣。
　　　　　　藤木剛康（2017）『ポスト冷戦期アメリカの通商政策―自由貿易論と公正貿易論をめぐる対立』ミネルヴァ書房。

（藤木）

Q34 経済政策

ドルの為替価値を管理しているのは誰か？

〈財務省〉

管理通貨制移行と為替安定基金

　世界大恐慌の洗礼を受けたアメリカは，金本位制を離脱して管理通貨制度に移行した。1934年金準備法第20条により，ドルの金平価切り下げ益から20億ドル規模の為替安定基金（Exchange Stabilization Fund: ESF）を財務省内に設置し，ドルの金価値安定を目的に外国為替市場に介入する原資としたのである。ESFは金と外国為替で構成され，運用資金として当初2億ドルがニューヨーク連邦準備銀行（FRB）に特別勘定として預託された。ESFの外為市場介入は秘密裏に行われたため詳細は不明であるが，1940年6月末の運用資産2億4,440万ドルのうち金が35.2%，外国為替が7.8%，そして国内外証券が4.3%を占めていた。ESFはイギリス・ポンドやフランス・フランの買い介入を，また1936年3国通貨協定の下で参加国の通貨当局に金売却を行った。

IMF体制と為替安定基金

　戦後は，ブレトン・ウッズ協定によりアメリカ・ドルのみが金1オンス35ドルでリンクする固定為替相場制を採用した。またアメリカは，国際通貨基金（IMF）の出資金（クオータ）27億5,000万ドルのうち18億ドルをESFから拠出した。IMFの為替相場調整が十分に機能すればESFの為替安定機能は無用となるはずであったが，1960年代初頭にアメリカの国際収支が悪化し，金・ドルの国外流出が始まると，ESFによる外国為替市場介入が復活したのである。

　しかし，ドルの公定価格維持にはESFの資金だけでは不十分であることが判明したため，1962年からFRB（**Q35**を参照）が外為操作に加わることになった。FRBは公開市場で自己勘定による外国通貨取引や，中央銀行間ネットワークを利用した外国為替のスワップ協定によりドル為替の安定化に協力した。

フロート制移行と為替市場介入

　1971年の金ドル交換停止に続いて，主要国は1973年に変動為替相場（フロート）制に移行した。理論上はドルの金価値を安定化させる必要はなくなったが，共同フロート制をとるヨーロッパ諸国を含めて為替変動に対する懸念は大きく，IMFも為替市場介入を容認した。こうした管理フロート制の下，アメリカは1980年代前半までドル為替の変動（ドル安）に対して静観する，いわゆるビナイン・ネグレクト（Benign Neglect）政策をとった。この間，ESFは金を財務省の一般勘定に移し，代わって外国為替準備やIMFの特別引出権（SDR）を蓄積した。

　ところが，レーガン政権のドル高・高金利政策に対して為替市場介入を余儀なくされたヨーロッパ主要国の強い働きかけで，1985年にG5諸国はドル高是正を目的とする為替市場への協調介入に合意した（プラザ合意）。その後1987年2月には，ドル安是正の協調介入に合意した（ルーブル合意）。しかし，同年10月の世界的株価大暴落（ブラック・マンデー）を経て，ベーカー財務長官は介入効果を否定し，主要国による協調的市場介入の時代は終焉に向かった。

為替安定基金の新たな活用

　その後1990年代半ばまでESF/FRBによる為替市場介入（ドル買い）は続いたが，ドル安容認政策のため介入頻度は低下した。1998年に円安を是正するためのドル売り介入を実施して以降，アメリカの市場介入は完全に停止して自由な変動相場制（フリー・フロート）に移行したと見られた。ところが，2011年3月18日，東日本大震災下で急進した円高阻止に向け，G7が約10年ぶりに大規模な協調介入を実施したのである。一方でESFは，創設当初から為替変動が懸念されるラテン・アメリカ諸国などにスワップ・ライン信用を提供し，2008年世界金融危機に際して財務省は，ESF資金をファンド（MMMF）の一時的な支払保険金に充当しようとした。

> **参考文献**　C.J. Neely (2011)"A Foreign Exchange Intervention in an Era of Restraint" Federal Reserve Bank of St. Louis *Review*.

（須藤）

Q35 経済政策

FRBは銀行（家）の銀行か？

〈中央銀行〉

第2次大戦前の連邦準備制度

　1913年連邦準備法に依拠し，翌年に開業したアメリカの中央銀行である連邦準備制度（FRS）は，その設立目的（ミッション）と政策をアメリカ経済が抱える課題に則して変更してきた。

　FRSは，基軸となる3つの組織の複合体である。すなわち，加盟銀行の全額出資で12地区に設立された連邦準備銀行（Federal Reserve Bank : FRB），大統領任命で連邦議会上院の承認を受けた定員7名の理事がFRS全体を指揮する連邦準備制度理事会（理事会），そして同理事会と連邦準備銀行総裁5名で構成し，主要金融政策を決定する連邦公開市場委員会（FOMC）である。

　FRBは当初，加盟銀行の手形再割引など伝統的金融政策により通貨供給を弾力化すること，また多様な設立形態を有する銀行の監督を統合することを目的とした。アメリカの金融政策の変更は，ドルの為替価値の変化を通じてアメリカの国際貿易・金融に影響を及ぼすことになる。しかし，国際金本位制の時代のFRBの政策は金準備量に縛られた。世界大恐慌に直面してFRBは，金準備の減少に公定歩合を機械的にリンクさせて引き上げ，手形や証券の買い操作を通じて大胆な資金供給を調整する公開市場操作も躊躇したことから，銀行の連鎖的破綻が全国に波及して金融システムは完全に崩壊した。

　金融恐慌が進展するなかで，財務省は為替安定基金を設置して外国為替市場介入や緊急時の直接的な為替管理の権限を行使する，いわゆる管理通貨制に移行した（**Q34**を参照）。一方で，1933年には銀行取り付けの連鎖防止を目的とする連邦預金保険公社（FDIC）の創設，1935年にはFOMCの新設や，加盟銀行の預金準備率変更権限の理事会への集中が行われた。こうしてFRBは加盟銀行のための銀行から一歩抜け出し，「公共の利益」を強調することになった。

IMF体制の破綻と金融の自由化

　戦後は,「物価安定」と「高水準の雇用と消費」とがFRBの新たなミッションに付け加えられた。朝鮮戦争が進行するなかですら,FRBは第2次世界大戦に始まる国債価格支持の拘束衣を脱ぎ捨て,金融政策の独立性を財務省に突きつけた（=アコード）。アメリカの中央銀行は,完全雇用を実現しつつ高度大衆消費社会を長期にわたって実現するための機関に変貌を遂げた。

　ブレトン・ウッズ体制下で推し進められた西ヨーロッパ諸国や日本の経済復興と高度成長,またアメリカ企業の外国直接投資の拡大や巨額の軍事支出などによる財政赤字は,アメリカの国際収支構造に歪みをもたらした。国際収支の悪化はドルの信認を低下させ,金・ドル交換停止,主要国通貨のフロート制移行（1973年）へと帰結した。FRBのミッションには,「ドルの安定」,「国際収支の均衡」が追加され,さらに「最後の貸し手（LLR）」機能が改めて登場し,金融不安定性の時代を予兆させた。

　1970年代半ば以降,IMFに代わって外国為替市場や金融市場が国際収支の調整や国際通貨の供給を担う「システムの民営化」の時代に突入した。インフレの高進や債権の証券化などが進展して,ニューディール期から続いた預金金利規制を掘り崩しこれに拍車をかけた。1980年代に金融の自由化・グローバル化が進み,商業銀行や投資銀行などの金融機関は国内外の市場で激烈な競争を展開することになった。

　金融の自由化・グローバル化が「銀行主導型バブル」の形成・破裂をもたらしたとしても,FRBは金融システム全体に広範な破局を引き起こす「システミック・リスク」への備えはあると見ていた。しかし,ITバブルは乗り切ったものの,2007-08年の金融危機は世界経済金融危機へと発展した。危機に直面してFRBは,投資銀行や保険会社の救済,巨額の金融資産購入などの「非伝統的金融政策」,そして国際流動性供給を大胆に展開して世界大恐慌の再来は免れたのである。

　参考文献　谷口明丈・須藤功編（2017）『現代アメリカ経済史』有斐閣,第8章。

（須藤）

Q36 株主を重視する経営とは？

経済政策

〈株主重視〉

株主を重視する経営とは何か

　株主を重視する経営とは，さまざまな指標から評価することができるが，具体的には配当と自社株買いを合計した株主配分の水準を見ることでその特徴を捉えることができる。配当は株主への直接的な利益還元手段であり，自社株買いは市場での需給関係の改善や自己資本利益率（ROE）などの財務指標を改善させることで，株価上昇を通じた株主への利益還元が期待される。

　アメリカの非金融企業の株主への配当支払総額は，1980年代以降上昇し，2000年代は4,369億ドル（年平均）となっている。配当性向（配当／純利益）の平均値は，1970年代は40％程度であったが，90年代は60％を超え2000年代前半には70％を超えている（直近の2015-2017年平均は69.88％，以上，Bureau of Economic Analysis National Economic Accounts）。

　自社株買いは1980年代以降の規制緩和によって近年急増している。ラゾニック（2015）によれば，2003年から2012年までの期間に継続して上場していた449社（S&P500構成銘柄）を分析すると，この期間に純利益の54％（合計で2.4兆ドル）が自社株買いに使われ，配当の37％の割合を上回っていた。

なぜ配当と自社株買いが増えているのか

　第1に，株式所有構造が変化したことが挙げられる。アメリカ企業は従来個人株主の比率が高かったが，1980年代以降，機関投資家の持株比率が上昇し，1990年代には50％に近い水準に達した。株主としての機関投資家の要求が強まったことが，株主配分が高まる要因となっている。

　第2に，M&Aの増加を軸とする経済構造の変化である。レーガン政権による規制緩和以降，M&Aが増加した。1980年代の年平均取引金額の1,360億ドル

から1999年には1兆4,250億ドルに達し，2000年代以降も高い水準にある（Mergerstat Review）。このようなM&Aの増加は，資本市場からの圧力の増加を生み出し，株価を上げるために企業は株主配分を重視するようになる。

第3に，1980年代の最高所得税率の引き下げなどによって，ストック・オプションが広がったことである。これによって自社株買いを中心にした経営者の自己利益追求の手段としての高株価経営が生じたのである。

株主配分重視経営によるアメリカ経済への影響

第1に，格差の拡大である。M&Aが増加し，株価重視の企業経営が行われるようになると，企業は労働者の解雇や工場の閉鎖など，株主以外のステークホルダーを犠牲にして株主配分を増やすようになり，労働者にとっては賃金削減や失業などの影響が強まる。それに対して株主や経営者にとっては株式所有に伴う所得が増大する。CEO報酬と一般労働者の平均賃金の差は，1970年代まで20倍台で推移したが，2016年には270倍と格差は拡大している（CEO compensation, CEO-to-worker compensation ratio, and stock prices (2017 dollars), 1965-2017, CEO compensation surged in 2017）。

第2に株主を重視するために配当・自社株買いを増加させることは，企業価値を高める継続的な投資が減少し，長期的には企業の競争力を失わせる可能性があることが指摘されている。例えば，株主価値重視経営の代表的な企業としてGeneral Electric（GE）が挙げられるが，ジャック・ウェルチがCEOだった1980年代から90年代にかけて株価は急上昇したが，同じ期間に大量のレイオフと研究開発費（R&D）の削減が行われた。このように，アメリカ企業が株式市場での短期的評価を得るために，配当・自社株買いを重視した経営を行うことは，研究開発や設備投資などの企業の成長にとって必要な長期投資の削減をもたらすことを意味するのである。

参考文献 アラン・ケネディ著，奥村宏・酒井泰介訳（2002）『株主資本主義の誤算』ダイヤモンド社．
ウィリアム・ラゾニック著，倉田幸信訳（2015）「欺瞞だらけの自社株買い」『DIAMONDハーバード・ビジネス・レビュー』1月号，ダイヤモンド社．

(柴田)

Q37 反トラスト法はなぜ強力か？

経済政策

〈反トラスト法〉

　現在，アメリカにおける反トラスト政策は，1890年成立のシャーマン法，1914年成立のクレイトン法および連邦取引委員会法の3法を基本法とし，これらの修正法を含めた反トラスト法に基づいて行われている。

　このトラストという呼び名の由来は，20世紀初頭のアメリカで企業合併ブームの先駆けとなった独占が，カルテルよりも強力な支配を可能にするトラストという形態を取って行われたことにある。トラストを考案したのは，スタンダード・オイル社であり，創業者のJ.D.ロックフェラーは，創成期にあった石油産業を自身の統制下に置くことで，多数の事業者が乱立していた石油市場に秩序をもたらそうと試みた。しかし，スタンダード・オイル社によるトラスト形成の過程では，同社による同業他社や利用者への対応が問題視され，社会的不満の声が高まっていった。その結果，連邦レベルでは最初となる反トラスト法が成立し，法案を提出した議員の名を冠してシャーマン法と通称されたのである。

　しかし，トラストに代表される独占は，直ちに解消されることはなく，企業側は今度は持株会社という形態での独占を企てたのである。このように，シャーマン法は成立後しばらくの間，トラスト規制の効果に乏しい点が批判された。他にもシャーマン法の運用を巡っては，「取引制限の禁止」というシャーマン法の規定を労働組合に対して適用するなど，明らかに問題のある事例が見られた。こうした状況は，20世紀初頭に革新主義運動の担い手の1人であるセオドア・ルーズベルト（共和党）が大統領に就任すると一変する。彼はトラスト・バスターと称されたように，企業規制に熱心に取り組んだ。その任期中，まず企業調査を行う株式会社局（1903年）を設立し，同局での調査結果に基づき「良いトラスト」と「悪いトラスト」を区別し，後者に対するシャーマン法

の適用を強化した。同じく革新主義期のウィルソン大統領（民主党）は、ルーズベルトと所属政党は違えども、トラスト規制を継続かつ強化し、シャーマン法の不備を解消する目的でクレイトン法と同時に、連邦取引委員会法も制定した。このとき、反トラスト法の執行機関として司法省に加えて連邦取引委員会が設置された（同委員会は先の株式会社局の後継機関に位置づけられる）。その後、司法省においても、反トラスト局が1933年に設置されるなど、変化する市場と独占に対応する動きがとられた。

　そもそも反トラスト政策の目的は、市場における自由で公正な競争を促進することで、経済的な自由と機会を保護することにある。これを実現するため、シャーマン法やクレイトン法、連邦取引委員会法といった反トラスト法が、取引制限や独占化の企て、価格差別や不公正な競争方法を禁じた。しかし、この目的を文字通り実現するのは容易ではなく、激しく変化し、巨大化してゆく市場を相手に、反トラスト政策の現場では試行錯誤が繰り返された。例えば、1970年代から進むグローバル化に伴う企業活動の多国籍化は、独占の市場を国内から国外にまで拡げた。また、異業種から構成される多国籍企業の存在は、これまで同業の数社からなる独占のみを想定していた反トラスト政策に変更を迫った。この結果、反トラスト政策は、市場占有率の多寡で独占か否かを判定するという市場構造を重視する従来の規制方針に代わり、1970年代後半からは、市場効率という視点から独占か否かを判定する方向へ転換した。そして、アメリカを取り巻く世界市場における競争の激化は、企業による合併を直ちに独占と見なすのではなく、司法省や連邦取引委員会から示されたガイドラインに基づく審査を経れば合併を認めるようになるなど、アメリカ企業の世界市場における競争力を確保する方向へと変化を促した。

　このように、変化する市場に対応し、適切な規制を実行に移すという機動力こそが、アメリカの反トラスト政策が強力であると見られる理由である。世界に先駆けて巨大企業の台頭を見たアメリカにおける反トラスト政策は、グローバル企業が存在感を増すなか、各国における競争政策の先例となったのである。

参考文献　水野里香（2017）「第7章 変化する市場への対応—反トラスト政策の変遷」『現代アメリカ経済史—「問題大国」の出現』有斐閣。

（水野）

PART 5
第2次大戦後から
ニクソン・ショックへ

1946-1971年

◉時代を映す映画⑤

🎥 アビエイター　The Aviator（2004年）

◉この章で扱うテーマ

社　会	公民権法	Q38
	ガンベルト	Q39
	航空	Q40
	環境問題	Q41
政　策	財政	Q42
	税制	Q43
	社会保障	Q44
	公的年金	Q45
	私的年金	Q46
	401k	Q47
国際関係	ブレトン・ウッズ体制	Q48
	基軸通貨	Q49
	金ドル交換停止	Q50

◉主なできごと

1961　アイゼンハワー大統領「軍産複合体」演説
1971　金ドル交換停止

時代を映す映画⑤

アビエイター　The Aviator（2004年）

　「地球の富の半分を持つ男」，これが大富豪ハワード・ヒューズの異名である。ヒューズは，父，ハワード・ヒューズ・シニアが発明した掘削ドリルの特許による資産を若くして相続した「謎」の大富豪である。大作航空映画『ヘルズ・エンジェル』を製作した映画監督（1930年）であり，飛行家としても当時の最速記録で世界一周を達成した（1938年）。

　ヒューズが支配するエアラインTWAは，ジェット発注に完全に乗り遅れたが，1956年2月に，ボーイング707などの総額3億7,500万ドルの巨大発注をした。膨大な発注にかかわらず，発注日が，他のエアラインに遅れをとったため，完成機の引き渡し期日も大きく遅れることになった結果，1956〜60年にかけて，ヒューズと彼の傘下のヒューズ工作機械は5億ドルの負債を背負うこととなった。1960年3月，資金繰りに苦しむヒューズに，投資銀行ディロン・リードのフレッド・ブランディが融資話を持ってきた。貸し手は，東部の大銀行数行とエクイッタブル生命・メトロポリタン生命で，3億4,000万ドルを融資するということだった。ただし，この融資には契約書の条項に，もし「不測の事態」が起こったら，TWAの実権を貸主に渡すことを意味する条件がついていた。結局，1966年5月3日，ヒューズは，TWAの650万株を売却した。しかし，TWAの株価は，ヒューズが経営権を失った1960年の13ドルから，86ドルに上がっており，売却株式総額は5億5,000万ドルになっていた「ハワード・ヒューズは，彼自身の失敗にもかかわらず，世界で最も富裕な人間の1人になっていたのである」。

　ヒューズはTWAの売却額のうち5億ドルを，ラスベガス（ネバダ州）のホテル・カジノ・土地投資に投ずる。ヒューズはネバダ砂漠の真ん中に彼の「桃源郷」を創ろうとした。キーツのヒューズ伝の訳者小鷹信光が指摘するように，ヒューズはラスベガスの地に「サンリンボー（ローマカトリックの教義にある，天国に行く権利を奪われたものだけが住む地獄の淵）」を現出させようとしたのかもしれない。

　レオナルド・ディカプリオ主演の『アビエイター』はヒューズの人生を，孤独な独裁者，悲劇として描いているが，ジョナサン・デミ監督『メルビンとハ

ワード』（1980年）は，ヒューズの死を巡るミステリーをむしろコメディとして描いている。ヒューズが監督した『ヘルズ・エンジェル』にちなみ，大型バイクを運転するアウトロー集団ヘルズ・エンジェルがアメリカ中を疾走する。ヒューズは老バイカーとして登場する。このストーリーはこうである。ある日，ガソリンスタンドの店員メルビン・ダマーは，ネバダ砂漠で行き倒れていた老人バイカーを救い，彼の求めに応じ「バイ・バイ・ブラックバード」（アメリカの大衆歌）を歌い，ラスベガスのホテル・デザートインまで送った。大金持ちヒューズの死の直後，謎の男がメルビンの前に現れ，封筒を渡した。メルビンが開けた封筒の中には「ハワード・ヒューズは遺産をメルビンに譲る」との遺言状であった。飛行機と映画を愛した大富豪は，自ら映画をつくり，その死すらも映画としてアメリカ国民の物語として残った。

(坂出)

Q38 公民権法の成立はアメリカをどう変えたか？

〈社会〉

〈公民権法〉

ローン・スター・ステイト（1つ星）テキサス

　共和党ブッシュ大統領（親子）を輩出したテキサス州は，共和党（レッド・ステイツ）一色だと思われがちだが，都市部（オースティン・ヒューストン）は，民主党（ブルー）の拠点であり続けている。これは，「赤の大海に漂う青い点（ドット）」とも呼ばれるが，元来，テキサス州は，南北戦争期にはテキサス国としてアメリカから独立しており，戦後も南部民主党の拠点として民主党・ニューディールの強固な地盤であった。それどころか1964年公民権法（人種差別撤廃法案）を成立させたジョンソン大統領の選出州であり，アメリカ・リベラルの牙城でもあった。大統領選の大票田テキサスが，民主党の基盤から，公民権法を経て，共和党の基盤に転換していく過程を，ニクソン政権期の財務長官ジョン・コナリーの政治的軌跡から見てみよう。財務長官コナリーは，ドル危機下において，欧州の通貨当局に「ドルはアメリカの通貨だが，何とかするのはおまえらだ」と傲然と言い放ち，金ドル交換停止宣言（ニクソン・ショック）を取り仕切ったことで有名である。

アメリカの保守とリベラル

　佐々木毅の整理によれば，アメリカの保守（共和党）とリベラル（民主党）はそれぞれ，2つの分派を成す。共和党は，穏健派（ウォールストリート保守派とも呼ばれる東北部のビッグビジネス・金融界・東部エスタブリッシュメント）とオールドライトと呼ばれる中西部・西部・南部を中心とした勢力である。リベラルでは，人種問題・貧困問題の解決を求める理念的リベラルと南北戦争以来奴隷州を基盤とする南部民主党があった。

　ケネディ暗殺（1963年）は，もちろんアメリカ史における最大の悲劇である

し，アメリカのリベラルに衝撃を与えた。それに負けず劣らず，ケネディの車に同乗していた，テキサス州知事ジョン・コナリーが一命を取り留めたのも，偶然の産物とはいえ，その後のアメリカを運命づけた。1964年7月2日，公民権法に署名する際，ジョンソン大統領は同日，人種差別を禁じた公民権法に署名する際，「私の考えではわれわれは今，南部を長期にわたって共和党の手に渡したところだ」と述べた。公民権を巡ってジョンソン・コナリーのテキサス人同盟は分裂した。

「多くのテキサス人が，そしてその外にいる一部の人々も，テキサス州は『国家の内なる国家』であると考えたがるが，実はテキサス州は2つの国家なのである。1つ星の州（ローン・スター・ステイト）は2つの伝統から成る化合物で，この2つの伝統は，どんな境界線の中であれ，互いに衝突しながら絡み合っている」。1つ目のテキサスは，コナリーが代表する保守主義者のテキサス，「アメリカ南部の階層性プランテーション社会の有害な副産物」と主張するテキサス保守主義である。もう1つのテキサスは，ジョンソンが代表するニューディールの伝統を引き継ぐテキサス近代主義である（リンド）。公民権を掲げるジョンソンに対し，より保守的なコナリーは公民権に否定的であったのである。1967年の民主党の大統領候補指名においては，コナリーは，ロバート・ケネディ（ケネディ大統領の弟）の指名に反対した。これを1つの要因として，1968年大統領選挙では，民主党は，理念的リベラルと南部民主党が分裂し，共和党のニクソン候補（カリフォルニア州）が大勝した。ニクソンは，組閣に際して，コナリーを民主党籍のまま財務長官に任命した。コナリーは，1973年には共和党に入党する。この転身は時代の趨勢によるものだった。ニューディール連合を支えた南部民主党が，1960・70年代，雪崩を打って，共和党に鞍替えしていったのである。

参考文献 　マイケル・リンド著，高濱賛訳（2004）『アメリカの内戦』アスコム。
佐々木毅（1993）『アメリカの保守とリベラル』講談社学術文庫。

（坂出）

Q39 社会

サンベルトはどのようにガンベルトに転換したのか？

〈ガンベルト〉

図表　ガンベルト地帯

出所："Organizational Chart of the United States," *The United States Government Manual* より作成。

サンベルト（概ね北緯37度線以南の州にカリフォルニア州を加えた地域）はアメリカ南部地域に関する一表現である。アメリカ南部はプランテーションと奴隷制の遺産，黒人差別を内包する貧困地域であったが，1970年代以降工業化が進展した。要因の1つとして航空宇宙産業など国防関係の産業立地があったためガンベルトの一部としても注目された。

サンベルトとは？

　イギリス植民地時代からアメリカ南部は黒人奴隷による綿花プランテーションにより栄えていた。南北戦争に敗北し，工業が発展する北部とは異なる，農業中心の遅れた経済構造，アフリカ系アメリカ人差別が色濃く残る南部に対して，「サンベルト」という名称が与えられたのである。
　しかしサンベルトでは，1950年代以降，繊維産業や北部から移転した工場による工業化が進みつつあった。南部にも経済発展の可能性が開けたのである。経済発展メカニズムを分析すると，1つの要因として，航空宇宙産業など国防関係の産業が工業化の担い手となっていたことが判明した。国防関係の産業は，

単に南部だけでなく太平洋岸，西部，北東部など「ラストベルト」を取り巻く地域に分布していたことから，サンベルトの一部も含めてガンベルトと呼ばれる地域についても注目されるようになった。

ガンベルト論の登場と意義

　航空宇宙産業が特に存在感を増したのは，1980年代のレーガン軍拡期である。参考文献に挙げた*The Rise of the Gunbelt*はロサンゼルス，シアトル（航空宇宙産業），ウィチタ，ロードアイランドなど多様な国防産業都市や地域の構造を解明した。しかしガンベルト論の重要性は単にアメリカの地域に国防支出という要素が埋め込まれていることを指摘しただけではない。ガンベルトからはシアトル，ウィチタなど1990年代以降のアメリカを代表するハイテク産業地域が出現したからである。それぞれの都市や地域の進化プロセスは一様ではないが，国防関係の産業の存在や連邦政府による巨額の国防支出，インフラ整備が，技術，企業や技術者の集積，ベンチャーキャピタルやビジネスエンジェルの形成，生活の質の高い都市の形成，娯楽や対人サービスの発展といった，のちのハイテク産業地域の形成の基盤を形成した面がある。

「サンベルト」と「ガンベルト」再び？

　2017年以降，トランプ大統領の下「白人至上主義」が再び姿を見せつつある。トランプ大統領を誕生させた勢力の1つが白人至上主義者たちだからである上に，大統領が差別を容認しているからである。マイノリティーに対して差別がまかり通る保守的地域（新サンベルト）が姿を現す可能性もある。トランプ大統領の強硬な安全保障政策の下，アメリカは再び「軍拡期」を迎えている。このため「ガンベルト」が再興する可能性はそれなりにあると考えられるのである。

参考文献　Ann Markusen *et al.*（1991）*The Rise of the Gunbelt: The Military Remapping of Industrial America*, Oxford Univ Press.
　　　　　藤岡惇（1993）『サンベルト　米国南部―分極化の構図』青木書店。

（山縣）

Q40 社会

エアラインはアメリカの世界をどのように広げたのか？

〈航　空〉

エアライン（航空会社）の成長と規制

　世界初の国内定期輸送は，1914年の4カ月間，飛行艇を用いフロリダ州セントピーターズバーグとタンパの間で行われた。航空機は当初，安全上の不安が拭えず，旅客ではなく，郵便を輸送し，空港は不時着場として整備された。しかし，1927年にリンドバーグが大西洋横断無着陸飛行に成功し，航空への信頼が高まった。その後も連邦政府は民間事業者である航空会社に郵便報償金を支出して経営を支えた。なぜなら，郵便輸送は連邦の憲法上の役割であったからである。航空会社の収入のうち旅客収入が郵便収入を上回るのは，1935年のことであった。

　1938年には，民間航空法（Civil Aeronautics Act）が成立し，同法に基づく組織を引き継いだ民間航空委員会（Civil Aeronautics Board：CAB）が規制を担当した。同法は既存航空会社に指定路線における恒常的な運航許可を与える条項（祖父権条項：grandfather clause）を含み，事業や路線からの退出にはCABの同意が必要となり，CABは航空運賃や料金も決定した。

航空規制撤廃法（Airline Deregulation Act of 1978）

　経済成長とともに航空需要は増え，航空会社は同一距離同一運賃という規制の下，便数を増やして旅客の利便性を向上させる非価格競争に走った。過剰な投資や高い人件費などの非効率性が目立つようになり，やがて政治家は批判の声を上げた。規制撤廃に対する世論の支持も高く，1970年代半ば以降，コンテスタブル・マーケット理論が学界で影響力を高めたことは側面支援となった。航空産業は規模の経済性を持たないから参入は不利ではなく，機材の中古市場の成長によってサンクコストも小さく退出も自由である。つまり，航空産業は

自然独占的な性質を持たず,規制は不要であるという結論に達したのである。

1978年に規制撤廃法が成立した。同法は路線の参入・撤廃と運賃の自由化,1985年のCAB廃止を骨子とした。安全規制は1966年に創設された運輸省(Department of Transportation)に移管されることになった。

自由化以降のエアラインと低費用航空会社(Low Cost Carrier, LCC)

規制撤廃法が成立すると,新しい航空会社が参入し,運賃は下がり,航空需要も増加した。しかし,新企業の競争力は弱く,既存の大手社に統合,合併され,80年代半ば以降,結果的に大手社の占有率は上昇した。大手社は利用者をつなぎとめるため,他社の競争条件を不利にする工夫を試みた。例えば,マイレージは利用者のスイッチングコストを引き上げ他企業に移行しづらくさせる。さらに,路線を特定の空港に集め,そこから支線を張るハブ・アンド・スポークシステムを構築し,輸送密度を高めて費用を引き下げた。

1990年代になるとLCCが登場した。LCCは飲食などの機内サービスやマイレージを提供する既存大手(フルサービスキャリア)に対し,追加手荷物を有料とし,機内飲食は提供しないという低費用戦略をとった。使用料の安い都市圏の第2空港を利用し,同一機種を用いて短中距離路線の運航に特化することによって航空機の利用効率を高めた。こうして,LCCの代表であるサウスウエスト航空は,現在では長距離線や国際線にも進出し,全米最大の輸送量を誇る(2017年の搭乗者数は国内線のみで1.5億人)。

世界に対する影響

航空会社の栄枯盛衰は激しい。国際線の顔であったパンアメリカン航空は消滅し,コンチネンタル航空はユナイテッド航空(UA),ノースウエスト航空はデルタ航空(DL),USエアはアメリカン航空(AA)に合併・統合された。存続するUA,DL,AAも破綻を経て再生した。それでもなお,アメリカの航空会社は世界の航空アライアンス(alliance:1回の運航に各社の便名を付けたり,マイレージサービスを相乗りするグループ)の中心メンバーである。

参考文献 塩見英治(2006)『米国航空政策の研究』文眞堂。

(加藤)

Q41 社会

アメリカは環境問題にどのように対処してきたのか？

〈環境問題〉

アメリカの環境保護はどのように進んできたか？

アメリカにおいて自然保護運動が現れたのは，農場の開拓，森林の伐採，鉱物資源の採取などによって，森林，鉱物，水資源が乱開発された19世紀末である。この運動を背景に「国有林」や「国立公園」がつくられた。現代の環境保護運動のもう1つの源泉は，東部や中西部の工業都市における煤煙，上下水道の汚染などに対する公害防止運動であった。第2次大戦後になると，自動車排ガス，工場排水，化学工場からの廃棄物を中心に汚染問題が激化した。

1950-60年代，高度成長のなかで，自然保護運動は市民の支持を背景に勢力を拡大し，公害防止運動は自動車排ガスなどに基準を定め，実効性のある規制を求めるようになった。1962年にDDTによる生態系破壊を描いたレイチェル・カーソンの『沈黙の春』が出版され，大きな社会的賛同を得た。ここに自然保護運動と公害防止運動が合流し，環境保護運動となった。1970年代には環境保護庁ができ，主な環境法が制定され，環境保護政策が確立した。

1970年代以降，積極的に環境政策を進めようとする民主党と環境政策の制限・撤廃を主張する共和党が激しく対立し，それは国政の大争点になった。

主な環境問題・政策分野は何だろうか？

第1は，環境問題の基本である大気・水質汚染問題である。自動車や工場からの排ガス，工場・家庭からの排水の抑制のため，政府規制が実施されてきた。しかし，大気汚染分野では目標未達成地域など，水質汚染分野では地下水汚染問題など，未解決問題も多い。

第2は化学工場などからの有害廃棄物問題である。これは第2次大戦後の化学工業の発展によって多数の化学物質が作られたのが原因である。有害廃棄物

の投棄が，のちの近隣住民の健康被害につながったラブ・キャナル事件が有名である。規制が進んでいない分野である。

第3は，アメリカにやや特有であるが，国土の28％に上る広大な連邦公有地の管理問題であり，開発を優先するか，自然保護を優先するか，が対立してきた。連邦公有地において森林伐採，石油・天然ガス採掘をどこまで認めるか，などの問題である。

第4は，エネルギー問題である。エネルギー資源は，石炭・石油・天然ガスのような化石燃料，原子力，そして風力・太陽光・バイオマス・地熱・水力という再生可能エネルギーから構成される。そのうち，どれを重視するかの問題である。現在，石炭・石油・原発は停滞し，シェール・ガスと再生可能エネルギーが増大している。

第5は，1990年代からの気候変動問題である。それ以降，京都議定書やパリ協定のような国際協定が結ばれ，加盟国はCO_2排出を削減しなければならなくなった。さまざまな国々の利害の対立のため，排出権取引や先進国から途上国への資金援助などが模索されてきた。

気候変動対策の国際協定への対応

1997年に京都議定書が妥結してから，気候変動対策のための国際協定に参加するかどうかが環境政策を巡る対立の焦点になってきた。クリントン政権やオバマ政権は積極的に参加しようとしたが，ブッシュ（子）政権は京都議定書を離脱し，トランプ政権もパリ協定を離脱した。こうした国際協定に参加する，しないによって，国内の環境エネルギー政策は大きく変化することになる。国際協定に参加する場合は，温室効果ガス排出削減のため化石燃料の使用を制限し，再生可能エネルギーを推進することになろう。しかし，石炭・石油・天然ガスの化石燃料が積極的に推進されるならば，国際協定に参加しないことになろう。

> **参考文献** Robert Gottlieb (2005) *Forcing the Spring*, revised and updated ed., Island Press.
> Walter A. Rosenbaum (2014) *Environmental Politics and Policy*, 9*th* ed., CQ Press.

（小林）

Q42 政策

連邦財政はどのような仕組みか？

〈財　政〉

　アメリカの連邦予算は議会の授権法，歳出予算法というプロセスを経て法律として毎年制定される。連邦予算のうち，歳出予算法として制定される経費が，毎年度の予算決定が必要という意味で裁量的経費と呼ばれる。これに対して，個々の実体法に基づいて自動的に支出額が決まる費目を義務的経費と呼ぶ。ニューディール期に設立された公的年金である社会保障年金，ジョンソン政権期に創設された高齢者向けの医療保険であるメディケアなどがその代表例である。社会保障年金を例にとると，毎年度の社会保障年金の支出額は，年金を受け取る権利を有している受給者数と受給者が受け取る年金の給付額によって決まる。誰が受給者となりそれぞれの受給者がどれだけの年金を受け取るのかは社会保障法によって定められており，毎年の予算編成でその額は変えられない。

　歴史的に連邦政府の経費の中心を成してきたのは国防費をはじめとした裁量的経費であったが，ニューディール，さらにはジョンソンの「偉大な社会」政策を画期としてアメリカ財政の福祉国家化が進むなか，義務的経費の比重は増大傾向にある。2017年度において，連邦財政支出総額に占める裁量的経費の割合は3割に過ぎず，国債利払い費を含め残り7割が義務的経費となっている。

連邦財政を巡る政策的課題

　今日の連邦財政を巡る政策課題の第1は，連邦財政赤字の恒常化，巨額化への対応である。高度成長によるイージー・ファイナンスの時代が終焉した1970年代以降，90年代末を除いて連邦財政赤字が常態化し，これをどうコントロールするかが課題となっている。議会は1974年に議会予算法を制定し，こうしたマクロ予算編成の制度を整備することにより財政赤字の統制を図ろうとしてきたが，今日ではその制度自体の形骸化が進んでいる。

図表 アメリカ連邦財政の概況（税収，財政支出，財政収支）：1968-2017年度（対GDP比）

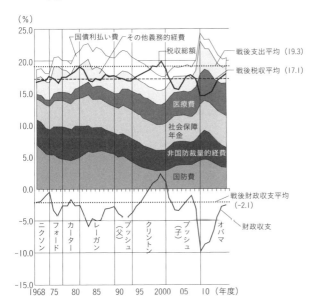

注：戦後平均はいずれも，1946〜2017年度の平均値。
出　所：Congressional Budget Office（2018）*Budget and Economic Outlook: Historical Budget Data*, Apr. より作成。

連邦財政の政策課題の第2は，増加傾向を続ける社会保障年金，医療関連経費をはじめとした義務的経費に対してどのように対処するのかという問題である。民主党はこれら義務的経費の主内容を成す社会保障関連経費の維持を主張し，それを賄うための増税を志向するのに対して，共和党は義務的経費の削減と減税による「小さな政府」を志向しており，こうした両党の政策対立は，今日に至るまで予算政策を巡る党派間対立の基調となっている。こうした対立を土台として，議会での予算編成は難航し，政策決定が滞る，いわゆる「決められない政治」が現代のアメリカ財政の政治的問題となっている（この点については，**Q90**を参照されたい）。

参考文献　Allen Schick（2007）*The Federal Budget: Politics, Policy, Process, 3rd ed.*, Brookings Institution Press.
河音琢郎（2006）『アメリカの財政再建と予算過程』日本経済評論社。

（河音）

Q43 〈政策〉 連邦税制にはどのような特徴があるか？　〈税制〉

所得税中心主義の租税構造

　今日のアメリカ連邦税制の最大の特徴は所得税中心主義にある。連邦政府における所得税の創設は1913年であるが，それが国民大多数を課税対象とした大衆課税として定着するのは第2次大戦期の戦時動員体制を通じてであった。**図表**にあるとおり，第2次大戦後，個人所得税は一貫して基幹税となっている。

　個人所得税に次いで連邦税収を支えているのが社会保障税である。社会保障税は，公的年金制度である社会保障年金，さらには高齢者医療保険（メディケア）といった社会保険のための目的税である。連邦政府のいま1つの基幹税が法人税であるが，近年は企業のグローバル化とパートナーシップなどのパススルー事業体の台頭によりそのシェアは低下傾向にある。

1986年税制改革とアメリカ経済の構造変化

　1970年代高度経済成長の終焉に伴い自然増収によるイージー・ファイナンスの時代が終焉を迎え，かつインフレに伴うブラケット・クリープ（名目賃金上昇による所得税負担の増加）への対処を求められ，レーガン政権は抜本的な税制改革に踏み切った。ただし，その方向性は，付加価値税を志向した他の先進諸国とは異なり，所得税中心主義に立脚してその構造を見直すもので，1986年税制改革法（Tax Reform Act of 1986）に結実し，今日のアメリカ連邦税制の土台となった。

　同法は，歳入中立の原則の下，個人所得税率を引き下げ，税率区分を簡素化すると同時に，特定階層に対する租税優遇措置を撤廃し課税ベースを拡大した。

　1986年税制改革は以下2点でアメリカ産業構造の再編を大きく後押しした。第1に，既存産業に対する租税優遇措置を撤廃することで，レベル・プレイン

図表 主要税目別連邦税収の推移：1935-2017年（対GDP比）

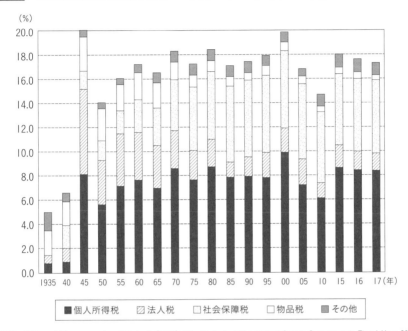

出所：Office of Management and Budget（2018）*The Budget of the United States Government: Fiscal Year 2019: Historical Tables*, Feb. より作成。

グ・フィールドを作り，成熟産業から新興産業への資本移転を促した。第2に，同法を契機にパートナーシップ等の多様な事業体が台頭し，これが投資家のリスクテイクを容易にし，新興産業の台頭を支えた。

他方で，企業の「個人成り」が進み法人税収の基盤は侵食されている。さらに，グローバル企業の所得やその源泉となる知的財産権等の海外移転・留保行動も税収基盤の侵食をもたらしている。こうした企業課税，国際課税への対応が今日のアメリカ税制における課題となっている。

参考文献 Brownlee, W. Elliot（2004）*Federal Taxation in America: A Short History: New Edition*, Cambridge University Press.
渋谷博史（2005）『20世紀アメリカ財政史Ⅰ，Ⅱ，Ⅲ』東京大学出版会。

（河音）

Q44 政策

アメリカの社会保障の仕組みとは？

〈社会保障〉

　アメリカの社会保障制度には老齢年金，医療保障，失業手当，公的扶助，貧困対策などがある。アメリカで社会保障（Social Security）といった場合，狭い意味では日本の基礎年金を指す。2018年の給付額の月額平均は単身世帯で1,404ドル，夫婦世帯で2,340ドルと，日本の基礎年金と比べてかなり高い。労働者の過半数はこれに加え企業年金にも入っていて，こちらは通常「ペンション」と呼ばれるもので，日本の厚生年金に相当するが民間の私的制度である。しかし半数近い労働者は公的年金のみで，企業年金はなく，近年，企業年金の財政が悪化し，企業経営に重くのしかかっている。

　公的制度が民間の制度によって補完され，職域ベースで管理されているので，労働者の企業への依存が年金制度によって強められることが指摘されている。また現役時代の所得格差が直接老後の生活水準の格差に反映することや，非正規雇用化の進展によって老後の貧困という問題がますます深刻になりつつある。

　企業年金の保険料率は労使折半でそれぞれが賃金の6.2％ずつを拠出する。ただし年12万8,400ドル以上の所得に対しては課税されず税額がフラットになるため，高所得者ほど料率としては低くなる（日本も同様である）。自営業者の場合には本人が12.4％を支払う。受給開始年齢は1954年生まれまでは66歳であったが，その後徐々に引き上げられ，1960年生まれ以降は67歳である。現在，老齢年金の受給者は4,500万人にのぼる。

　医療保障は民間の制度によって補完される割合がより高い。1935年社会保障法ができる際に，経営者や全米医師会などは，公的医療は「社会主義だ」として強く反対した。第２次大戦後も，60年代にメディケア，メディケイドができただけで，国民皆保険制度はついぞできないままとなった。アメリカでは，公的医療保障としては，高齢者および障害者向けの「メディケア」と低所得者向

けの「メディケイド」があるが，現役世代を対象にしたものは存在しない。個人は職場をつうじて民間医療保険制度に加入するか，個人で民間の保険を購入しなければ医療保険が受けられない。2010年の医療保険制度改革（いわゆる「オバマケア」）は，当時4,500万人にものぼる無保険者に対して国が一定額を補助することによって民間保険への加入を促進するものであった。その結果，オバマケアが始まる前に16％であった無保険者の割合は現在11％にまで下がっている。しかしトランプ政権はこの制度をつぶそうとしている。

　メディケアは，現役時に労使折半で1.45％ずつ，自営業の場合は本人が2.9％を拠出する。一定の年収以上（例えば独身者では20万ドル以上）の場合，税率が0.9％加算される。この制度は高齢者の健康問題を解消する上で大きな役割を果たしてきた。そのためこの制度を現役層に拡張することによって国民皆保険を実現しようとする運動が広がっている。

　公的扶助では，母子貧困世帯に対するTANF（貧困家族への一時的扶助）がある。これは1996年のクリントン政権による制度改革で，それまでのAFDC（要扶養児童家族扶助）にとって代わったものであるが，TANFの創設以降，受給者は抑制された。それに代わってSSI（Supplemental Security Income：補足的保障所得）に基づく給付が拡大している。SSIは1974年に創設された制度で，65歳以上の無保険者，障害者に対して低所得を条件に行われる給付である。SSIの現在の支給額は単身世帯750ドル，夫婦世帯1,125ドルである。受給者数はTANFが350万人，SSIが1,800万人である（ちなみに日本の生活保護は現在160万世帯で，その大半が高齢者と障害者で，母子世帯は約10万世帯に過ぎないので，アメリカの公的扶助の対象者は日本よりはるかに多い）。

　貧困対策としてSNAP（Supplemental Nutrition Assistance Program：補助的栄養プログラム）がある。これはかつて「フードスタンプ」というクーポンであったが，現在はスーパーで使える磁気カードを貧困者に支給している。この間，SSIとSNAPの給付額は急増している。これらの政策が不安定雇用と低賃金の受け皿ともなっているので，「企業こそ福祉に依存している」といわれる。

> **参考文献**　佐藤千登勢（2014）『アメリカの福祉改革とジェンダー』彩流社．
> 　　　　　　本田浩邦（2016）『アメリカの資本蓄積と社会保障』日本評論社．

（本田）

Q45 公的年金はどのような仕組みか？

政策

〈公的年金〉

社会保障法の成立

　アメリカの公的年金は「社会保障年金」と言われるものであり，1935年社会保障法によって成立し，1939年修正法を経て1940年に給付が開始された。

　社会保障法が成立する以前は，国民の福祉や労働者の保護は原則的に州・地方政府が担う領域とされ，連邦政府の役割は大きく制限されていた。しかし，1929年に大恐慌が始まり，失業者や生活困窮者が急増すると，これまでの州・地方政府による多くの福祉プログラムが破綻し，連邦政府による緊急的な政策も，失業や生活困窮の改善につながっていなかった。そのような状況の下で，1935年社会保障法が成立したのである。ニューディール政策における失業対策を補完するものとして，連邦政府が従来関与してこなかった国民の福祉に関わる制度を構築したことは，アメリカの歴史上画期的なことであった。社会保障法の制定により，アメリカは福祉国家としての第一歩を踏み出したといえる。

社会保障年金の仕組み

　社会保障年金は，幅広い基礎的給付を目的に，労使に強制適用されるものであり，労使の拠出のみに基づいた社会保険である。財源は，労使双方に課税される社会保障税（賃金税）であり，連邦政府が一元的に管理するとされた。また，低所得者や加入期間の短い者が比較的有利になるように設計された。一方で，社会保障年金の財源には，政府の一般財源からは拠出しないという財政的自立の原則が堅持され，拠出に基づいた受給者の「権利」であることが強調された。すなわち，給付額は社会保障税の納税額と連動する仕組みとなっている。1935年当初は，正規雇用で基幹産業に従事する労働者を対象とし，農業・家内労働者，船員，公務員などは適用除外で，加入率は全就労者の56％にとどまっ

た。

　給付開始前に成立した1939年修正法により，第1に，65歳以上の加入者本人だけでなく，配偶者と16歳未満（就学している場合は18歳未満）の子どもに給付対象が広がり（家族年金の創設），寡婦給付，親給付など遺族給付も追加された。第2に，財政方式が完全積立方式から修正賦課方式に修正された。給付開始年が1942年から1940年に繰り上げられ，直近の退職者の給付水準を大幅に引き上げた一方，社会保障税率の引き上げ予定が繰り下げられ，その後の修正により，1935年社会保障法が予定した積立計画は大きく崩壊することとなった。第3に，受給資格要件は10年の年金加入期間とした。さらに最低給付額が設定され，低所得者を優遇する社会的充足の機能が認められた。

社会保障年金の普及

　第2次大戦後，社会保障年金は国民に基礎的な退職後所得保障を行う制度として，社会に定着していった。1950年代には，適用職種が公務員などを除くほぼ全ての労働者や自営業者に拡大され，受給者数は1950年の347万7千人から，70年には2,622万9千人に増加した。また，給付水準は戦後の物価水準や賃金水準の上昇に合わせて引き上げられ，給付総額も1950年の9億6,100万ドルから，70年には318億6,300万ドルへと急増した。1956年には障害者年金が新設され，老齢遺族障害年金保険（OASDI）と改められた。

　OASDIを受給している高齢者の比率は，1975年には9割を超えた。ただ，社会保障年金の保障水準は依然として低く，平均給付額は，1952年まで老齢扶助の平均給付額以下であり，その後も1970年までおおむね老齢扶助の1.2倍以下の水準で推移した。社会保障年金だけでは退職後所得保障は不十分であるため，それを補うために，1930年代後半以降，企業年金の導入が進み（**Q46**参照），アメリカの年金システムの特徴である公私二層システムが確立した。

参考文献　佐藤千登勢（2013）『アメリカ型福祉国家の形成―1935年社会保障法とニューディール』筑波大学出版会。
　　　　　吉田健三（2012）『アメリカの年金システム』日本経済評論社。

（長谷川）

Q46 私的（企業）年金はどのように確立されたか？

政策

〈私的年金〉

企業年金普及の背景

　アメリカでは，社会保障年金（**Q45**参照）に先行して私的な企業年金が普及していた。20世紀における工業経済化と都市化の進展により「退職」が一般化することで，生計手段を失って貧困に陥る高齢者や都市部において孤立する高齢者が増加した。このような近代の高齢者貧困問題への対処法として，国家による強制的な年金制度を確立したヨーロッパ諸国に対し，アメリカでは，工業経済の発展のなかでの巨大な産業組織とそれが生み出す利益と賃金が，労働者本人の倹約による貯蓄，助け合いや慈善活動，そして雇用主が任意で提供を開始していた私的な企業年金といった「福祉資本主義」的な手段による対応をより良いものとして捉える向きを強めた。福祉資本主義とは，政府の強制力によらず，被用者の快適さや生活を改善する財やサービスを提供する雇用主の行動規範，あるいはその規範の普及を図る運動を指す。具体的には，被用者への住宅供給，教育の提供，医療プランの設立，利益分配制度や被用者持株制度などであり，年金プランはこうした福祉資本主義を構成する中心要素の１つであった。

企業年金の任意性

　企業年金の特質は，雇用主の任意性である。すなわち，雇用主は，政府による強制ではなく，任意によって企業年金を提供し，またその給付内容や適用対象も，賃金同様に任意に決定する。そのため，企業年金の給付内容は多様で，長期勤続者や高給被用者に有利に設定されることも多い。年金の給付水準は，給与と勤務年数に比例するプランが多く，また基準となる給与をどう定義するか（例えば，最終給与か，退職前10年間の平均給与か）等によっても異なる。

企業年金の確立と停滞

　雇用主の年金プランの確立は1900年以降に加速し，鉄道業から，鉄鋼，製造業，銀行，公益事業，公共団体等，大企業を中心に他産業へも広がった。1929年には，374.5万人の労働者に企業年金が提供されていた。これは当時の非農業労働者の10.3％，民間被用者の14.4％に相当するが，言い換えれば，9割近くの労働者が企業年金を提供されていなかったということである。

　1929年の大恐慌以降，企業年金加入者の増加は停滞し，年金プランの解散や給付停止が一部で行われ，新設数も減少した。さらに，年金プラン加入者の大部分が実際には年金を受給できていない，という問題，すなわち年金給付の消失リスクが顕在化した。その背景には，ほぼ全ての年金プランにおいて，雇用主が資産積み立てを行わず，その都度会社の費用として支払う賦課方式が採用されていたことがある。賦課方式は，被用者にとって極めてリスクが高く，雇用主にとっても年金給付コストの先送りで，将来の拠出負担の増大を意味した。1920年頃からは，雇用主の間でも年金財政の健全性や積立方式の重要性が認識され始めたが，積立方式の導入は一部の先進的な企業に限られた。

戦後における企業年金の増加

　企業年金は，1930年代後半から再び増加に転じ，第２次大戦後の長期的な経済成長期において最盛期を迎える。1974年のエリサ（ERISA）法を到達点とする受給権保護の論理は，企業年金の給付を「契約」ないし労働者の稼得に基づく「権利」だとする立場に基づき，雇用主による規約変更権限への制約や受給権付与による没収リスクの抑制，年金資産の積立や管理ルールの普及による破綻リスクの抑制を進めることとなった。

　21世紀の今日では，産業構造の転換とともに，退職後の終身年金給付を約束する確定給付型の年金プランの数は減少し，401（k）プランと呼ばれる確定拠出型の貯蓄プランへの転換が進んでいる（**Q47**参照）。

> **参考文献**　佐藤千登勢（2013）『アメリカ型福祉国家の形成―1935年社会保障法とニューディール』筑波大学出版会。
> 　　　　　　吉田健三（2012）『アメリカの年金システム』日本経済評論社。

（長谷川）

Q47 政策

私的年金の本家（401k）はどのような仕組みか？

〈401k〉

確定給付型から確定拠出型へ

　企業年金は，加入者が規約で定められた年金給付を受け取る確定給付型と，個人勘定に資金を拠出し，運用する確定拠出型に大別される。前者は，伝統的な「年金」に，後者は「貯蓄」のイメージに近い。20世紀末，確定給付型の年金プランから確定拠出型の貯蓄プランへと，その主役が交代した。確定拠出型の貯蓄プランのうち，内国歳入法401条（k）項に基づき，被用者本人による拠出金への繰延課税が認められたプランは，特に401（k）プランという。

401（k）プランの仕組み

　401（k）プランは，用意された個人勘定に被用者が税引き前給与の一定割合を任意で拠出し，雇用主がそれに合わせて補助する「マッチング拠出」を行う仕組みである。例えば，マイクロソフトの401（k）プランでは，被用者に年間最大1万8,000ドル（50歳を超えていれば，2万4,000ドル）の拠出が認められ，雇用主は最大9,000ドルを上限に被用者拠出に対して50％の拠出を実施している。これら拠出金への個人所得課税は受給時まで繰り延べられる。

　401（k）プランに積み立てられた資産は，あらかじめプランで用意されている金融商品に投資され，通常，雇用主が受託者となる。ただ，雇用主が加入者の運用結果に関する受託者責任を免れるには，被用者が①3本以上の種類の異なる運用商品から選択可能，②運用指図について，少なくとも3カ月に1回，投資の変更が可能，③加入者が投資判断を下すのに十分なプランおよび運用商品に関する情報が提供されていること，等が必要である（労働省規則404c-1）。このルールは一般に「セーフハーバー（安全地帯）ルール」と呼ばれる。

　401（k）プランの資産は，原則として59.5歳あるいは恒久的な障害認定の時

点で受給可能となる。法に基づく経済的困窮が認定されれば，それ以前の引き出しも可能であるが，その際には個人所得税と10％の特別税が課される。

　401（k）プランの最大のメリットは，1社での長期勤務を必要としないという点にある。加入者が転職する場合，プランの資産は転職先の401（k）プランや転職者用の退職個人勘定に移転可能である。ただし，401（k）プランの雇用主拠出金に受給権付与条件がある企業もある。例えば，マイクロソフトでは勤続2年以内で離職する場合，雇用主拠出金部分の資産は没収される。

401（k）プランの普及と企業年金の変化

　確定給付型の年金プランは，1975年時点で民間正規雇用の企業年金加入者の9割近くを占めていた。しかし，製造業からサービス産業へという産業転換の波に伴い，伝統的な年金プランもまた再編の対象となり，2001年以降は4割を下回った。2015年には，企業年金加入者の28％が確定給付型年金プランである一方で，同72％が確定拠出型の貯蓄プランとなり，その82％が401（k）プランである。また，提供されている企業年金の93％が確定拠出型の貯蓄プランであり，その84％が401（k）プランである（アメリカ労働省）。

　雇用主は，年金プランにおいては年金給付の原資の拠出や資産運用リスクを負う責任があった。しかし，401（k）プランでは，被用者が個別に資産形成を行うため，資産運用リスクはもちろん，原資の拠出負担も被用者が負うため，雇用主の役割は，資産運用環境の整備，そしてマッチング拠出に変化している。

参考文献　野村亜紀子（2017）「確定拠出年金の運用規制のあり方―米国401（k）プランの動向を踏まえて（特集 企業年金のこれから．2016年改正を踏まえて）」『ジュリスト』No.1503，45-50頁。
　　　　　吉田健三（2016）「年金政策―公的年金の調整案と貯蓄支援の革新案」河音琢郎・藤木剛康編著『オバマ政権の経済政策　リベラリズムとアメリカ再生のゆくえ』ミネルヴァ書房。

（長谷川）

Q48 国際関係

ブレトン・ウッズ体制とは何か？

〈ブレトン・ウッズ体制〉

ブレトン・ウッズ会議

1930年にアメリカ議会が立法化したスムート・ホーレイ関税法は，国内産業と雇用の保護を目的として多くの輸入商品に対して，高い関税を課した。アメリカの高関税に対して，貿易相手国は輸入関税引き上げ・輸入数量割り当てを行い，あるいは影響圏の国々と特恵的な関税協定を結んだ。1931年にイギリスが金本位制を停止すると，各国も追随し，第1次大戦後に再建された金本位制は崩壊した。再建金本位制崩壊後の各国は，通商・為替面で，外国の経済厚生を犠牲にして自国の経済厚生を高めるため近隣窮乏化政策をとる囚人のジレンマに陥り，世界貿易は急激に縮小した。世界経済の縮小は第2次大戦勃発の背景となった。

　第2次大戦の帰趨が定まった1944年7月，アメリカ・ニューハンプシャー州ブレトン・ウッズで連合国国際通貨会議が開催された。米英両国の課題は，1930年代の不況を再発させないための，多角的決済システム・為替相場の安定を図ることにあった。ブレトン・ウッズ協定は，「調整可能な釘付け」平価システムをとることになった。このシステムは，第1に，平価（自国通貨価値の対外的評価の基準）としては，世界の金準備の3分の2を保有するアメリカの通貨ドルを採用した（ドル平価）。第2に，アメリカ以外の協定加盟国は，通貨の交換性回復を目標とするとともに，自国通貨の対ドルレートを平価の上下1％の範囲内に保つ義務を負い，相場維持のため無制限の介入操作を求められた。加盟国は，国際収支が基礎的不均衡に陥った場合にのみ，IMFとの協議を経て，平価を変更できるとされた。この取り決めにより，各国通貨はアメリカ合衆国ドルを媒介として，間接的な金兌換性を実現でき，固定相場制に基づく為替相場の安定化が図られた。第3に，他方，アメリカ通貨当局は，各国通貨

当局に，金1オンス＝35ドルの比率で交換することを約束した。

「N番目の通貨」論（平価維持義務による各国マクロ政策の拘束）

　国際金本位制（1870-1914年）においては，金本位制採用各国全てが，自国の通貨価値を金とリンクすることによって，世界通貨金を基礎とした為替相場の安定が図られた。これに対してアメリカの国内通貨ドルを他の国々が国際準備として保有するブレトン・ウッズ体制では，アメリカとその他の国々（N-1国）との間では，国際金本位制とは異なり，為替レート・国際収支とマクロ政策の非対称性が生じる。自国通貨の対ドルレートを平価の上下1％の範囲内に保つ義務の下，N-1国側は，国際収支が赤字で，自国通貨に対するドルの需要が強い場合，外貨準備に限りがあるため（「外貨準備の天井」「国際収支の壁」），通貨当局によるドル売りを継続できず，国際収支を均衡する措置として，国内総需要の抑制や高金利政策をとる必要があった。アメリカ以外の国の国際収支が黒字となった場合も，各国は為替市場で自国通貨売り・ドル買い介入をする必要があったため，マクロ政策の自律性が損なわれた。

　マンデル，マッキノンのN-1国論は，ブレトン・ウッズ体制における非対称性を追認・擁護した。ブレトン・ウッズN カ国の世界においては，N番目の国の通貨であるドルを媒介としてN-1個の独立した為替レートと国際収支が存在する。しかし，N番目の通貨を持つアメリカは，為替レート・国際収支を調整することができず，「優雅なる無視（ビナイン・ネグレクト）」政策をとるしかない。しかし，その代わりに，マクロ政策の自律性を維持し，国内の経済厚生向上を追求することができるというものだ。ブレトン・ウッズ体制の中での協調的な政策運営の枠組みは，調整負担の際立った非対称性を特徴とし，アメリカ以外の国は，国内マクロ政策が制約された。一方，アメリカのみが自主的なマクロ政策運営ができたが，その運営には基軸通貨国としての節度が必要とされていた。

参考文献　山本栄治（1997）『国際通貨システム』岩波書店。
　　　　　P.R.クルーグマンほか著，山形浩生・守岡桜訳（2017）『国際経済学　理論と政策（下）金融編（原書第10版）』丸善出版。

（坂出）

Q49 国際関係
ドルの「とてつもない特権」とは何か？
〈基軸通貨〉

トリフィンのジレンマ

　ブレトン・ウッズ会議でのアメリカのホワイト案（基金原理案）とイギリスのケインズ案（清算同盟案）の討議の結果，ホワイト案が採用され，ドルが世界の基軸通貨となった。その結果，アメリカの国民通貨ドルが同時に世界の通商決済・外貨準備に使われるようになったが，この措置は，ドル・アメリカ経済に特権的な地位を与えることになった。

　アメリカの放漫な経済運営の結果，米経常収支赤字と米財務省保有金とのバランスに国際的懸念が持たれるようになった。1950年代末からアメリカの国際収支赤字が継続し，ドルの信認に対する不安が高まるなか，トリフィンは1960年『金とドル危機』を出版した。トリフィンは，ブレトン・ウッズ体制を，戦間期の再建金本位制と同じく，国際金為替本位制であるとした。そこでは，各国経済の成長に必要な国際流動性（中央銀行の対外支払準備）が増大すれば，準備通貨国アメリカが国際収支で赤字を出さなければならない。しかし，ブレトン・ウッズ協定では，アメリカ通貨当局が，各国に金1オンス＝35ドルで交換する約束に対する信頼性が低下することになる。つまり，アメリカの赤字は非難されるべきではなく，金為替本位制に固有のジレンマを解消するものであると正当化された。そして，この金為替本位制に内在する流動性ジレンマを解決するために，準備通貨国であるアメリカが国際収支改善・赤字縮小をしようとすれば，世界経済は国際流動性の不足に陥り，世界貿易は縮小する危険性があるともされた。そのため，アメリカのマクロ政策の節度ではなく，先進工業国（特に西ドイツと日本）の蓄積ドル準備の，金との交換自粛によるドル信認維持が図られた。しかし，敗戦国西ドイツ・日本と違い，アメリカからの自立を掲げるフランス・ドゴール政権は，ドルの基軸通貨特権を「とてつもない特

権」（exorbitant privilege）と呼び，ドル外貨の金との交換を進めた。

「とてつもない特権（exorbitant privilege）」

　1960年代のドル危機の時代に，フランス・ドゴール政権の財務長官ジスカールデスタン（後の大統領）は，ドルの基軸通貨特権を「とてつもない特権」と呼んだ。「とてつもない特権」は，第1に，「シニオレッジ（通貨鋳造益，紙幣を印刷するコストと額面の差益）」で，アメリカの造幣局が100ドル紙幣を印刷するコストは数セントなのに対し，他の国が100ドル札を入手するには，それに見合った財かサービスを輸出しなければならない。第2に，アメリカは経常収支を毎年続けても，赤字をファイナンスするために外国から自国通貨で借金することができる。第3に，アメリカ以外の国の企業や銀行，中央銀行は，ドル建て債券（含む米国債，ファニー・メイ，フレディーマックのような準米国債）に魅力を感じ購入することが挙げられる。

米財務省証券本位制（US Treasury bill standard）（マイケル・ハドソン）

　「とてつもない特権」の国際システムを解明したのが，マイケル・ハドソンの「米財務省証券（米国債）本位制」論である。ドル危機への対応策として，ニクソン政権は，1971年8月15日には，金・ドル交換停止に踏み切り，その後の変化はニクソン・ショックと呼ばれた。この措置は，本質的には，諸外国の中央銀行に対するアメリカの負債は，その金支払い能力を超えたという認識に立ったものであった。ニクソン・ショック以前から，フランスの対米ドル金交換要求を念頭に置いて，アメリカは，外国（西ドイツと日本）の中央銀行がその保有するドルの一部たりとも金での決済を求めるのは「非友好的」であると指摘し，代わりにドル残高をアメリカ財務省証券の形態で保有することを強く求めた。

参考文献　バリー・アイケングリーン著，小浜裕久訳（2012）『とてつもない特権』勁草書房。
　　　　　　マイケル・ハドソン著，広津倫子訳（2002）『超帝国主義アメリカの内幕』徳間書店。

（坂出）

Q50 国際関係

ニクソン・ショックとは何か？
〈金ドル交換停止〉

「ドルはアメリカの通貨だが，何とかするのはおまえらだ」（コナリー財務長官（当時））

金ドル交換停止から変動相場制へ

　1960年代ドル危機・国際収支危機はさらに進行し，1960年以降維持されてきた金プール制（各国中央銀行が金をプールしてロンドン金市場で金価格を管理するメカニズム）も1968年には停止された。そこで，ニクソン政権は，ついに1971年8月15日，金・ドル交換停止を宣言した。衝撃は大きく，様々なことに影響が及んだため，ニクソン・ショックと呼ばれる。その後，1971年12月には，スミソニアン協定が結ばれ，緊急措置として，多角的平価調整が主要国で合意された。この時点では，将来的には，固定相場制へ復帰することが前提とされ，1972年7月，IMFは国際通貨制度改革のために20カ国委員会を設置したが，1973年2月には，再び，ドル危機が発生し，2回目の多角的平価調整は失敗した。1973年3月，ECは共同フロートとドルに対する変動為替相場制へ移行し，日本も変動相場制に移行した。このときをもって，国際通貨システムは，ブレトン・ウッズ体制（固定相場制）から変動為替相場制に移行した。

　ブレトン・ウッズ体制と対比して，変動為替相場制には以下のような4つのメリットがあるとされた。第1に，国際収支の自動調節機能である。経常収支の不均衡は，為替変動を通じ，調整されると考えられた。第2に，金融経済政策の自律性である。対外均衡が変動為替相場によって調整されることにより，中央銀行は為替レート維持のための市場介入から解放され，各国政府は金融政策によって国内均衡（物価と雇用の安定）を追求できる。第3は，隔離効果である。ある国の経済政策の変化や経済的かく乱は名目為替レートの変動に吸収

されるため，他国からインフレ（あるいはデフレ）の輸入を強いられることはなくなるとされた。第4に，対称性である。変動相場制移行によって，ブレトン・ウッズ体制の下でのアメリカとそれ以外の加盟国との間のマクロ政策の非対称性はなくなり，各国間でマクロ政策を調整し合う必要がなくなるとされた。

しかし，現実には，経常収支不均衡は，1970，1980年代を通じて，拡大し，アメリカとそれ以外の国とのマクロ政策の非対称性も継続した。1970年代の経常収支不均衡は，第1次オイルショック（1973年）から中南米累積債務問題にかけて顕在化した。この時期の特徴として，第1に，国際収支不均衡が非産油途上国に現れたこと，第2に，先進工業国は全体では，1970年代の経常収支不均衡は約45億ドルに過ぎず，ほぼ均衡していたことが挙げられる。

1980年代の経常収支不均衡は以下のようであった。1980年代初頭にアメリカ高金利を背景に，非産油途上国がデフォルトを宣言し，国際資本市場から借り入れが不可能になった（累積債務問題）。他方，アメリカでは双子の赤字（財政赤字・貿易赤字）が発生し，先進工業国グループ（アメリカとそれ以外のG7諸国）間の経常収支不均衡が拡大した。先進国経常収支不均衡を調整するため，1985年，プラザ合意で，アメリカ，イギリス，フランス，ドイツ，日本は，外国為替市場に協調介入してドルの減価を図る旨を発表した。

変動相場システムにおいては，ブレトン・ウッズ体制と異なり，為替相場が需要と供給によって変動した。そのため，国際収支が赤字化し，外国為替市場で外国通貨を対価とする自国通貨の売りが増えれば，自国通貨の対外価値は下がり（通貨安），反対に，国際収支が黒字化し，外国通貨の売りが増えれば自国通貨の対外価値が上昇した（通貨高）。変動為替相場制は，制度的基礎がない「ノンシステム」（山本栄治）であり，財政金融政策において対外均衡よりも国内均衡が優先されるとされた。

参考文献 　山本栄治（1997）『国際通貨システム』岩波書店。
　　　　　　坂井昭夫（1991）『日米経済摩擦と政策協調』有斐閣。

(坂出)

PART 6
ニクソン・ショックから リーマン・ショックへ

1971-2009年

◉時代を映す映画⑥

🎥 ソーシャル・ネットワーク　The Social Network（2010年）

◉この章で扱うテーマ

イベント	スタグフレーション／レーガノミクス／ニュー・エコノミー／IT／グローバリゼーション
	Q51　Q52　Q53　Q54　Q55
産　業	産業競争力／競争力政策（連邦）／産業政策／冷戦終結
	Q56　Q57　Q58　Q59
政　策	レーガン減税／貿易赤字・財政赤字／合理的期待形成理論／教育改革
	Q60　Q61　Q62　Q63
国際関係	オイルショック／経常収支／国際マクロ政策協調／ISバランス
	Q64　Q65　Q66　Q67

◉主なできごと

```
1981　レーガノミクス開始
1985　プラザ合意
2008　リーマン・ショック
```

時代を映す映画⑥

🎥 ソーシャル・ネットワーク　The Social Network (2010年)

　2018年4月10日，米上院の公聴会に出席したフェイスブック社CEOのマーク・ザッカーバーグは，普段のTシャツではなく，青いネクタイにスーツ姿であった。フェイスブックに対して，利用者およびその「友達」について収集した個人情報を流出させた，との疑いを持たれており，この疑惑に対する説明をアメリカ議会が求めたのである。ザッカーバーグは，個人情報の流出対策は不十分であったと陳謝し，今後の再発防止を議員に約束した。ザッカーバーグにとって，フェイスブックをITビッグビジネスに育て上げる過程に訴訟はつきものであった。

　映画『ソーシャル・ネットワーク』は，ザッカーバーグがフェイスブックを立ち上げる様子を活写したものである。2003年，ハーバード大学2年生のザッカーバーグは，プログラミングは滅法腕が立つものの，狷介な性格で，ガールフレンドのエリカを，ささいなことで怒らせ，別れてしまう。ザッカーバーグは，寮に戻り，ブログにエリカの悪口を書き，憂さを晴らしていたが，そのとき「ハーバードの女子学生を比較して，投票させたらおもしろいのでは」と思いつき，大学の寮の名簿をハッキングし，女子学生たちの写真を載せてランク付けをした。このサービスはヒットし，ザッカーバーグは大学の有名人となる。

　その後，物語は，オタクのプログラマー・ザッカーバーグと，ハーバード大学のボート部のトップであり資産家の子弟であるウィンクルボス兄弟との騙し合いと抗争，親友でありフェイスブックの共同設立者であるエドゥアルドとの同社立ち上げを巡る主導権争いと決裂に物語は進む。

　ウィンクルボス兄弟は，ハーバード大学内の男女のインターネット上の出会いの場「ハーバードコネクション」の立ち上げのためザッカーバーグの協力をあてにしていたが，ザッカーバーグは，「ザ・フェイスブック」を立ち上げてしまう。ウィンクルボス兄弟は激怒し，弁護士を介し，知的財産盗用を理由に，フェイスブックに停止警告を送る。ザッカーバーグとエドゥアルドは，ニューヨークに広告スポンサーをあたりに出掛け，ナップスター（音楽交換サイト）の創始者ショーンと出会う。ショーンの勧めを得て，ザッカーバーグは，フェイスブックを評価額10億ドルの規模の会社にすることを目指す。野望を抱く

　ザッカーバーグは，株式増資とその所有割合を巡りエドゥアルドと決裂し，アイデア盗用を材料としたウィンクルボス兄弟と創業者権利を訴えるエドゥアルドの2つの訴訟を抱えることになった。

　2つの告訴は，ザッカーバーグの内面を厳しく痛めつける。ラストにおいて，傷ついたザッカーバーグは，エリカのフェイスブックのページにアクセスし，「友達リクエスト」をする。プライバシーを，ITを通じて商品化することに成功したザッカーバーグが，その商品化・ベンチャー化のために失った人間関係を回復しようとした手段が，フェイスブックであったのは皮肉である。ウィンクルボス兄弟が代表する屈強なWASPに，チリチリ頭のひ弱なザッカーバーグが，アイデアとプログラミングの技術で徒手空拳で挑み，そして，訴訟のなかで疲弊していくありさまを描いたこの作品は，青春映画としても苦い後味を残す。

(坂出)

Q51 アメリカ経済はなぜスタグフレーションに陥ったのか？
〈スタグフレーション〉

スタグフレーション

　第2次大戦後，アメリカ経済が順調な経済成長を成し遂げることができたのは，いくつかの要因の複合によるものだ。それらは，1）GDPの4～14%（1950年代），7.4～9.4%（1960年代）に達した軍事支出の需要拡大効果，2）原油や工業原材料などの価格が低位安定していたこと，3）不況の1930年代，戦争の1940年代に続く戦後の時期に，満たされなかった消費願望が「積み残し需要」となり，一大消費ブームを生み，その後も所得の継続的上昇によって個人消費の伸びが続いたこと，4）アメリカ経済の貿易依存度が低く，また西ドイツや日本といった，この後にアメリカ経済の競争的脅威になるような国が復興途上にあって，国際的制約を受けにくかったこと，などによる。

図表　フィリップス曲線

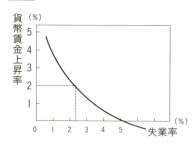

フィリップス曲線

　1974年のアメリカ経済は，実質GDPが前年比3%の落ち込み，失業率が9.2%，そしてインフレーションが12%に達するスタグフレーションの状況を呈していた。それまでの経済学は，フィリップス曲線によって，インフレ率と失業率の間には逆相関の関係があると説明してきた。つまり，不況下で失業率が高いときには，物価上昇率は抑えられ，好況で物価上昇が続くときには，失業率が低くなる。とすれば政策的には，①不況下で多少のインフレーションを覚悟して財政出動等によって失業吸収を図るか，②逆に物価上昇局面でインフレ抑制を優先して失業者の増大を甘受する

かの選択だった。戦後の共和党政権はどちらかといえば②の立場に立ち，民主党政権は①の立場をとった。ところが，1970年代に入って，経済全体が不況色を強めても，物価上昇は止まらないという新しい，かつやっかいな局面を迎えた。

これは，オイルショックに象徴される産油国とアメリカとの力関係の変化，そしてこれまでの経済成長を支えたメカニズムにかなり根本的な変化が発生したためだ。まず，コスト面では，原油をはじめ，原材料価格が急騰し，それらがもとの低位安定に戻ることはなかった。国際的には鉄鋼・自動車など基幹産業でアメリカ産業は競争力を弱め，その分輸入が増加したから，企業はいっそうリストラを強いられ，失業も増加する原因となった。所得は名目的には増大したが，物価上昇によって購買力は実質的に減少したため，これまでの，所得増加が個人消費の増加に結びつくという好循環は断ち切られ，経済成長のエンジンとしての個人消費の寄与度は減少した。

第1次オイルショックが襲った1973年は，多くのベビーブーム世代にとってまさに職歴開始の時点だった。中流アメリカ人は実質所得の伸び悩みと税負担の増大に次第に不満を募らせていた。激しいインフレーション下で，土地，建築資材，資金，労働力コストのいずれもが急騰したために住宅建設危機が押し寄せていた。さらに1980年代に入ると，価格と金利が高騰したために，新しい住宅を買うという伝統的なアメリカの夢を，初めて家を買おうという人々の手の届かないところに追いやった。彼らの多くはまた連邦や州地方の政府支出の絶えざる増大傾向に疑いの目を向け始めていた。結局彼らの多くは，第2次オイルショックの1979年になっても，なお住宅を購入できなかった。

アメリカ経済は1970年代初頭を境として，それまでの平均的実質賃金の増大，経済階級の格差の縮小，貧困人口比率の縮小などの傾向が逆転し，実質賃金の停滞，世帯間所得格差の拡大，貧困人口比率の再増加，低賃金雇用の比率増加などを経験した。1960年代までの経済成長のエンジンとなってきた中産階級が縮小し始めたのである。

| 参考文献 | P. クルーグマン著，伊藤隆敏監訳（1995）『経済政策を売り歩く人々』日本経済新聞社。
R. B. ライシュ著，雨宮寛・今井章子訳（2008）『暴走する資本主義』東洋経済新報社。

（秋元）

Q52 スタグフレーションを解決した レーガノミクスとは？

イベント

〈レーガノミクス〉

レーガノミクス

　1970年代のスタグフレーションが需要管理を目指すケインズ政策への信頼を低下させたので，次のレーガン政権はもっぱらマネタリスト的な，かつ，供給の経済学と呼ばれた経済政策を採用した。それらは財政支出削減による「小さな政府」，諸規制の撤廃による民間セクターの活性化，通貨量コントロールによるインフレの抑止，そして大幅減税を内容とした。減税にしてもケインズ的な需要面からの刺激というのでなく，減税によって企業家や労働者の「やる気」を引き出し，結果として税収の増加を呼び込もうという意図からの政策である。レーガン政権の8年間を見ると，1981-82年に厳しい景気後退があり，財政赤字も拡大し，高金利，ドル高により輸入が急増した。全体の時期を通じて誤算だったのは，国内貯蓄が停滞したことで，歳出削減にもかかわらず，財政赤字は拡大した。

　1980-90年の間に民間セクターの労働者数が1,800万人増加したことでも分かるように，政策のトータルな結果として，サービス経済化の一層の進行，起業の増加，福祉受給者の労働参加などが起きて，1990年代の低失業率経済の土台をつくった。むろん，その代価として，雇用の不安定化，労働時間の増加，地域的，経済階層的不均衡の増大が起きた。逆に，規制撤廃の進んだ業種では，自らの企業努力によって生産性の増大を実現することで競争に勝ち残る道すじが企業に見えてきた。それは，税制改革によって働くインセンティブを大きくした企業家とともに，アメリカ経済を活性化することに貢献した。

レーガノミクスのメカニズム

　レーガノミクスは供給の経済学を理論的基礎としたといわれる。インフレー

ションを抑えることのできない，ケインズ経済学とその政策に対する信頼が1970年代に失墜したためである。そこで，さまざまなサプライサイド経済学が登場したのだが，それらの大まかな特徴は以下のようである。①需要要因重視から供給要因の重視への変化。②大きな政府に対する不信感が広がった。これは，財政赤字のマイナス効果理論と重なる。マーティン・フェルドスティンによれば，社会保障給付が高レベルだと，個人貯蓄を減らし，国民貯蓄率の著しい減少につながる。こうした理論に裏打ちされて，減税をすれば，それによる勤労意欲の増大を通じて，減税分は結局歳入の総計増加となってはねかえる，というのである。

金融保険や証券に関わるサービス労働者が増加することになるが，それらは，ほんのひとにぎりの専門職エリートと多数の単純サービス労働者からなっていて，製造業の基幹労働者のような安定した職と高い賃金を保障はしなかった。

製造業に組織の基礎を置くことが多かった組織労働の社会的勢力がかつてないほどに弱まり，伝統的な中間的ブルーカラー職種が減少し，それより高い所得層とより低い所得層が増えた。こうした職種＝所得分布の両極化が，消費市場の両極化をも惹起していると推定される。

固定資本投資は1962-69年にはその前の時期の約2倍の6.1％平均に，1982-89年には2倍弱の4.5％に増加した。この民間投資の増加こそがそれぞれの時期の景気拡大の大きな要因だった。1980年代には雇用が年平均で2.4％（総数で1,785万人）増加したが，これは減税に対して労働者が労働力供給を増やす形で対応したことを示している。この時期には中位の労働者の平均失業期間が短縮した。それによって，家族の中位所得は1970年代と違って実質で増加し始めた。もしも増税があれば，逆の動きが起きるだろう。1960年代も，1980年代も減税後に連邦財政収入は増加した。前者の時期にはベトナム戦争支出が，後者の時期には軍拡が均衡に向かうべき財政を赤字化してしまったのである。

参考文献　秋元英一・菅英輝（2003）『アメリカ20世紀史』東京大学出版会。

（秋元）

Q53

イベント

ニュー・エコノミーとは何か？

〈ニュー・エコノミー〉

ニュー・エコノミーという用語

　ニュー・エコノミーという用語は，古くはアメリカの1920年代にも，あるいは1970年代にも登場している。これは，その時代ごとに異なる標語のようなものなのか。それとも，経済学の基礎における何らかの革新を前提にしているのか。

　ニュー・エコノミーの前提となっているのは，新しい成長理論である。その旗手はスタンフォード大学のポール・ローマー（1955-）で，彼は2018年にノーベル経済学賞を受賞した。新しい成長理論の要は，アダム・スミスがすでに認識していた収穫逓減の原理の問題点の再発見から出発すべきだと，『知識と諸国民の富』の中でローマーを紹介したデヴィッド・ウォーシュが指摘した。すなわち，ピン工場が大きければ大きいほど，その労働者はより特化し，1人の労働者は，より多くのピンを生産できるだろう。同時にウォーシュはアダム・スミスがピン工場で規模に対する収穫逓増が見られることをすでに知っていたと指摘している。ピン工場の収穫逓増原理は，最終的にテクノロジーの発展を内生化させた経済成長モデルの中に生かされることになった。

　　収穫逓減モデル→→従来の経済成長理論→→競争的市場の環境
　　収穫逓増モデル→→新しい成長理論（内生的成長モデル）

ニュー・エコノミーとは何か

　ニュー・エコノミーの実証分析，モデル分析をリードする経済学者デイル・ジョーゲンソンは学会誌に載せた会長講演の中でこう指摘している。「情報技術の発展と展開は，アメリカの経済成長復活の基礎である。『ニュー・エコノミー』の決まり文句──より速く，より良く，より安く──は，技術的変化のスピード，半導体製品の改善，そして半導体価格の急激かつ継続的な下落とい

う現象を捉えている。価格下落は，コンピューターや電気通信装置のような半導体技術に大きく依存する製品の価格に伝播してきた。情報技術はまた，航空機，自動車，科学設備，および一群のその他の製品のコストを減らすのを助けた」。こうした変化は，通常の観察を通じて明瞭に分かるのだが，それらの経済に対するインパクトは，測定するのが困難である。その原因の一端は，政府の統計システムが「オールド」エコノミーを測定するのに最も適合的だからである。「ニュー・エコノミー」に伴う急速な変化は，同時的に測定方法の改善をより重要に，より困難にしている。

ニュー・エコノミーと収穫逓増

研究者たちは，ニュー・エコノミーの急速な成長の主たる要因は，ITの規模に対する収穫逓増の中にこそあると仮定した。これはむろん，産出の比例的な増加よりも大きな収穫が実現するときのことである。コンピューターのソフトウェアに対する研究開発には相当の費用がかかるが，製品が完成してしまえば，市場における需要が増大するにつれて，それはより低い限界費用で生産できるため，平均費用も逓減する。

しかしながら，同時に収穫逓増は自然独占といわれる状態をつくりだす。というのも，先発企業の初期投資は大きいものの，平均費用は長期にわたって逓減するため，新しく参入した企業よりも有利に生産できるからである。先発企業に比べ後発企業は採算がとれなくなり，市場から退出し，各市場には数少ない巨大企業しか残らず寡占市場となる。

もっとも，平均費用の長期逓減を前提とすれば，各中小企業がばらばらに投資するよりも，寡占企業が生産する方が投資は重複せず，平均費用も安く，より多く生産できるため効率は良い。IT企業はこのような法則の下で成長してきた。つまり，企業合併による規模の拡大が有利に働くため，アメリカでは反トラスト法の下で競争が維持されるように規制を受けるのである。

> **参考文献** 秋元英一（2011）「ニュー・エコノミーとアメリカ経済」『千葉大学経済研究』26(4)。
> 井上博・関下稔・坂井昭夫（2000）『アメリカ経済の変貌―ニューエコノミー論を検証する』同文舘出版。

（秋元）

Q54 イベント
ITがニュー・エコノミーをもたらしたか？

⟨IT⟩

情報技術（IT）と「ムーアの法則」

　現代の情報技術（IT），ないしは情報通信技術（ICT）は，1947年にベル研究所で作られたトランジスターの発明に始まる。次は，テキサス・インスツルメントのキルビー（1958年）とフェアチャイルド半導体のノイス（1959年）の共同発明による集積回路の発明である。インテルの集積回路はソフトウェアによってプログラムされる機能を持つマイクロプロセッサーを生み出した。1971年にインテルはそれを商業化した。1981年にはIBMが個人用コンピューター（パソコン）を開発し，情報技術普及の分水嶺となった。

　1965年に当時フェアチャイルド半導体会社研究室長だったゴードン・ムーアはのちに「ムーアの法則」と呼ばれるようになる「予言」を行った。彼は新しいチップ1個はそれ以前のチップ1個よりもほぼ2倍のトランジスターを持ち，それは18〜24カ月ごとに前のモデルから更新される。つまり，チップ容量は1年に35-45％という幾何級数的成長を記録しているとした。実際には半導体はムーアの予測よりも加速的に早く，1年に40.9％の値下がりによって安価に提供された。この驚異的値下がりこそが企業にIT導入を加速させた大きな要因である。

あらゆるニュー・エコノミーの根源には，デジタル財が存在する

　デジタル財は，レシピと考えれば，想像がしやすい。デジタル財のコピーはどれも財そのものである。次のようなものは全てデジタル財である。思想や知識，コンピューター・ソフトウェア，画像イメージ，音楽，データベース，ビデオゲーム，青写真，レシピ，DNA構造，コード化されたメッセージなど。

　ニュー・エコノミーにとって，グローバリゼーションは不可欠の要素である。

人によっては,「オールド・エコノミー」は,ニュー・エコノミーと対照的な産業セクター群だと捉える場合もある。オールド・エコノミーの定義は,歴史上で変化してきた。とりあえずは,オールド・エコノミーの中味は,OECD諸国の戦後経済成長をリードしてきた大量生産の製造業であると定義してよいだろう。アメリカの商務省は,IT供給産業群(ニュー・エコノミーのコア)を次のように定義している。「IT供給産業は経済全体の8〜9％を占め,この国の年間GDP成長率平均4.6％のうちの1.4％を供給した」。

ニュー・エコノミーとIT・グローバリゼーション

　ニュー・エコノミーとグローバリゼーションと情報技術とは,今日の事態を理解するのに必須な基本的三角形である。テクノロジーがどのように経済成長に寄与するかを検討するについて,ある基本となるテクノロジーを中心にそれを取り巻くようにほぼ同時期に多くの,そしてメインのテクノロジーの周辺で一連の技術革新が一斉に起きる場合が認められるので,その場合のコアとなる新しいテクノロジーは「一般目的技術」ないし「汎用目的技術」(GPT)と呼ばれるようになった。それらは,家庭や企業のそれぞれの生活や活動に変化をもたらす根本的な進歩を表す。GPTは,以下の条件を全て満たすものである。
① 広域浸透性。GPTはほとんどのセクターに広まる。
② 継続的改善。GPTは,時間とともに品質を向上させ,したがってその利用者にとってのコストを引き下げ続ける。
③ 技術革新を生み出すこと。GPTは新製品や新工程を発明し,生産することをよりたやすくする。

　言い換えると,ニュー・エコノミーとはネットワークとコンピューター化により勢いをつけられた,知識をベースにした経済である。2001年の大統領経済報告は,ニュー・エコノミーとは,急速な生産性の上昇,所得の増大,および低い失業率と適度なインフレーションという,経済パフォーマンスにおける顕著な成果のことであると述べている。

参考文献　夏目啓二(1994)『アメリカIT多国籍企業の経営戦略』ミネルヴァ書房。
　　　　　谷口明丈・須藤功編(2017)『現代アメリカ経済史―「問題大国」の出現』有斐閣。

(秋元)

Q55 ニュー・エコノミーはグローバリゼーションを加速させたか？

〈グローバリゼーション〉

グローバリゼーションの定義

　IMFの『世界経済概観』1997年版は，グローバリゼーションを「国境を越えるさまざまな財貨サービスの取引，国際的な資本の流れを通じて，さらには，テクノロジーのより急速かつ広範な普及を通じて，世界中の国々が相互依存をますます強めていく状態」と定義している。歴史的には，今日のグローバリゼーションは，第2次大戦後のIMF・GATTシステムが世界的に認知されてゆくプロセスが開始点であり，1970年代初頭の変動相場制が開始された頃から本格化し，1989年のベルリンの壁崩壊からの冷戦体制の終焉によって一挙に進展したといえよう。グローバリゼーションを構成するものの中身は，1）サービスを含む商品，2）資本，3）労働力，4）情報に分けられる。グローバリゼーションの始点をいつと見るかは，どの論点を強調するかにかかる。

「勝者が全てを取る」市場

　第2次大戦後の生産性と労働者の報酬の伸びの傾向を見ると，1973年頃までは，生産性の上昇と労働者賃金の上昇カーブはほぼ並行していた。この時期，所得階層別の所得シェアを見ると，分配は平等化の方向に向かっていた。1973年以降は生産性が年平均で前の時期の半分に及ばず，特に1980年代以降，平均的労働者の賃金の上昇率は生産性の上昇に追いつかなくなった。

　1990年代になり，アメリカの潜在成長率は，2％から4-4.5％に上昇した。労働人口の増加はそれを下回り，1人当たりの生産額が増えた。しかし，果実は多くの労働者に均霑せず，一部の「勝者」が独占したため，所得格差は拡大した。大量生産工業期には，被雇用者が頼ることのできる熟練は長く，おそらく8-10年間は続いた。第2次大戦後，労働者は標準的雇用の持つ3つの利益

を享受していた。すなわち,フルタイム雇用および長期の雇用主による雇用の諸条件のコントロールである。ニュー・エコノミーの下では,産業の性質はたえず変化しており,雇用主自身が今から2年後にどのような熟練が必要になるかについてきちんとは予測できない。

新しい成長理論

　新しい経済成長は,これまでの経済学,あるいは成長理論が解決困難な課題を多く抱えている。これまでの経済成長は工業化の過程において都市に住む人々の生活感覚,生活様式がそれ以外の地域の人々の将来像をリードした。しかし,ニュー・エコノミーの下では,例えばインターネット店舗が場所を選ばないように,大都市圏が必ず発展の中心になるとは限らない。

　ニュー・エコノミーとグローバル化の特徴点を挙げると,1)企業にとって労働者雇用の地理的範囲,雇用形態がフレキシブルになるので,労働コストの大幅削減が可能になる。2)コンピューターによる管理が商品在庫を最小限化できるので,無駄なコストを削減できる。3)国民経済的に見て,コンピューター化,ネットワーク化が企業内のネットワーク化を促進する形で進展すると,生産性の上昇が本格化する。4)商品サービスの需給がグローバルになるにつれて,原材料調達コストは最小限化し,世界の物価は傾向的に下がっていく。5)資金調達がグローバル化すると,低利資金が得やすくなる。

　ただし,デメリットは残る。インターネット販売の企業も大量注文を迅速に処理するには,かつての伝統的大量生産工業と同様,ある程度の在庫を抱える必要がある。労働コストの削減はそのまま労働者の生活を不安定化させ,資金調達領域の拡大は,リスクを増大させる。一般に,コンピューター関連産業は,製造業などと比べて,雇用吸収力が小さい。競争条件が均等化し,企業同士の競争が激化すると,利潤率は圧縮される。また,企業のIT投資も需要予測が間違えば,過剰投資となり,ブームは終わり,不況が訪れる。ニュー・エコノミーは競争のあり方を変えるが,競争社会がなくなるわけではない。

　参考文献　秋元英一編(2001)『グローバリゼーションと国民経済の選択』東京大学出版会。

(秋元)

Q56 産業

産業競争力論争とは何だったか？
〈産業競争力〉

　1980年代後半から1990年代初頭は，日米経済摩擦をきっかけとして，アメリカ企業の産業競争力低下に対する深刻な懸念が投げかけられた時代である。この懸念の特徴は，財政や金利，為替といったマクロ的な諸要因だけでなく，製品開発と製造プロセス開発への投資，設計と製造の協調，多能工の育成や労使一体的な生産性向上・品質改善運動，メーカーと部品業者の協力関係といった産業や企業のあり方——ミクロ的諸要因——にも注目が集まったことである。

産業政策（ターゲティング・ポリシー）への着目
　それゆえ，この時期のアメリカでは，「競争力」をテーマにした政策論争が活発に行われた。例えば，ダニエル・オキモトは，「日本の産業政策を構成する最も決定的な動因の1つは，産業的な後発国としてのこの国の歴史的な経験であった」とした上で，自動車産業やハイテク産業の奇跡的な成功を体系性という意味で独自な日本の産業政策に求めた（『通産省とハイテク産業』サイマル出版会，1991年）。また，こうした見方の走りとなったライシュとマガジナーの『アメリカの挑戦』（東洋経済新報社，1984年）は，アメリカにも暗黙の産業政策は存在するが，非体系的であるとした上で，体系的な産業政策——ターゲティング・ポリシーを導入した日本に学ぶべきだと強調したのである。要するに，育成すべき産業を絞り（ターゲティング），その産業の成長をあらゆる政策手段を用いて系統的に支援する政策を実行せよ，というのである。

製造現場と設計・開発部門の乖離
　しかし，結局のところ何が「アメリカ企業の競争力の低下」を招いたのか。当時，「競争力」というタームでイメージされていたのは製造業企業の競争力

であり，なかでも製造過程の効率性であった．マーティン・ケニーとリチャード・フロリダは，製造効率が低下した要因を製造現場と設計・開発部門との乖離に見出し，日本のフレキシブルな産業組織こそ両者の円滑な協調を促す生産システムであると指摘した（「フジツー主義」）．

ケニーとフロリダによれば，日本企業の生産システムとそれを支える産業組織は製品革新と工程革新を密接に連関させ両者を同時に達成しているが，アメリカ企業は前者に偏重し，2つがバラバラになってしまっているという．その一方で，彼らは，イノベーションとりわけプロダクト・イノベーションの群生という点で，華々しい成果を上げつつあったシリコンバレーに対して，それが大量生産活動ないし「基本的製造活動」との密接な連関がないという観点から，アメリカの産業競争力を復活させるものではないという評価を下した．

すなわち，彼らによれば，ベンチャーキャピタルに主導された新興企業のイノベーション活動は，近視眼的な視野に制限されており，大規模研究所の研究開発を破壊し，しかも「より重要なことは，企業家的基盤を持った（新興企業の）イノベーションへの強い金融的インセンティブが一連のかたちで確立したことは，独占的な製品もしくは技術を指向し，製造技術や製造過程を改善するイノベーションから遠ざけるという強いバイアスを生んでいる」．

つまり，1980年代後半から1990年代初頭の「競争力問題」とは，製造過程（基本的製造活動）と研究開発ないしイノベーションとの連関が不十分であるという問題だったということができる．このことは，「製造業とサービス業の密接連関」という把握に基づいて，製造プロセスこそ産業競争力に決定的な役割を果たすと述べたコーエンとザイスマンの『脱工業化社会の幻想』（TBSブリタニカ，1990年）や，産業競争力のミクロ的諸要因に関心が払われるきっかけになったダートウゾスやレスター，ソローの『Made in America』（草思社，1990年）においても同様である．

参考文献 　マーティン・ケニー，リチャード・フロリダ（1993）「日本的生産システムこそポスト・フォード主義の最先端である」加藤哲郎・ロブ・スティーブン編『国際論争 日本型経営はポスト・フォーディズムか？』窓社．
坂井昭夫（2004）「憂愁の様相—1980年代米国経済の回顧（1）」Discussion Paper, 京都大学経済研究所，No. 0403．

（森原）

Q57 産業

連邦における競争力政策とは？
〈競争力政策（連邦）〉

競争力政策とは？

かつてのアメリカでは，産官学連携で製造業全体の競争力を高める独自の競争力政策を進化させてきた。1990年代までは技術政策中心であったが，2000年代以降は人的資本開発に重点を移しつつある。

競争力政策の仕組みと目的

アメリカの競争力政策は，1980年代の産業政策論争を経て，1990年代にクリントン政権でほぼ確立したとされる。1985年には産業競争力委員会が「ヤングレポート」で製造業競争力低下への危惧と政策対応の必要性を指摘した。銀行等の新しい組織を創設することはほぼなかったが，主として規制緩和手法によって政府機関の商用技術開発に向けた性格変更と新プログラム展開，国立研究所，大学・研究機関，企業，政府機関の産官学ネットワークを展開した。競争力政策は，主として製造業全体の国際競争力強化，賃金水準の高い「良質」な雇用の創出を目的としていた。

1990年代に完成した競争力政策プログラムの内容

まず，1980年代産業政策論争と同時期に成立していった法律やプログラムがある。国立研究所や大学・研究機関から企業への技術移転促進政策としては，国立研究所からの技術移転促進（1980年スティーブンソン・ワイドラー技術革新法），大学・研究機関の特許取得促進，民間（中小）企業の産学連携促進（1980年バイ・ドール法），ベンチャー企業・中小企業のイノベーション支援（1982年中小企業技術革新法（SBIR）），商業技術開発を促進するための1988年，標準局（NBS）の技術標準局（NIST）への改組，基礎研究から市場（製品化）

に至る間に存在するいわゆる「死の谷」の橋渡しを行うことを目的とする1990年商務省先端技術プログラム（ATP）などである。他には，民間企業のイノベーション支援の税制改正（研究開発投資・租税控除）も重要であった。

1993年以降，クリントン政権では軍民転換が推進され，その一環としてDARPA（国防高等研究計画局）をARPA（高等研究計画局）に改組（現在はDARPAに戻る）し，軍事技術の民間転用と非軍事産業のイノベーションと技術投資，商業化促進が図られた。

競争力政策再び：21世紀は人的資本開発へ

21世紀に入ると，中国，インド，東アジア勢がアメリカの産業の競争相手として台頭し，アメリカ企業の在アジア生産と逆輸入，生産委託とオフショアリングも進展した。そのために輸入が急増，製造業雇用が300万人以上減少するなど雇用不安が広がり，新たな国際競争への対応が求められた。

2004年にはIBM会長による「パルミサーノ・レポート」が公表され，イノベーションのための制度と能力を強化する必要性が指摘された。2007年アメリカ競争法が成立し，科学技術投資と教育システム（人的資本投資）の強化が目指されている。2007年アメリカ競争法は，イノベーション（新技術，新ビジネス，新制度創出）能力で，中国，インド，東アジア勢と競合して，アメリカが世界の先頭を走り続け，賃金水準の高い雇用を創出するための基本政策として位置づけられた。

2009年以降，オバマ政権は国防支出を抑制する一方，科学技術投資の拡充と労働力トレーニング強化（2014年労働力革新機会法（WIOA））を引き継ぎ，さらに製造業強化のための政策（2012年先進製造パートナーシップ（AMP））を展開した。トランプ政権では，アメリカ第一主義，国防支出増，通商政策が前面に出て目立たないものの，基本プログラムは存続している状況である。

参考文献 宮田由起夫（2001）『アメリカの産業政策』八千代出版。
Kent H. Hughes（2005）*Building The Next American Century: The Past and Future of American Economic Competitiveness*, Johns Hopkins Univ Press.

（山縣）

Q58 産業

州・地方政府は産業政策を行うのか？
〈産業政策〉

アメリカの州・地方政府と産業政策

　アメリカは日本よりも州政府や都市自治体といった地方政府の自立性がはるかに高い。逆の言い方をすると，アメリカの州・地方政府は，競争のなかで生き残り財源を確保するために，産業政策を独自に工夫する必要がある。産学連携，企業誘致，租税優遇措置，さまざまな手段を組み合わせた戦略的な産業基盤移行戦略，労働力訓練，移民優遇政策など多彩な産業政策を進化させてきた。

「自立自助」から連邦政府主導の地域開発プログラムへ

　アメリカは連邦制の国であり，州や都市自治体が強い自治権を持つ。各州，自治体ごとに独自に産業づくりが行われた事例が多い。大不況期に農業不況などに苦しんだ州では，融資等，産業政策を工夫したことが知られている。

　しかし1930年代から戦時経済期にかけて，広く取れば1970年代末までのいわゆるニューディール体制期には，電源開発，農業開発，工業化，戦時生産のための工業基盤整備を目的とした連邦政府の地域開発プロジェクトが太平洋岸地域・西部，南部という当時の経済的後進地域を中心として行われ，その影響が強かった。また連邦政府の軍事基地や国防予算の配分，国立衛生研究所（NIH）関連の研究所など連邦政府関連の研究所設置も事実上の連邦政府による地域開発政策として機能していた面もある。連邦政府が各地域の経済開発に積極的に関与した時代だったといえる。

「起業家的地方政府」へ

　1970年代後半になると，国際競争の激化と製造業衰退のなかで，アメリカの州政府や都市自治体は産業政策に力を入れるようになった。これを「起業家的

(Entrepreneurial）になった」と評価する研究もある。1990年代にかけて州・地方政府の産業政策は進化し，州や都市間の「優勝劣敗」も明確になっていった。起業家的州政府の施策は必ずしも全てが成功例とは言えないが，以下のような成功例が確認できる。①外国企業の誘致（アーカンソー州，インディアナ州，ニューメキシコ州など多数），②新産業への移行（金融，サービス，教育，医療産業に転換したピッツバーグ，アトランタなど），③州立大学中心の産学連携と海外IT企業誘致に成功したテキサス州オースティンなど，④偶然（マイクロソフトの成功）と努力（州立大学・地域業界団体が貢献）が寄与し，産業基盤多様化に成功したワシントン州シアトル，⑤官民・大学研究者が寄与したまちづくりに成功し，観光業等で雇用を生み出したチャタヌーガ，である。それぞれ独自の工夫と長年の努力が成功の背景にある。

2000年代以降の動向と問題点

　2000年代以降は，1990年代までに明確になった州や地域間の「優勝劣敗」を受けて，各州，自治体が企業誘致を強化し，法人税引き下げ競争，労働力トレーニング，産学連携政策等の州間・地域間競争が激化している。直近では，企業向けにカスタマイズした労働力トレーニングを地方政府が行うべき，成長の拠点となる優良企業，ハイテク企業を招くため，巨額の投資（ビッグプッシュ）をすべきという研究や識者の意見も散見される。

　もともとアメリカの州間や自治体間では，国際競争にも類似した租税引き下げ競争が展開されてきたが，2000年代以降，優良企業誘致による地域発展が重視され，租税優遇措置や規制緩和競争がさらに激化している。アマゾンの第2本社の誘致合戦などである。他方で州間・自治体間競争のなか，州や自治体の課税権が徐々に侵害されているという批判，ミシガン州の労働権導入など労働組合の弱体化，製造業労働者を中心に，福利厚生や賃金低下が進む事例も報告されている。

参考文献　河音琢郎・藤木剛康（2008）『G.W.ブッシュ政権の経済政策』ミネルヴァ書房。
Peter K. Eisinger (1989) *The Rise of the Entrepreneurial State: State and Local Economic Development Policy in the United States*, Univ of Wisconsin Press.

（山縣）

Q59 産業

冷戦終結でアメリカ防衛産業はどうなったのか？

〈冷戦終結〉

巨大なアメリカの防衛産業

　ストックホルム国際平和研究所（SIPRI）「軍事支出データベース」によると，2017年のアメリカの軍事支出は約6,100億ドルで世界1位となっており，これは第2位の中国（推計約2,300億ドル）から第8位の日本（約450億ドル）までの合計よりもなお多い額である。こうした巨額の軍事支出に裏打ちされた国内需要を背景に，アメリカの防衛産業もまた巨大であり，SIPRI「兵器産業データベース」によれば，2016年の世界の兵器販売額上位10社のうち，米企業が7社を占めている。

　冷戦終結後，国防総省は過剰となった防衛産業の再編・統合を主導した。その結果，冷戦期には50社以上あった企業がロッキード・マーティン（世界1位），ボーイング（同2位），レイセオン（同3位），ノースロップ・グラマン（同5位），ジェネラル・ダイナミクス（同6位）の5社に集約された（カッコ内は2016年度兵器販売額の順位）。そしてここに，英国BAEシステムズの子会社であるBAEシステムズInc.を加えた6社が，現在，国防総省の主要契約者（システムインテグレーター）としての位置づけにある。

グローバルに拡がる防衛産業基盤

　システムインテグレーターは，あらゆる種類の兵器システムを国防総省に供給しているが，もちろんそれらを全て内製化しているわけではなく，その開発から生産に至るまでには多くの企業や組織が関与している。一般に，兵器システムの研究開発，生産などに関わる物的，人的基盤を防衛産業基盤（DIB）と呼ぶ。アメリカ国土安全保障省によれば，防衛産業基盤とは「アメリカの軍事的要請に応える兵器システム，サブシステム，構成要素，部品の研究開発，設

計，生産，引き渡し，そして保守を担う産業的複合体」であり，その範囲は世界大に拡がるとされる。つまり，他の製造業と同様に防衛産業においてもグローバルなサプライチェーンが構築されており，国防総省にとっては海外サプライヤーの重要性が以前よりも高まっているのだ。また，欧州企業の中には，自国よりも予算規模のはるかに大きいアメリカ市場へのアクセスを重視し，こうしたサプライチェーンへの参画を積極的に進めるものもある。

民生分野のイノベーションにも注目

　国防総省は現在，中国，ロシアに対する新しい抑止戦略として「第3の相殺戦略」を構想している。相殺戦略とは，アメリカが兵器体系や作戦概念を革新することで，仮想敵国の軍事的優位を相殺（オフセット）しうる十分な軍事的能力を確保し，それにより抑止力を高めようとする戦略である。中国やロシアが軍事力の近代化を着実に進めるなかで，アメリカ軍がグローバルなレベルで軍事的優位を確保し続けるためには，軍事技術の革新や新たな作戦構想の構築に加えて，兵器調達・兵站・組織体系・政策などあらゆる領域にわたる変革が必要であるとの認識が国防総省高官によって示されている。

　とりわけ，軍事技術の革新については既存のDIBだけで実現することは困難と考えられており，DIBの外側で生じるイノベーションに国防総省がアクセスし，これを革新的な兵器システムの開発に活用する方策が検討されている。こうした発想の背景には，今後，兵器システムに革新をもたらしうる人工知能，ロボット工学，無人化技術，サイバー技術などの技術領域が，いずれも軍事にも民生にも利用可能な技術（デュアル・ユース技術）であり，かつ民生分野がイノベーションを牽引しているという実態がある。

　冷戦終結からおよそ30年，アメリカの防衛産業基盤は国内にとどまらず，グローバルに，そして軍民の垣根を越えて拡大を続けている。

| 参考文献 | ストックホルム国際平和研究所（SIPRI）データベース 〈https://www.sipri.org/databases〉
・Richard A. Bitzinger (ed.) (2009) *The Modern Defense Industry: Political, Economic, and Technological Issues*, Praeger Security International.

（松村）

Q60 政策

レーガン減税の効果とは？

〈レーガン減税〉

レーガン減税とは

　レーガン政権の政策は，再選をはさみ，第1期と第2期では国内外の情勢にあわせて変化している。レーガン政権はカーター政権のときから開始されたインフレとの闘いを本格化することで，インフレの抑え込みに成功した。FRB議長ポール・ボルカーの下で，通貨供給を劇的に削減したのである。カーター政権以来の政府支出の削減と相まって，1980年に金利は高騰し，金利に敏感な自動車，その関連産業は厳しい不況に見舞われた。1981-82年の不況は450万人の新たな失業者を生み出し，中西部の工業地帯は沈み込んだ。財政はこれとは反対に拡大し，景気刺激策となった。それは国務費の増大とともに，議会において非国務費の削減幅が抑制されたこと，それに加えてレーガン減税といわれる大幅な減税があったことによる。

　アメリカでは，1962年のケネディ政権，およびレーガン政権のときに大規模な減税を経験している。いずれの場合にもその直後から景気が上向いている。レーガン減税は1981年8月に法制化され，その後も税率が下げられるという大幅な減税であった。個人所得税の最高税率は70％から50％に，1986年には28％にまで引き下げられ，フラットな税制となった。

　法人所得税の減価償却制度が簡素化され，加速度償却制度が導入された。これは，減価償却期間の圧縮を通じ費用を増やせば，名目上の企業収益は減るが，企業はキャッシュを積み増せる。こうして，税収は減るものの，投資は促進される。企業の投資促進という供給重視の減税でもあった。

その他の政策とレーガン減税の効果

　マネーサプライを抑制する金融政策の効果は，設備投資や住宅投資を冷え込

ませ，1981-82年はレーガン不況といわれるほど景気が悪化した。しかし，物価は1983年には落ち着き，景気も回復した。実質GDPは83年に4.3％，翌年には7.3％増加した。レーガンは84年大統領選挙では圧勝した。結果的に財政を中心に需要サイドの政策が奏功したことは皮肉であった。

　しかし，それ以外にも個別にみると，後のアメリカの問題の端緒となる現象が生じている。

　航空業界の規制緩和は当初ピープルズ・エクスプレスなどの新規企業を生んだが，やがて既存企業の反撃によって吸収されるか倒産すると，残った企業は猛烈なリストラに走らざるをえなくなった。銀行の規制緩和は悪名高い貯蓄貸付組合（Ｓ＆Ｌ）の不祥事を生んだ。規制緩和はまた，企業の集中合併を促進した。どの業界でも競争が激化したが，1970年代初頭から成熟期の鉄鋼，自動車，工作機械，繊維などの産業部門の非金融資産に対する報酬は極めて低くなったため，利用可能な現金を製造業に対してでなく，金融ベンチャーに投資する傾向が強まった。こうして経済全体で生産から投機へのシフトが起きて，1983-86年間に1万2,200の企業が所有者を変えた。そのプロセスで製造業が多く工場を閉鎖した。

　製造業では，伝統的な中流ブルーカラー職種が減少し，それより高い所得層とより低い所得層が増えた。高い所得層の中で急速に増加しているのは，コンピューター・プログラマー，オペレーターおよびデータ加工サービスであるが，それに専門職，事務職，デザイナー，芸術家，保守要員などで1985年に全国で360万人を数える。1987年の世帯の所得分布では，18.5％が年収5万ドル以上であるから，職種分類と所得分布の両方に重なる階層が当時のアメリカの典型的な「富裕な中産階級」だと考えることができそうである。他方で年収2万5,000～5万ドルの中間階層が減っている。こうした職種＝所得分布の両極化が，消費市場の両極化をも惹起していると推定される。

参考文献　榊原胖夫・加藤一誠（2011）『アメリカ経済の歩み』文眞堂。
　　　　　　地主敏樹・村山裕三・加藤一誠編著（2012）『現代アメリカ経済論』ミネルヴァ書房。

（秋元）

Q61 政策

双子の赤字はなぜ生まれたか？
〈貿易赤字・財政赤字〉

大恐慌以来最悪の経済的混乱

　1981年に大統領に就任したレーガンが直面した経済状況は，インフレ率12%，失業率7.5%，金利20.2%という重症であった。1981年2月5日，レーガンはテレビ演説で，「アメリカは大恐慌以来，最悪の経済的混乱にある」と述べ，総合的経済政策のポイントを述べた。その基本戦略は，次の4つから成る。第1に，歳出削減，第2に個人・法人への大幅減税，第3に公共事業などに対するデレギュレーション（規制緩和ないし規制撤廃），第4に通貨供給抑制による安定的な金融政策の実施であった。この経済計画の背景には，サプライサイド経済学とマネタリズムに基づく楽観的なシナリオがあった。需要サイドを重視したケインズ経済学に対して，レーガン政権の経済政策立案に関与したサプライサイド経済学者ラッファーはアメリカの財政赤字について次のように考えた。彼の名をもって知られるようになるラッファーカーブの考え方によれば，税率が0%の場合，100%の場合，ともに税収は0であるので（税率100%では勤労意欲はゼロなので），0%と100%の間の凸状のカーブ（ラッファーカーブ）のどこかに，現在の水準とは異なる，適正な税率がある。この適切な水準まで税率を下げることで，より多くの労働者が勤勉になり，生産活動が活発になることによって税収もアップすると考えた。しかし，当初の楽観論とは裏腹に，経済再生計画発表から1年もたたないうちに，高金利は持続し，その結果，景気後退が深刻化し，減税と軍事費拡大（レーガン軍拡）から財政赤字が拡大するといった誤算が発生し，1981年夏にはアメリカ経済はリセッションに陥った。とはいえ，レーガンの第2期の大統領選挙（1984年）の前には，アメリカ経済は復調した。経済成長率は1984年には6.5%に回復し，失業率も改善された。物価も1980年前後の2桁インフレから1983年中の3.8%へと低下した。1970年代のス

タグフレーション（景気後退下のインフレ）からアメリカ経済は回復したといえる。1984年大統領選挙では，レーガンは「アメリカは立ち直った」とキャンペーンを張ったが，この経済改善には「双子の赤字（財政赤字と貿易赤字）」の巨大問題化を伴っていた。

双子の赤字

　減税と軍事費拡大による財政赤字は，対米投資の増加によるドル高を招いた。ドル高により，アメリカの輸出は不利になり，輸入が増加し，貿易赤字が増大した。また，レーガン減税とレーガン軍拡による財政赤字の定着・巨額化により，企業の投資を損なうクラウディング・アウト（政府が国債を大量発行することにより市場金利の上昇を招き，民間の資金調達が困難になること）が懸念された。

　国際収支の均衡化メカニズムが働くとすれば，アメリカの経常収支・貿易収支の悪化は，ドル安を招き，それによる輸出増加・輸入減少を通じて，国際収支改善に向かうはずである。しかし，アメリカ政府は「高金利とドル高容認」を継続したので，この国際収支均衡化メカニズムは機能しなかった。アメリカ政府は，高金利とドル高は，アメリカの成長率が他国より高く，世界の投資家にとってドル資産の魅力が増していることの表れだという「ビナイン・ネグレクト（優雅なる無視）」を継続した。この「ビナイン・ネグレクト」は，外国資本が大量流入することにより経常収支は赤字であるにもかかわらずドル高が持続し，高金利に伴い，日本・西ドイツからの外資流入で双子の赤字がファイナンスされ，国内景気が順調に維持されるという「帝王循環（インペリアル・サークル）」のメカニズムに支えられていた。

　記録的なドル高（1980年から5年間で7割の増価），それに伴う「産業空洞化」問題はアメリカ経済にダメージを与えた。アメリカの純債務国への転落によるドルへの信認問題まで発生すると，継続を危うくされた。その是正の主要争点は，ドル高是正，特に日本円の切り上げ問題であった。

参考文献　土志田征一（1986）『レーガノミックス』中公新書。
　　　　　　坂井昭夫（1991）『日米経済摩擦と政策協調』有斐閣。

（坂出）

Q62 政策

合理的期待形成理論とは何か？

〈合理的期待形成理論〉

合理的期待とはどんなものか？

　合理的期待形成とは，政策変数やマクロ変数など諸変数に関して，入手し得る限りの情報を用いて合理的に予想値を計算することであり，経済主体はその予想値を自分の意思決定に活用するはずだというのである。提唱者たちは合理的期待以前に用いられていた「適応的期待」を批判した。適応的期待では，予想が外れた場合，人々はそのはずれ幅を部分的にだけ織り込んで，徐々に修正して行くと想定されていた。現実のインフレ率が変化して高水準にとどまったことが明白な場合でも，適応的期待では修正に時間がかかり，修正中は過少な予想を続けてしまう。

　合理的期待は，1970年代後半からのケインズ学派批判で中枢的な役割を果たした。市場メカニズムの調整機能を重視するシカゴ学派は，「マクロ経済モデルにもミクロ経済学的基礎付けが必須である」と主張した。「ミクロ的基礎が曖昧な消費関数や投資関数は不安定で，政策効果の評価には使えない」というのである。ロバート・ルーカス教授（シカゴ大）は，政策変更に対応して家計や企業の行動が顕著に変化し，政策効果を減殺してしまう可能性を示した。

合理的期待は，マクロ経済政策にどう影響したか？

　以前は，失業率とインフレ率との間にトレードオフがあるという経験則（フィリップス曲線）が受け入れられており，社会的に望ましい失業率とインフレ率の組み合わせを選択すればよいと考えられていた。しかし，1960年代後半に現実のインフレ率が高まると，フィリップス曲線と合わない状況が出現するようになった。ミルトン・フリードマン教授（シカゴ大）などはフィリップス曲線にインフレ期待が影響すると主張し始めた。インフレ期待が安定してい

ると，従来通りのフィリップス曲線が観察されるが，その底には単純なトレードオフ関係だけでなく，中立的な景気状態に対応する（自然）失業率の下で期待通りのインフレ率が実現されるという関係が隠されている。現実のインフレ率に対応してインフレ期待が高まったので，フィリップス曲線が上方シフトしたのだと説明した。インフレと失業との間のトレードオフは短期的なものでしかないという，政策含意が受け入れられていった。

合理的期待学派は，フィリップス曲線は短期的にも垂直であると主張した。人々が合理的期待を用いるなら，金融緩和に対応してインフレ率上昇を予想する。インフレ期待が高まってフィリップス曲線が直ちに上方シフトするので，失業率に影響しないというのである。ケインズ学派は価格調整には時間がかかるので短期的なトレードオフは存在すると反論した。合理的期待学派の主張は，1980年代初頭のレーガン政権下にボルカー連邦準備理事会議長が実施した金融引き締めの正当化に利用された。現実には，失業率が大きく上昇した後に初めて，インフレ率は低下した。短期的なトレードオフは存在したのである。

合理的期待学派のクリントン政権の経済政策への影響は？

1990年代のクリントン政権は，経済学の主流派に受け入れられ始めたシカゴ学派の諸アイデアを導入し，民主党の伝統的方針を踏襲しなかった。財政再建を優先し金融市場の期待に働きかけて長期金利を低下させたことで，革新的な情報技術導入の設備投資が盛り上がった。グリーンスパン連邦準備理事会議長は，堅実な金融政策運営で，金融市場の期待を安定化させた。期待に働きかけることの重要性が認識されたのである。家賃規制などの社会政策においても，インセンティブ重視の方向に政策を転換させて，非効率性を低下させた。さらに，金融規制を大きく緩和したことで，世界中から集めた資金を米国系大手金融企業がグローバルに運用する形ができあがった。北米自由貿易協定（NAFTA）批准も推進した。これら諸施策も貢献して，1990年代半ばから生産性が伸びて成長も高まったのである。

参考文献　A. ブラインダー，J. イエレン著，山岡洋一訳（2002）『良い政策，悪い政策——1990年代アメリカの教訓』日経BP社．

（地主）

Q63 政策

教育改革はアメリカ経済を再生させるか？

〈教育改革〉

　1970年代から1980年代のアメリカ経済は構造的不況にあったが，その突破口の1つとなったのが教育改革である．特に80年代は人種や貧困などアメリカ社会の根深い内政課題を抱えるなかで，全米規模の「教育改革」を推進したターニングポイントである．その教育改革を，アメリカの国家的課題に位置づけたのがレーガン政権であり，1983年発表の報告書『危機に立つ国家』は，教育によってアメリカ経済やコミュニティ再生を実現するという当時の強い意志を象徴している．一方，教育行政の権限は州やその下部組織である学校区（school district）にあるため，改革の主導力は草の根的である．分権的で多様な教育改革と高等教育での研究開発の蓄積とが，1990年代以後のIT産業の出現と成長，アメリカ経済再生の扉を開く要因の1つになったのである．

『危機に立つ国家』が与えたショック

　1970年代から80年代は，アメリカ経済にとって戦後最大の長期不況期であり，特に80年代は新自由主義に基づく「小さな政府」路線への舵取りを標榜したレーガン共和党政権を誕生させ，サプライサイド重視の経済政策を展開した．レーガノミクスにとって労働生産性の向上に寄与する教育改革は重要なポジションを占めたが，その背景には教育の質的改善，労働スキルの底上げなしにアメリカ経済の再生は実現しないという危機感，切迫感があった．また米ソ対立も理科教育・科学技術の強化を求める政治圧力になった．

　1983年，連邦教育省諮問機関が発表した報告書『危機に立つ国家』（A Nation at Risk）は当時の危機感の象徴といってよい．アメリカの学校教育の質的低下，特に理数系の科目での国際的な学力低位の深刻さを酷評している．その最大の意義は，連邦政府が経済再生の政策手段として教育改革を掲げ，一

刻も早くこれに着手することの重要性を，州・学校区等の教育関係者に強く認識させた点にあった。ただし連邦主導の教育改革の要請圧力の高まりとは別に，教育行政権は州やその下部行政組織である学校区にあり，連邦主導による中央集権的な教育改革は，連邦制国家アメリカでは論外である。ところが『危機に立つ国家』当時の危機感は，その教育行政の地方自治の原則を覆すものとなった。各州は報告書の現実を重く受け止め，授業日数の増加，卒業要件の厳格化，学力到達度テストの導入拡大，教員給与の一部業績給導入などの教育改革を実施した。それほど報告書はアメリカ社会に深いショックを与え，先送りできない教育改革の必要性を訴えたのである。

映画『ミュージック・オブ・ハート』に学ぶ

　連邦制に基づくアメリカ教育行政の特徴は，第1に州やその下部組織である学校区の自立性や地方自治が最優先され，第2に州や連邦という上位政府による最低保障の財政支援や政策誘導が実施されることにある。ただし学校区レベルの地方自治の確立は，教育行政責任者や子をもつ親を含めた納税者との距離を近いものにする一方で，学校区間に著しい財政格差（生徒1人当たり教育支出の格差）を生み出す。学校区間財政格差について，州は学校区の財政力に応じて傾斜配分をする「州教育均衡交付金」等で対応し格差縮小を図っている。学校区は親やコミュニティから湧き上がる教育ニーズを自ら把握し，民間部門との多様な協働体制を組み教育改革を進めている。

　映画『ミュージック・オブ・ハート』は，1980年代のニューヨーク市の黒人貧困街イースト・ハーレムにある公立小学校での教育改革をテーマにする。市の教育予算削減で存続の危機に立たされた音楽授業を，草の根の自治と公民協働により存続させたという実話に基づく。主役の音楽教員の熱意，校長のリーダーシップ，親・コミュニティ・民間財団の支援の前向きな姿が描かれている。「民が，公を補完する」という考え方がアメリカ経済・コミュニティ再生の原動力であることを力強く表現している。

参考文献　渋谷博史・樋口均・塙武郎編著（2013）『アメリカ経済とグローバル化』学文社。
　　　　　　文部省大臣官房調査統計課編（1984）『危機に立つ国家―教育改革への至上命令』。

（塙）

Q64 国際関係
オイルショックは世界経済にどのようなインパクトを与えたのか？
〈オイルショック〉

オイルショック

　1973年10月，アラブ産油国は，産油量削減，石油価格の引き上げ，イスラエル支持国への石油禁輸措置を発表し，12月には，OPEC（石油輸出国機構）による石油価格4倍化が決定された（第1次オイルショック）。この措置は，石油輸入国（先進工業国・非産油途上国）にとっては貿易収支悪化をもたらすことが確実であったが，同時に多額の石油代金がOPEC諸国に流入することをも意味した。

キッシンジャー＝サイモン提案

　1974年6月，サウジアラビアのファハド殿下は訪米し，工業・人材開発・科学技術・農業の4分野での2国間協力を目的にサウジアラビア＝アメリカ合同経済委員会設置に調印した。2国間協議では，国際通貨システムの安定とオイルダラー投資について，特にオイルダラーをアメリカ財務省証券に投資する提案がアメリカ側から出された。アメリカにとってオイルダラーへの期待は，財政赤字へのファイナンスも含まれていた。アメリカ国債のアメリカ国内市場での消化は，クラウディング・アウト（高金利による民間投資の縮小）の懸念があったが，OPEC諸国への売却は，そうした懸念を反映していた。他方，OPEC諸国にとっても，貨幣形態でのオイルダラーの蓄積より利回りの高いアメリカ国債への投資は魅力であった。そして，オイルダラーの中心的な運用形態は，銀行預金か米財務省証券（国債）にシフトした。

　アメリカのオイルショック対策としてのオイルダラー還流策は，1974年11月24日，シカゴ大学理事会でのキッシンジャー国務長官による演説と同月の18日に行われたサイモン財務長官の全米外国貿易代表者会議演説において明確化さ

れた(キッシンジャー゠サイモン提案)。本提案は,第1に,産油国が資金の投資先を自由に選択できるように,石油消費国も自国や発展途上国の必要に応じてこれらの資金を自由に再配分できなければならないとした。第2に,発展途上国に対する救済措置が指摘された。

ワシントン・リヤド密約

1974年12月には,アメリカ・サウジアラビア間で「サウジアラビア政府によるアメリカ財務省証券購入の特別協定」が結ばれ,「石油と金融をリンケージさせた石油資金融資制度」(宮﨑)が成立する。この特別協定と前後して,いわゆる「ワシントン・リヤド密約」が結ばれる。その内容は,第1に,アメリカがサウジアラビアの軍事的安全を保証する,第2に,オイルダラーを米財務省証券に投資(還流)する,第3に,石油代金の決済をドルで行う,から成っていたと思われる。

オイルダラーによるアメリカ財務省証券への投資は,アメリカの国際収支および財政赤字のファイナンスを可能にした。アメリカ財務省とキッシンジャー外交は,第1次オイルショック問題を通じて,政治的には国際緊張緩和を,経済的には,中東産油国に偏った国際収支黒字を米財務省証券購入に結びつけることで,国際収支問題と米財務省証券の安定的消化という二重の解決を図り,ブレトン・ウッズ体制下の金ドル本位体制から石油・ドル本位制(「ペトロダラー」制)への転換の方向性をとった。その意味で,ニクソン・ショック後の変動相場制は,実物の裏付けのない「ドル本位制」「ノンシステム」(山本栄治,**Q50**参照)とのみ理解するのではなく,実物資産の裏付けを伴った国際決済システムともいえよう。

参考文献 宮﨑礼二(1996)「第1次オイル・ショックと米国対外政策―オイル・ダラー還流における『国際協調』政策の展開」『土地制度史学』第153号。
ウィリアム・R.クラーク著,高澤洋志訳(2013)『ペトロダラー戦争―イラク戦争の秘密,そしてドルとエネルギーの未来』作品社。

(坂出)

Q65 黒字国責任論とは何か？

国際関係

〈経常収支〉

「ドイツ人は貿易と経済政策において，大抵は日本政府と一緒に，国際的被告の席に座らされている」（シュミット元首相回想録より）

赤字国責任論から黒字国責任論へ

異なる通貨圏の国と国との間の貿易が均衡していないと，貸借関係が発生する。金がやりとりされる国際金本位制（1870年代から第1次大戦直前まで）では，金が赤字国から黒字国へ移動して貸借関係が決済された。金を失うと，赤字国は金融を引き締めて消費を減らし，赤字是正を強いられる。これは国際収支決済問題の赤字国責任論的解決といえる。

第2次大戦中の米英間で行われたブレトン・ウッズ交渉では，イギリスの経済学者ケインズとアメリカの経済学者ホワイトが，赤字国・黒字国責任論を巡って激しく対立した。イギリスは戦時中にスターリング圏（ポンド・ブロック諸国）に対する債務（ポンド残高）を負っていたので，ケインズは債務国（赤字国）優位の立場に立って交渉したが，ホワイトは債権国（黒字国）アメリカの立場に立ち，債権国優位のルールをブレトン・ウッズ協定の原則に据えた。しかし，1960年代になり，対外軍事支出・対外援助・対外投資などによりアメリカの基礎的国際収支が赤字化し，西ドイツ・日本の経常収支が黒字になると，アメリカは，両国の黒字が国際経済混乱の元凶であると非難するようになっていった（黒字国責任論）。

貿易黒字国責任論「三段論法」

小宮隆太郎の整理によると，黒字国責任論は次の三段論法である。第1に，日本の大きな貿易黒字あるいは対米貿易黒字のためにアメリカの経常収支は大

幅の赤字となり，アメリカは大きな不利益を被っている。また日本の黒字は世界経済にとって大きな不安定要因になっている。日本は黒字を減らすべきである。第2に，日本の黒字が大きいのは日本市場が閉鎖的であることに基づく。第3に，日本市場をもっと開放的にすれば日本の黒字が減るはずであり，日本は黒字を減らすためにあらゆる市場開放措置を一方的にとるべきである。

　これに対して，小宮は以下のように論評している。第1に，アメリカ側には「日米間の2国間貿易はバランスしなければならない」という観念があるが，このような要求は，バイラテラリズム（2国間主義）の偏見，多角的自由貿易の原理の無理解に基づくものであり，一切耳を傾けるべきではない。第2に，「一国にとって貿易赤字は不利，黒字は有利」，「一国にとって輸入は不利，輸出は有利」という観念は，古典派経済学以前の「重商主義」的観念であり，誤りである。第3に，日本にとっては，その経常収支黒字の削減をマクロ経済政策の目標とする積極的な経済的理由は乏しい（小峰隆夫による整理）。

黒字国責任論から日独機関車論へ

　アメリカは「貿易黒字国責任」論のロジックにのっとって，時代時代の経常収支黒字国をターゲットにし，経常収支黒字の米国債購入の道筋に乗せていった。1960年代の西ドイツ，1970年代のサウジアラビアなど中東産油国のオイルダラーの米国債購入を通じたオイルダラー還流，1985年のプラザ合意以降の日米間のマクロ政策協調，21世紀に入ってからの米中間の人民元問題などがそれである。三國陽夫・マーフィー『円デフレ』（東洋経済新報社，2002年）によれば，日本の対米黒字は日本の購買力のアメリカへの移転となり日本の長期デフレの原因となっている。日本のドル（債務国通貨）建て黒字（日本が保有するドル）は，日本銀行がアメリカ連邦準備制度に貸し出す債権であり，アメリカで金融緩和効果を持つ通貨準備を創造する一方，日本国内金融システムからその分だけ貨幣としての機能が除去されるからである。

> **参考文献**　小宮隆太郎（1994）『貿易黒字・赤字の経済学』東洋経済新報社。
> 小峰隆夫「経済摩擦と経常収支不均衡（1）今に生きる小宮理論」日本経済研究センター〈http://www.jcer.or.jp/column/komine2/index630.html〉2018.8.16

（坂出）

Q66 [国際関係] プラザ合意とは何だったのか？〈国際マクロ政策協調〉

『私の履歴書「就任―プラザ合意の後始末」』宮沢喜一（蔵相（当時））

　自民党の総務会長だった1985（昭和60）年9月にプラザ合意があった。竹下登蔵相の時代である。

　あれから20年余りの時が過ぎた。プラザ合意の評価はいまだに定まらないようだ。日本だけではなく，各国が様々な影響を受けたが，プラザ合意とは何だったのかを明晰に語れる人はいないのではないか。合意時には東京市場で1ドルが241円70銭ぐらいだったのが，年末には200円ちょっとの水準までいく。急激な円高が進行した。10月30日に利下げと引き換えに為替安定を強調する宮沢・ベーカー共同声明を発表した。帰国してから私は澄田智日銀総裁と公定歩合の引き下げについて話をしていた。それで共同声明に合わせる形で，日銀は公定歩合を3.5％から3％に引き下げた。

『日本経済新聞』2006年4月22日朝刊

再版ビナイン・ネグレクトの終焉

　レーガノミクスの下でのドル高と高金利は，アメリカの産業空洞化と貿易赤字，財政赤字の悪化を招いた（双子の赤字）。しかし，1980年代前半には，アメリカ政府は，金利とドルの高さは，アメリカの成長率が他国より高く，世界の投資家にとってアメリカ・ドル資産の魅力が高まっている証拠だとの説明を継続し，双子の赤字の育成メカニズムを放置していた。これは，1970年代末の第2次オイルショック時の貿易収支悪化に対する「ビナイン・ネグレクト（優雅なる無視）」の再来であった。これが可能になったのは，外資が大量に流入し，経常収支が赤字であるにもかかわらずドル高になり，高金利に伴う外資流入により双子の赤字がファイナンスされたからである。国内景気は回復し，その後順調に維持されたことも影響を及ぼした。

しかし，1980年から85年にかけての7割以上の記録的なドル高の下，産業空洞化が進行し，外資流入によるアメリカの対外債務は急膨張し，アメリカがついに「世界最大の債務国」となると，政策転換が必要になった。

為替政策・金利政策の国際協調
　1985年プラザ合意では，ドル高是正のため，ドル売りの協調介入に対する合意づくりをアメリカが主導した。吉川元忠は『マネー敗戦』でこの経緯を次のように説明した。プラザ合意によりドルの長期下落（あるいは円の独歩高）が始まり，ドル安・円高が進行した。ドル高解消，景気刺激，国債費負担の軽減のためにアメリカは金利引き下げをする必要があったが，アメリカへの資金流入を維持するため，アメリカと主要国との金利差2％程度を維持しようと，日独に「協調利下げ」を要請した。アメリカは景気回復のため金利を引き下げる必要があったが，財政赤字を支えるためには内外金利差縮小は避けねばならない。そのため，日独に公定歩合引き下げが要請された。その結果，内外金利差保持を目的として維持された2.5％の低い公定歩合は，株価地価の急騰をもたらした（バブル経済）。プラザ合意での急激な円高により日本の投資家のドル資産は4割の価値を失い，甚大な為替差損をもたらしたが，投資家にとって眼前のバブル景気は，為替差損を埋め合わせる錯覚をもたらした。そのため，日本の投資家は，ドル資産価値の大幅下落にもかかわらず，円高を背景とした強気なアメリカへの投資と米国債購入を続けた。日本は自律的な国益追求という思考回路が停滞し，債権国としてウォール街を守りアメリカと運命を共にすることを当たり前と解釈してしまったのである。
　1986年東京サミットでは，経済政策の協調を促進するフレームワークとしてG7を新設し，「多角的監視（サーベイランス）」が制度化された。この国際マクロ政策協調により，特に，黒字国の日本と西ドイツに，その他の赤字国が介入する場になった。このロジックに沿って，アメリカは日本の内需拡大を要求し，日本は民間活力重視路線をとり，「財政出動」を行うことになった。

> **参考文献**　坂井昭夫（1991）『日米経済摩擦と政策協調』有斐閣．
> 　　　　　　 吉川元忠（1998）『マネー敗戦』文春新書．

（坂出）

Q67 IS(投資・貯蓄)バランス論とは何か?

国際関係

〈ISバランス〉

　IS(投資・貯蓄)バランス論は国内総生産(GDP)の三面等価原則から導かれる以下のような恒等式である。

国内総生産＝民間消費＋民間投資＋政府支出＋輸出－輸入
国内総生産＝民間消費＋民間貯蓄＋税収－海外所得受取

上記2式を整理すると,以下のような恒等式が得られる。

(民間貯蓄－民間投資)＋(税収－政府支出)＝輸出－輸入＋海外所得受取
　　民間ISバランス　　　　　財政収支　　　　　　経常収支

要するに,民間部門のISバランスと財政収支との和は一国の海外との取引を総括した経常収支と一致するというのがISバランス論である。

1980年代日米経済摩擦とISバランス論

　ISバランス論が現実の経済政策との関係で注目されたのは,1980年代においてアメリカの経常収支赤字が対日貿易赤字との関係で拡大した日米経済摩擦の時代である。当時のレーガン政権は,アメリカの経常収支赤字の原因を日米間の貿易不均衡に求め,貿易不均衡是正のために産業別の対策のみならず,日本の拡張財政を軸としたマクロ経済政策の協調・転換を求めた。その理論的根拠とされたのがISバランス論であった。

　ISバランス論自体は単なる恒等式であって,民間ISバランス,財政収支,経常収支の因果関係を示すものではない。さらに,日米2国間関係で言えば,アメリカの経常収支赤字の原因は,アメリカ政府が当時主張したような日本に帰せられるのみならずアメリカ側の要因も考慮される必要がある。しかしながら,現実の政策現場では,対米従属的な日米の政治経済関係に規定されて,ISバランス論はアメリカの経常収支赤字是正のために日本が拡張的なマクロ経済政策

を採用するための論拠として活用されることとなった。

1990年代後半に入り，アメリカ経常収支赤字に占める対日赤字の比重が低下するとともに，資本収支の側面で経常収支赤字がファイナンスされる限り経常収支赤字は政策上問題ではないとの認識がアメリカ政府において支配的になるなか，ISバランス論は急速にその影響力を低下させていった。

開放経済下のマクロ経済政策とISバランス論

同時に，ISバランス論は，資本移動が自由化された1980年代以降のマクロ経済政策のあり方を規定する理論的土台でもあった。ロバート・マンデルは，変動相場制下で資本移動が自由化された開放経済においては財政政策の効果は自国通貨価値の増価をもたらし相殺されてしまうため有効に機能せず，金融政策の活用が有効であると主張した（マンデル＝フレミング・モデル）。このモデルを論拠として，グローバル化が進展する今日の経済において財政政策は抑制的にし，金融政策で対応すべきとの論調が支配的となった。

しかし，世界金融危機，大不況後のマクロ経済政策運営においては，マンデル＝フレミング・モデルによる財政政策，金融政策の分業論に対して疑義が出されている。ローレンス・サマーズは，自身が展開した長期停滞論に依拠して，世界的な長期停滞の状況にあっては，金融政策に依拠した各国のマクロ経済政策はゼロ・サム的な通貨戦争につながりやすく，財政政策は，需要拡大効果が世界各国にスピルオーバーするがゆえに，グローバルなレベルでプラス・サムの効果を生むとして，大不況後のマクロ経済政策は金融政策よりも財政政策に依拠すべきであると主張している（サマーズの長期停滞論については，本書**Q84**を参照されたい）。ただし，サマーズの財政政策優位論も，自国のマクロ政策が他国の利益となることを容認する国際協調的な国家間関係を前提としている点で楽観論の誹りを逃れえない。

参考文献　坂井昭夫（1991）『日米経済摩擦と政策協調―揺らぐ国家主権』有斐閣。
Summers, Lawrence H. (2016) "The Age of Secular Stagnation: What It Is and What to Do about It," *Foreign Affairs*, March/April, pp. 2-9.

（河音）

PART 7
トランプ政権の誕生

2009-2019年

●時代を映す映画⑦

🎬 8 Mile　8 Mile（2002年）

●この章で扱うテーマ

イベント	サブプライム問題／リーマン・ショック／世界金融危機 …………………………………… Q68　Q69　Q70
社　会	銃乱射事件／トランプ・ウォール／ラストベルト …………………………… Q71　Q72　Q73
産　業	シリコンバレー／イノベーション／中小企業庁／IT産業／バイオ医薬品産業／流通／ビッグデータ／自動運転・EVへの対応 ……… Q74　Q75　Q76　Q77　Q78　Q79　Q80 Q81
政　策	インフレ目標政策／量的緩和／長期停滞／政策金利水準ルール／出口問題／オバマケア改革／年金／トランプ減税／財政の崖／ドッド・フランク法 …………… Q82　Q83　Q84　Q85　Q86　Q87　Q88 Q89　Q90　Q91
国際関係	自由貿易協定／NAFTA／技術政策／温暖化ガス／米中貿易摩擦／国際分業／国際収支不均衡／まとめ／展望 …………… Q92　Q93　Q94　Q95　Q96　Q97　Q98 Q99　Q100

時代を映す映画⑦

8 Mile　8 Mile（2002年）

　映画『8 Mile』は，2002年にカーティス・ハンソン監督によって作られた映画である。映画の舞台は1995年のデトロイト市。今日もモータウン（Motown）といわれ，かねてより自動車産業の世界的中心地であったが，同産業の衰退とともに地域の活力も徐々に衰えていった。そうしたなか，『8 Mile』はラップ音楽で貧困から抜け出そうとする主人公エミネム（Eminem）の半自伝的映画で，主題曲『Lose Yourself』は2002年アカデミー賞歌曲賞を受け，話題を呼んだ。

　デトロイト市は古く1805年に大火災に見舞われた後，オーガスタス・ウッドワード（Augustus Woodward）によって本格的な都市計画がなされた。それにより市の中心地から1マイルごとに1 mile Road，2 Mile Road…と郊外に向けて広がり，市の中心部と郊外との境目と認識される8 Mile Roadがこの映画タイトルのもとである（ちなみに市の中心部から放射線状にまっすぐ伸びる直線大通りはこのウッドワードにちなんでウッドワード・アベニューと名付けられている）。

　デトロイト郊外から市の中心部に向かって車を走らせると，むろん場所にもよるが，8 Mile Roadを超えたあたりから何となく街の雰囲気は殺伐としてくる。どことなく荒れた雰囲気の建物が目立ち，住み手が付かず廃墟となったアパートや，閉鎖してしまった店舗，あるいは更地が目立つようになる。特に夜間は治安が悪く，部外者がとても歩けない地域も多い。かつて自動車産業の発展とともに興隆が著しかったデトロイト市であるが，1980年代以降，人口減少，高い失業率・貧困率が目立つようになった。1950年ごろは190万人近くが居住したが，その後徐々に人口が減り，2016年にはおよそ67万7,000人まで減少した。多くの白人中産階級は郊外に転居し，市の中心部に残されたのは黒人もしくはアフリカ系アメリカ人を中心とした貧困層となった。1950年に白人居住者が人口の83.6％を占めたが，2010年には10.6％まで減少し，代わりに黒人もしくはアフリカ系アメリカ人が82.7％まで増加した。デトロイト市における2010年度平均世帯収入は2万5,787ドルで，32.3％の世帯が連邦政府による貧困ラインを下回る。

　こうした現代アメリカを代表する貧困都市に生まれ育ったエミネムであるが，8マイル以内のいわゆる「トレーラーハウス」に住み，苦労しながら徐々に頭角を現していくさまが映画で生き生きと描かれている。エミネムにとって，貧困からの脱出を目指し，ラッパーとして社会的に成功し，「8 Mile Roadの向こう側」に住むことが，終始この映画タイトルとして象徴的に扱われている。また貧困問題と軌を一にして，常に人種問題もこの映画の重要なテーマとして現れる。いまや黒人人口が80％を超えるデトロイト社会において，エミネムのような白人はマイノリティーで，かつ黒人大衆文化の影響を色濃く受けたラップという音楽分野でもマージナルな存在である。今日，ラップ音楽はもはや黒人だけのものではなく，アメリカの白人のみならず日本含め世界中で一般的にはなった。しかし映画の舞台となった1995年ごろはラップが今日のようにまだ市民権を得ておらず，かつデトロイト社会が急速に変化しつつある最中であったため，当時のエミネムの生きざまが注目されたことが映画の背景にあった。

　また映画の主人公エミネムがラップ音楽活動の傍ら働いていたのが，自動車産業の街デトロイトらしく，自動車車体の一部と思しき部品を生産加工しているプレス工場である。このプレス工場への出勤に遅刻したりして，映画ではエ

時代を映す映画⑦

ミネムは黒人の職長による心証がよくないふうに描かれている。あるいは古ぼけて油まみれの決して綺麗とはいえない工場内で、ラップスターとして日の目を見ることを夢見ながら、退屈で地味な単純反復作業に取り組みつつ辛抱するエミネムの様子が映画では映し出されている。

この何の面白みもないプレス工場ではあるが、主人公エミネムはここでアレックスというモデル志望の女性に出会う。彼女もまたエミネムと同じように8マイルロードを超え、デトロイトを出て、ニューヨークでファッションモデルとして成功を収めたいと野心を持ち、やがて2人は恋に落ちる。2人は恋仲になったものの、映画では貧困を脱し、街を出て成功したいという共通の強すぎる思いから、恋愛関係の行き違いも描かれている。エミネムがラッパーとして成功する夢を思い描くときに、重くのしかかる現実の舞台設定として、生活のすさんだ母親との重苦しい生活にあわせ、このプレス工場での退屈で気鬱な労働は効果的な対比効果を生んでいる。

今日に至るまで金属・プラスチックプレス工程では車体をはじめさまざまな部品を整形する必要があり、今日に至るまで自動車生産に欠かせない決定的に重要な工程である。むろん自動車工場自体にもプレス工程はあるし、そこへ納入する部品・ユニットメーカーでも独自のプレス工程・工場があり、この地域でプレス加工は、非常に重要な一般的な加工工程であり、まことに「デトロイトらしい職場」である。地域で求人が比較的多くかつ一般的で、かつ末端作業であれば難しいスキルを要求されないプレス工場において、主人公エミネムもラップの傍らとりあえず糊口を凌いでいた。そう映画では言いたかったのであろう。

デトロイトの自動車産業が最盛期を過ぎ、その悲しさ・抱える社会問題を背景に作られた映画は、この映画『8 Mile』のほかにマイケル・ムーアによる『Roger & Me』が挙げられよう。この映画はアメリカ自動車産業の衰退、GMによる工場閉鎖、レイオフ、貧困、さらにはアメリカ型資本主義が抱える諸問題について、よりストレートに鋭く突くことに焦点が当てられている。デトロイトが抱える社会経済的問題に関心がある方にはお勧めしたい。

この映画『8 Mile』が舞台となった1996年であるが、この時期に比較すると、現在のデトロイト市は再開発が進み、実際に訪問されれば「昔ほど怖くない」

印象を受けるかもしれない。むろん産業の空洞化は進行し，かつての華やかさは訪れようもないが，2009年のビッグ3経営破綻を経て，もうすでに最悪期は過ぎたといった方がよいかもしれない。映画でよく映り込んでいた街にある多くの不気味な廃墟の多くは，ほとんどが取り壊され，更地になり，草木も生えてもう20数年たつ。廃墟が薄気味悪いというよりも，もはやデトロイトの街は人気が減り寂しいとはいえ，木がたくさん生えた林のような原っぱの多い，どことなく長閑な田舎のように見えることさえあるくらいである。中心地には新たに巨大カジノ，デトロイトタイガースの球場が新設された。もともと自動車の街であるから，必ずしも市の中心地に企業や商業・遊興施設を置かなくてもよく，郊外の街はにぎわっており，不便さ，寂しさを感じることはあまりないといえる。その意味で，今日のデトロイト市は従来中心地に集積していた機能が郊外に分散化し，産業構造が変化しただけという見方も可能ではある。まだ比率は小さいが，この地域へのアジア系移民も増加し，黒人対白人だけという対立図式はもはや古いものになりつつある。デトロイトを中心に郊外まで含めたメトロ地域で増加するアジア系住民と，クリント・イーストウッド演じる自動車工場を退職した白人男性とアジア系少年の触れ合いを描いた2008年の映画『Gran Torino』（監督もクリント・イーストウッド）からは，全く別の多様なデトロイト社会像を知ることができる。

　このようにもはや映画『8 Mile』で1996年の状況が描かれたように，デトロイトは絶望の街と言い切ることができないほどに，すでに時間は経っている。今日もう自動車産業がガソリンエンジンだけに頼らないことが議論されるようになり，EV，HV，PHVや自動運転時代の到来など時代が変わりつつあるのと同様に，この映画で描かれたデトロイト社会に対する認識も，そろそろ変わるべきなのかもしれない。

(篠原)

Q68 〈イベント〉 消費者の行動はサブプライム問題にどう影響を与えたか？
〈サブプライム問題〉

消費者の行動はサブプライム問題にどう影響したか

　よく知られているように，アメリカでは各業界で規制撤廃が進行したが，とりわけ重要なのは，金融業界のそれである。1974年の被雇用者退職収入保障法により，年金組合や保険会社が株式を含めて市場で自主運用できるようになった。金融規制の撤廃は，個人を単なる預金者から投資家に変えた。企業はこれらの株主（集団）を誘い出して引きつけるために，自社の「株主価値」の創造に全力を傾けなくてはならなかった。こうして企業の収益性は増大し，連動して株価も上がり続けた。

　アメリカでは，通常の長期に及ぶ（健全な借り手を前提とする）住宅ローンは，住宅の値上がりと政府や業界の需要に応えきれなくなり，新種の，長期の運用を前提としない（したがって，信用度の低い顧客を相手とする）住宅ローンが生まれた。このローンでは，収益の多くが長期の返済に依存するのでなく，ローン供与時の高額の手数料や，住宅を販売したときに発生する住宅販売会社からの手数料（キックバック）から生じていた。

　ここで注目したいのは，借り手の側が実は借金の一部にすぎない中途で発生する「現金」を新車購入や大型テレビの購入に当てていた点である。これは，健全な返済計画でローンを組んで住宅を購入した時点で，新築住宅に必要な家具調度，カーテン，照明器具などを別途購入するのとはわけが違う。アメリカの消費者に特有な借金に頼る消費である。換言すれば，2000-2005年間のアメリカ経済の消費の堅調さはまさしく，サブプライム・ローンをその大きな部分として含む住宅市場の価格上昇による，このような消費に支えられていたのである。

　住宅価格の上昇が止まり，やがて大きく下げる局面では，サブプライム・

ローンを含む証券を購入したアメリカおよび世界の投資ファンドや投資銀行などが損失を膨らませるのみならず，住宅市場には一部でも資金を回収しようとする借り手が住宅を売りに出すから，住宅価格は一層下落し，さらに，贅沢品購入のための現金の払底によって，自動車や高額商品が売れなくなり，金融危機が実体経済の不況に波及するのが避けられない。サブプライム・ローンに絡むいまひとつの問題は，これまで当たり前だったローンの貸し手と借り手の間の単線的な関係が崩れ，ローンという商品がいくつかに切り分けられて再編，「証券化」されることで，最終的なローンの引き受け手がローンのオリジナルな借り手について情報を得ることが困難になったことである。こうして，肝心な点が曖昧なままで巨額のローンが流通する。

　住宅市場が高騰を続けていたために，仮に借り手が返済不能になっても，全額回収が可能であった。担保価値が上昇を続けるから，融資額が担保価値を下回ることはあり得ない。貸し手は，もちろん，住宅市場の継続的な上昇を予想していた。予想というよりも，それが大前提となって，住宅ローン会社のビジネスモデルが成立していたのである。借り手は，貸し手が望んだように，繰り上げ返済による完済を行った。完済後，借り手には利益まで残った。売却しないで同じ家に住み続ける場合には担保価値が上昇しているため，ローンを借り換えることによって，以前よりも多額のサブプライム・ローンを組むことが可能だった。こうして借り手の手元に現金が残る。借り手はその現金を消費支出に当てた。

　サブプライム・ローンは，もともと30年間継続して返済することができにくいものだったことにも注意が必要である。当初2，3年の間は毎月の返済額は少額だが，その後，返済額が急増する構造になっていたからである。こうして，貸し手も借り手も，住宅価格の継続的な上昇に依存したビジネスモデルやライフスタイルを確立していたのである。

参考文献　R. ポーリン著，佐藤良一・芳賀健一訳（2008）『失墜するアメリカ経済―ネオリベラル政策とその代替策』日本経済評論社．
　　　　　みずほ総合研究所編（2007）『サブプライム金融危機―21世紀型経済ショックの深層』日本経済新聞社．

（秋元）

Q69 リーマン・ショックはなぜ起こったのか？

イベント

〈リーマン・ショック〉

リーマン・ブラザーズの破綻

　2008年9月にアメリカの大手投資銀行リーマン・ブラザーズが再建の道筋をつけられず倒産したことにより，アメリカの金融業界になお存在した楽観的な雰囲気は消え去り，アメリカを震源とする世界金融危機が起きたとの認識が急速に広まった。当時の財務長官ポールソン，FRB議長バーナンキ，ニューヨーク連銀総裁ガイトナーがリーマン救済を最終的に断念したのは，当時のこの会社の財務内容の悪さに加え，救済に積極的な銀行や証券会社が見つからなかったためである。

　2007年3月，大手投資銀行ベア・スターンズの経営危機に際しては，連邦準備制度理事会（FRB）の債務保証を条件に，ＪＰモルガンが買収した。この間，ゴールドマン・サックスとモルガン・スタンレーは投資銀行から銀行持株会社に移行した。9月，政府系住宅金融機関，「ファニーメイ」（連邦住宅抵当公社）と「フレディーマック」（連邦住宅貸付抵当公社）が国有化された。

　リーマンの倒産とほぼ同時に，メリルリンチがバンク・オブ・アメリカに買収された。アメリカ最大の保険会社，AIGが倒産して，政府により救済された。リーマンの破綻に際しては，政府やその他の金融機関による救済についての激しい議論が展開されたが，結局，破産が了承された。破綻後のショックの大きさは関係者の予測をはるかに上回った。今日に至るまで，リーマンの破綻，ベア・スターンズの救済という首尾一貫しない政府の対処に批判が集中している。

アメリカの金融危機の始まり

　金融危機には，FRBによる比較的長期の低金利政策継続が背景にある。2001年9月のニューヨーク同時多発テロを受けて，この事件のショックを和らげる

ためにも，ということで金利がほとんど1％程度にまで下げられていた。実物的要因は，住宅ブームの過熱である。借入が容易になり，そのコストが下がると企業も個人も借入によって投資や消費に買い向かうであろう。アメリカの国民はもともと住宅所有の意欲が高かった。政治家の多くは国民に住宅を所有させることで政治の安定を図り自らの選挙区での人気を高めることができると考えた。マイホームの所有はアメリカン・ドリームの究極の目標だった。ところが，通常の住宅ローン（プライム・ローン）を組むとなると，頭金（キャッシュ）が20％必要であり，銀行口座やクレジットカードも個人の信用度を示すために必要だった。ここで，「魔法の杖」が登場する。住宅に対する需要が高まるにつれて，住宅価格が毎年のように上昇し，住宅という資産が拡大を続ける。住宅販売業者はローンを組む顧客にとっての条件を低くすればいいと考える。こうして「サブプライム・ローン」が生まれた。

ウォール街が住宅ローン証券をはじめとするローンを細切れにしてそこから生まれるキャッシュフローをまとめて証券化するという技法を編み出し，販売された証券化商品は人気を博した。1990年代前半，長期金利が低下し続けたので，大手銀行が住宅ローンの借り換えを積極化した。借り手は，毎月の元利返済額を増やさずに借入を増やし，古いローンを返済し差額で新車や大型テレビなどの高額商品を購入した。通常の貸出基準を満たせない借り手向けで，金利が高く，手数料の高いサブプライム・ローンが増えたのもこうした文脈においてである。貸し手は，1年ほどで転売することだけを目的に住宅を買う借り手も歓迎した。2005年には，住宅購入者の40％が転売目的か，セカンドハウス購入であった。住宅価格が高騰し続ければ担保価値も上昇するから，万が一借り手が返済不能になっても全額回収が可能だった。

それでも，ローンの焦げ付きや損失を回避しようとする努力は，債務不履行の場合の保険のような証券（例えばクレジット・デフォルト・スワップ，CDS）を生み出した。金融危機の最終局面では，格付会社自体が利益追求のあまり，多くの高リスク商品を見逃すことが当たり前になった。

参考文献　河音琢郎・藤木剛康（2016）『オバマ政権の経済政策』ミネルヴァ書房。
　　　　　藤木剛康編著（2012）『アメリカ政治経済論』ミネルヴァ書房。

（秋元）

Q70

イベント

リーマン・ショック後の世界金融危機はどのように収束したのか？
〈世界金融危機〉

世界金融危機の深刻さ

　ストック関連の指標を用い，サブプライム・ローンに端を発する世界金融危機の規模を確認することにしよう。**図表**はアメリカの代表企業の株価の平均であるニューヨーク証券取引所のダウ・ジョーンズ工業株価（DJ），新興企業を中心としたナスダック総合株価指数（NASDAQ）およびケース・シラー住宅価格指数（20都市平均）を示している。1990年代後半に急上昇したIT企業などが上場するナスダックは，2001年央には2000年1月と比べ半分の水準に低下し，金融危機直前においても2000年水準に戻らなかった。他方，DJは2000年代初頭には大きく下がらず，リーマン・ショックの発生前の2007年11月に最高値を記録した。しかし，2009年3月には7,056ドルまで下がり，わずか1年4

図表 ストック関連の3つの指標の推移

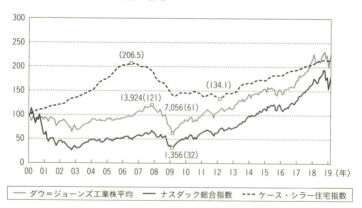

注：（　）内は2000年を100とした数値。
出所：FRB St.Louisのウェブページとヤフーファイナンスのデータをもとに筆者作成。

カ月の間に株価はおよそ2分の1になった。

　他方，住宅価格指数の変動はさらに大きく，2006年7月に最高値を記録すると，株価が最低を記録した2009年3月には140.1まで低下した。住宅価格指数は上昇幅が大きかった分，下落幅も大きく，回復に時間を要し，問題の深刻さを反映することになった。

世界金融危機への対策

　2008年10月，連邦議会において金融危機に対処するため緊急経済安定化法が成立した。同法に基づき，金融機関の不良債権を購入するため公的資金が投入されることになった。FRBは2008年11月，モーゲージ担保証券（金融資産）を購入し，それは，後の量的緩和政策へとつながった（**Q83**を参照）。

　景気後退のなかで行われた2008年大統領選挙では，「チェンジ」をスローガンにオバマが勝利した。オバマは大統領就任後すぐに連邦支出の増大と減税を柱とする政策パッケージを発表した。そして，2009年2月には財務省が発表した金融安定化プランにおいて金融機関には包括的なストレステストが求められ，資本不足の場合，公的な資本の投入が盛り込まれた。こうして，対応策は個別企業の救済から市場全体への救済の色彩を強めた。

　さらに，連邦議会において史上最大の景気対策といわれるアメリカ再生再投資法が成立した。こうして財政と金融の両面からの大規模な対策が講じられ，しかも，アメリカの証券化商品を世界中の金融機関が購入しており，その規模の大きさから，対策も全世界的なものとなった。**図表**からもわかるように，その効果は比較的早く表れたが，金融政策は非伝統的な政策であったがゆえ，その出口戦略（**Q86**参照）が今日の問題となっている。また，減税や財政支出の拡大に伴う連邦債務も増加している。

> **参考文献**　榊原胖夫・加藤一誠（2011）『アメリカ経済の歩み』文眞堂。
> 　　　　　　加藤一誠・地主敏樹（2011）「インフラの資金調達と金融危機の影響」『同志社アメリカ研究』第46号。

（秋元・加藤）

Q71 〔社会〕 アメリカはなぜ銃保有を禁じないのか？

〈銃乱射事件〉

アメリカ建国と銃を保有する権利

　オバマ大統領は2016年1月，ホワイトハウスからのテレビ中継の演説で一瞬声を詰まらせ涙をにじませた。過去7年間，期待し続けた効果的な銃規制に対する共和党支配の米議会からの協力をどうしても得られず，大統領権限に基づき，ネットを通じた銃購入者の身元調査強化などを織り込んだ「次善の策」に甘んじた時の光景である。珍しい大統領の涙は銃規制反対派が多数を占める今のアメリカの現実と，彼らが「錦の御旗」としている「人民が武器を保有し，携行する権利」を認める憲法修正第2条の存在感を改めて浮き彫りにした。

　1787年，フィラデルフィアで始まった制憲会議の最終段階で，「各州の憲法ですでに銃保有の権利などを認めた権利章典が制定されている」との理由で，全部で7条の憲法成文から外すことでいったんは合意する。しかし，憲法の成立に9つの州の賛成が必要な批准論議に入った段階で，連邦政府の権限強化を求めるフェデラリストと，州の権利を重視する反フェデラリストとの政治路線を巡る対立が再燃し，反フェデラリストの面々が，憲法そのものの批准を拒否する運動を始める。この事態に対し，マディソン，ハミルトンらフェデラリスト指導者たちも態度を変え，憲法の成立を優先させるために，権利章典の部分を新憲法会で開かれる最初の議会で憲法修正条項として発議することを約束する。こうして1789年，前年に発効したばかりの合衆国憲法に基づき初めて開かれた連邦会議で可決された修正10カ条の権利章典部分に，修正第2条として銃の保有を認めることが国民の権利として規定される。

銃規制阻む歴史的呪縛

　そもそも，この銃を持つ権利の主張は旧宗主国イギリスからの伝承である。

17世紀以降の立憲王政の円熟期に自由農民，商工業者ら広範な新興勢力から生まれた「武器を保有することが自由な市民と奴隷を区別する証拠である」との「自由民」の思想が大西洋を渡り，国王の専制と戦う民兵を誕生させ，やがて国王軍を破って「アメリカという国」が生まれる。その意味で修正第2条はアメリカ民主主義の本流である。現在のアメリカは，この解釈を巡って，当時の民兵，現在の州兵の一員となる限りでの人民の武器保持の権利を認めたものだとする州権説，つまり銃規制促進派と，「必要悪」としてのみ認めた連邦中央政府の専制化を市民皆武装で防ぐ権利を認めたのだとの人権説，つまり銃規制反対派が，対立している。

　トランプ政権下では，銃規制反対派が優勢である。連邦最高裁判所は1939年のミラー判決で，一応規制賛成の州権説に軍配を上げながらも，人権説も完全には排除しない玉虫色の判断を示しており，2018年6月，トランプが新たに最高裁判事に指名した保守派のカバノー判事が上院の承認を得，9人の最高裁内での保守派の多数が確定し，銃規制促進派はさらに劣勢に追い込まれた。民主党も，党としては2002年の中間選挙あたりから銃規制強化の旗を降ろしている。豊富な資金力を持つ圧力団体であるNRA（全米ライフル協会）の大きな影響力もあって，少なくとも連邦政府レベルでは，有効な銃規制法案は1994年以来1つも制定されていない。このため，アメリカ各地では，銃乱射事件がほぼ定期的に発生する。2018年2月，フロリダ州で連射装置をつけた銃乱射事件が起こると，トランプは連射装置の販売を禁止する大統領令を出す方針を明らかにした。しかし，トランプ一流のテレビ作戦で，翌月のNRA全年次大会に参加した後，あっという間に後退する。ホワイトハウス報道官は「連射装置の販売禁止には支持は見られなかった」と述べた。銃乱射事件が起こるたびに，学校など現場の警備員が「適正に武装していたか，あるいは適切に反撃したか」が問題となる。

　アメリカは「銃規制」からますます遠ざかる。

参考文献　松尾文夫（2008）『銃を持つ民主主義―「アメリカという国」のなりたち』小学館文庫。
　　　　　　金成隆一（2017）『ルポ トランプ王国―もう一つのアメリカを行く』岩波新書。

（松尾）

Q72 社会

メキシコ国境の壁は移民問題を解決するか？
〈トランプ・ウォール〉

　アメリカが「移民の国」であり，移民の自由な流入が経済成長の源泉であることを疑う者はほとんどいない。その一方で，トランプ大統領が不法移民対策としてメキシコ国境に巨大な壁を建設すると公言したことにより，日本でも移民排斥の議論を耳にするようになった。世論を二分する移民問題を，どのように理解すればよいのか。

　移民排斥の議論は，トランプ大統領が掲げる「アメリカ・ファースト」の理念を象徴する争点の１つである。国益を最大限に優先しようとする考えそのものは悪くない。しかし国際社会に背を向けたむき出しの国益の追求には，孤立主義や排外主義に転化する怖さが潜む。この背景には，グローバル化やオートメーション化が生んだ弊害に対するアメリカ人の危機感がある。冷戦後，巨大企業が安価な労働力を求めて生産拠点を外国に移転したことは，国内産業の空洞化を招いた。海外移転や雇用の流出は，かつてアメリカ繁栄の象徴だった製造業や鉄鋼業を直撃した。ミドル・クラスから転落した「ラストベルト」の白人労働者階級はトランプ大統領の不法移民排斥の訴えに強く共感している。

　アメリカと中南米の圧倒的な経済格差を背景に流入する移民に不法滞在者が多いのは事実である。しかし彼らは，今やアメリカの農業やサービス業に不可欠な存在でもある。移民排斥論者たちは，移民がアメリカ人の仕事を奪い，賃金を引き下げ，アメリカ市民の税金が移民の高額な医療保険や教育費用に使われていると，批判する。その一方で，不法とはいえアメリカ経済の一端を担う彼らに合法的地位を与えるべき，とする立場もある。アメリカ人の就きたがらない過酷な労働を引き受ける移民労働者を歓迎する人たちである。今のところ両者の妥協点を見出し，有効な移民政策が実現する見通しは立っていない。

　しかし，移民経済学の研究によれば，アメリカ人が移民から受ける正味の経

済便益はそれほど大きくないとしてもプラスの値になることで評価は一致している。移民の受け入れによる特定の職種の賃金下落に対しては，移民数を減らすことが最良の対応策ではない。実際には不法移民の多くは所得税や社会保障税を支払う納税者であり，彼らは国民の高齢化による財政問題の解消に一役買うという見方もある。

とはいえ，移民のもたらす経済的利益は，彼らの利用する社会保障サービスに相殺される可能性も否定できず，長期的な財政上の利益を推定するのは難しい。さらに移民問題の解決が難しいのは，便益を受ける人も損失を被る人も共に局地的であることである。例えば，高技能ビザはサンフランシスコやボストンなど限られた都市に集中する一方で，不法移民の半数近くは南部の4つの州に集中している。こうした事情は移民を巡る全国的な合意をとりつける難しさを示している。さらに最近の移民は，かつてに比べて経済的同化が進んでおらず，技能や英語を習得するペースも遅い。必要とされる技能や知識は高度化されてきているのにもかかわらず，最近の移民はアメリカ社会で通用する技術や能力を持ち合わせていないのだ。

このように移民労働者のもたらすアメリカ経済への光と影の両面を見極める必要がある。不法移民を雇う雇用主に対する罰則を強化するなど，新たな解決策も模索されている。低技能移民の雇用で多大な利益を得ている企業に期待される役割は大きい。これまでも国境管理政策は不法移民を削減する効果を発揮してこなかった。「現実を直視しないで，国境沿いに壁を建設することで，低技能移民がもたらす財政負担などの問題を回避することができると主張することはたやすい」。移民経済学の権威ボージャスは言う。トランプ政権への警告として受け止める必要がある。

参考文献　ベンジャミン・パウエル編，藪下史郎監訳，佐藤綾野・鈴木久美・中田勇人訳（2016）『移民の経済学』東洋経済新報社。
ジョージ・ボージャス著，岩本正明訳（2018）『移民の政治経済学』白水社。

（下斗米）

Q73 ラストベルトはトランプ大統領を誕生させたか？

社会

〈ラストベルト〉

ラストベルトとは？

図表　2016年大統領選挙の結果

■ 共和党（トランプ）
□ 民主党（クリントン）

「さび付いた工業地帯」という意味であり，製造業の衰退が進んでいる地域とされる。アメリカ中西部から北東部にかけてのイリノイ，インディアナ，ミシガン，オハイオ，ペンシルベニア諸州がここに入るとされることが多く，ニューヨークも分類されることがある。カナダのオンタリオ州の一部なども含めることがある。ラストベルトの中にも成長産業や都市は存在しており，ピッツバーグのように製造業依存から転換した都市もある。しかし全体として「ラストベルト」は斜陽産業，特に製造業の再編により衰退してきた地域である。**図表**は2016年大統領選挙の結果を示しているが，従来「白」（民主党候補選出州）が多かったのに対し，「濃いグレー」（共和党候補選出州）が増加した。このようなことからも，ラストベルトはトランプ支持層の居住地域として注目された。

繁栄からラストベルトへ

　もともとは，アメリカ製造業の絶頂期であった19世紀から1960年代にかけて，石炭，鉄鉱石，水力発電による電力など豊富な資源やエネルギーをベースに，鉄鋼業や自動車産業を基幹産業として繁栄し，労働者層が地域の中核的住民，中間層として働き，暮らしていた地域であった。製造業時代のアメリカの繁栄

を体現する地域といえる。

　1970年代以降，国際競争の激化やエネルギー事情の変化に伴い，産業競争力を失い文字通り「さび付いた」工場が放棄されたり，工場の海外移転が進んだことで地域全体がかつての活力を失っていった。ラストベルト内では人口が減少し衰退するコミュニティが増加，2013年デトロイト市のように破産し，再生に向けて苦闘する自治体も出現するに至った。

ラストベルトの反乱・その背景

　アメリカの高卒以下の労働者は地域移動性が高くないことが知られている。ラストベルトは1970年代以降衰退し続けていた上に，追い打ちをかけるように2000年代以降は中国からの輸入品，米国製造業企業の逆輸入，製造業務や雇用の中国へのオフショアリングが激増した。1970年ごろを頂点として製造業雇用が減少傾向に入った上に，さらに対中貿易の影響で雇用が失われ，自治体やコミュニティの衰退が進み，この地域に定着してきた労働者や住民の間でオピオイド系鎮痛剤の濫用も見られるようになっていた。

　グローバル化のなかで比較的繁栄してきた太平洋岸地域，大西洋岸地域，イノベーション産業地域と比較して，ラストベルトは経済が衰退してきたこと，1970年代以降進められてきたグローバル化やイノベーション能力を高める政策，制度改革が，ラストベルトにはむしろデメリットを及ぼしてきたこと，労働者層にアピールする政策がとられてこなかったことが重なり，「見捨てられた」ことへ怒りの感情が高まっていたことが指摘されている。この感情はアメリカ社会の主役という誇りを傷つけられた白人労働者層で特に顕著であった。

　ラストベルトの労働者層や住民は，福祉や利益配分を求めているのではない。自らの存在意義である雇用を維持し，これ以上の状況悪化を食い止めるため，脱TPP，保護貿易などアメリカ第一主義を唱えたトランプ大統領を誕生させた面がある。

参考文献　金成隆一（2016）『ルポ トランプ王国―もう一つのアメリカを行く』岩波新書。
　　　　　J.D.ヴァンス著，関根光宏・山田文訳（2017）『ヒルビリー・エレジー アメリカの繁栄から取り残された白人たち』光文社。

(山縣)

Q74

産業

シリコンバレーはなぜ勝ち続ける？
〈シリコンバレー〉

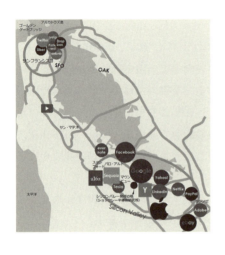

カリフォルニア州シリコンバレーは，なぜ新たな勝者を生み出し続けるのだろうか。シリコンバレーには，ベンチャー企業の輩出と急成長を促す地域エコシステムが存在しているからである。

シリコンバレーの形成と発展

シリコンバレーはもともとサンフランシスコ近郊の果樹園地帯であった。19世紀スタンフォード大学発企業（HPなど），ショックレー半導体研究所からのスピンオフ企業（インテルなど）などハイテク・半導体企業の叢生により，1970年代には工業化が進んだ。1980年代以降はアップル，アドビ，ヤフー，グーグル，フェイスブックなどPC，インターネット，情報技術，ソーシャルメディア分野のイノベーション企業が次々に創業あるいは転入し，ITを中心とする世界トップクラスのイノベーションセンターとして発展している。

成功をもたらしたシリコンバレーの地域エコシステム

地域エコシステムはミクロ（個別企業・組織），マクロ（アメリカの制度や環境）と区別される，地域レベルで形成されている1つのシステムである。

現代シリコンバレーでは，起業家，大企業とベンチャー企業，ハイスキル技術者と労働市場，大学と研究所，ベンチャーキャピタル，法律・会計事務所等

182

が，多数の起業家を輩出し，あるいは他地域から起業家やベンチャー企業を引きつけ，急速に成長させることを可能にする1つの地域エコシステムを形成している。

弁護士やベンチャーキャピタルにより多数の起業家候補から一部の起業家が選ばれ，ごく一部が大企業へと成長していく。ハイスキル技術者の労働市場が，ほとんどの技術開発や製品開発を可能にするため，起業家や企業を引きつける。大学・研究所は技術者と，生涯学習の場を提供し，産学連携相手ともなる。ベンチャーキャピタルはリスクマネーを供給し，法律・会計事務所はベンチャー企業に必要なアドバイスや経営支援を行う。

シリコンバレーの成功の連鎖は，古くは半導体，PC技術に，そしてソフトウェア全般，インターネット技術，ワイヤレス技術，ソーシャルメディア，多様なITサービスというIT領域を軸に，最近ではバイオテクノロジーおよび創薬にまで及んでいる。直接的な技術連鎖を超えて，地域エコシステムが，バイオテクノロジーと創薬という新領域でも効果を発揮しているのである。

シリコンバレーの変化と影

2010年代以降，シリコンバレーは単なる技術イノベーション地域というだけでなく，世界とアメリカに影響力を持つビジョン発信地となりつつある。イーロン・マスクは規制破壊を主張し，ピーター・ティールはリバタリアン（個人と経済的自由を重視する思想家）の旗手となっている。

成功した起業家とベンチャー企業群の背後には，徹底した競争による多数の「敗者」が存在する。富裕層や成功企業が賃金，家賃，物価を急上昇させたため，住民からの反発も見られる上に，最近は人口も流出し始めている。

参考文献　チョン・ムーン・リーほか編，中川勝弘監訳（2001）『シリコンバレー——なぜ変わり続けるのか（上）（下）』日本経済新聞社。
西澤昭夫ほか（2012）『ハイテク産業を創る地域エコシステム』有斐閣。

（山縣）

Q75 産業

イノベーションはなぜ大事か？
〈イノベーション〉

　経済学においてはかなり昔からイノベーション（技術，製品，プロセス，その他経済過程全般における革新）が重要視されてきた。

　アメリカの場合，グローバル化と国際競争が激化した1980年代以降，イノベーション能力を高めるための制度的改革である「競争力政策」が実施されている。その結果イノベーション地域が多数形成され，イノベーション能力も高水準で維持されていることが，アメリカ経済の強みとなっている。

イノベーションとは？

　一般に技術革新や経営革新が概念の中心的要素と理解されているが，近年，技術，製品，プロセス，経済過程全体に関わる変革がイノベーションとして理解されている。

　アメリカでは，単に研究開発や製品開発に限定することなく，新たな経済システムを創出する革新活動が絶えず行われており，それを制度として整備し絶えず改善するという活動が行われてきた。このような「制度的イノベーション能力」が世界トップレベルであり続けていることがアメリカの強みであるといえる。

なぜアメリカにとりイノベーションは重要なのか？

　技術高度化とグローバル化に対してアメリカはどのように対応すべきか，という問いに対する1つの解答であるからである。

　もともとアメリカは20世紀以降，科学技術を重視してきたが，1970年代後半からは，スタグフレーションからの脱却，グローバル化のなかでの賃金水準の高い雇用の創出，持続的な経済成長と税収確保のために，アメリカ政府の経済

プロセスへの関与は大幅に改変された。

例えば産学連携を促進する規制緩和（バイ＝ドール法），研究開発を促進する税制改正（経済再建税制），新産業創出に年金基金投入を可能にする規制緩和（ERISA法）など，新産業および雇用の創出，経済成長の追求を目指した制度的イノベーションである。

結果として1980年代以降アメリカでは，先進国としては高い経済成長率，IT産業，バイオ・医薬品産業，知識集約型ビジネスサービス等の急成長と高賃金職業の増加が達成され，経済政策，経済制度の改変を継続的に行っていくという制度の継続的イノベーションも工夫されることになった。

最近のイノベーション事例

情報技術（PC・タブレット・スマートフォン，インターネット技術，ワイヤレス技術，ITサービスなど），生命科学技術（遺伝子解析技術，細胞内代謝メカニズム解析，がん化メカニズム，抗がん剤開発など），ビジネスノウハウ等（オープン・マーケット・ショッピングカート，ワンクリック技術など）においてイノベーションが継続している。さらにアメリカでは，多くの主体がイノベーションに参加する地域（シリコンバレー，ボストン，オースティン，シアトルなど）が出現し，その地位を高めている。

イノベーションは政策的に進めることは可能か

アメリカでイノベーションが進んだのは，そもそもイノベーション能力が高かった上にグローバルに人材を吸引し，それを高めてきたという側面がある。政策的支援や制度の整備は，あくまで一要因に過ぎない。アメリカと比較した場合，日本の立ち後れや大学発ベンチャー企業の少なさなどが指摘されるが，制度・文化の相違があるため単純な比較は危険である。

参考文献　藤木剛康編（2012）『アメリカ政治経済論』ミネルヴァ書房。
　　　　　R.R. Nelson (ed.) (1993) *National Innovation Systems: A Comparative Analysis*, Oxford University Press.

（山縣）

Q76 産業

トランプ政権はどのような中小企業政策を実施しているのか？
〈中小企業庁〉

中小企業庁トップは元プロレス団体CEO

ドナルド・トランプ大統領は，2017年2月，リンダ・マクマホンを中小企業庁（Small Business Administration: SBA）長官に就任させた。彼女は，全米最大のプロレス団体WWEの元CEOで，WWEは大統領選挙で巨額の資金を提供した。トランプも（代理レスラーが戦ったが）WWE参戦の経験を持つ。リンダ・マクマホンのSBA長官就任は，単なる論功行賞なのだろうか。

連邦政府による中小企業政策の展開

アメリカでは，第2次大戦中，中小企業の軍需調達参入を支援するために連邦政府による資金供給などが実施された。その後，平時の中小企業支援も必要とされ，1953年にSBAを設立，以来，大企業の規制ではなく，中小企業への直接的な支援策を提供してきた。現在では，①長期資金の直接融資（一部は出資），②短期の民間融資への債務保証，③情報提供や経営指導，④政府調達への参入支援，⑤災害時の復旧支援などが，主要施策として確立している。

また，1960年代以降のSBAは，エスニック・マイノリティー企業への支援策を強化するなど，中小企業を手段に社会問題の緩和を図る政策機関としての性格も有している。近年のSBA長官人事も，女性やエスニック・マイノリティーを意識したもので，クリントンが指名したアイーダ・アルバレスは，ラテン系女性として初の閣僚級ポストに就いた。オバマも，メキシコからの移民の女性実業家であるマリア・コントレラス-スウィートをSBA長官に指名した。

もう1つの中小企業政策

中小企業は，規模や経営体力が多様で，利害も複雑である。SBAの恩恵を

最も受ける中小企業は，成長志向が強く施策を積極的に利用しようとする企業，あるいは施策利用で優遇が期待できるマイノリティーなどの企業である。アップル，インテル，フェデックスなども，最初期にはSBAの施策を利用して資金を調達し，成長への足掛かりをつかんだ。逆に，小規模で成長志向の強くない"ごく普通"の中小企業は，SBAの施策よりも減税を求める場合が多い。

2大政党の間でも，中小企業政策の重点は異なる。民主党は，社会問題の解決を関連付けながら介入的，誘導的な中小企業政策を志向し，その施策機関としてSBAを重視する傾向にある。一方，共和党は，ときに廃止を論じるほどSBAには冷淡である。しかし，共和党は，もう1つの中小企業政策ともいえる減税を手段に，SBAからは距離のある中小企業の支持を獲得している。

トランプ減税の効果と巧妙なSBA長官人事

批判もあるトランプ減税だが，減税を求める中小企業への効果は絶大である。有力中小企業団体の全国独立事業者連盟（National Federation of Independent Business: NFIB）は，会員の多くは従業者数20人未満の企業で，減税を重視し共和党を支持してきた。NFIBは，2018年3月の会員企業対象の調査で，従来は経営上一番の問題であった税金への懸念が大幅に薄れたとしている。トランプ政権は，TPP脱退，NAFTA再交渉，鉄鋼関税引き上げなどを行ったが，多国籍企業とは異なり，これらの影響を直接受ける中小企業はごく一部である。減税への評価は高く，NFIBも引き続きトランプ支持を表明している。

リンダ・マクマホンのSBA長官への起用も，巧妙な人事といえる。彼女は，かつてはSBA廃止も主張したが，指名後はSBA重視に転じた。また，歴代SBA長官にはない抜群の知名度は，女性企業家へ注目する姿勢を見せるとともに，中小企業者に限らない支持層へのアピールになっている。トランプ政権は，従来の共和党とは異なるかたちで，民主党寄りだったSBAを活用している。

参考文献 National Federation of Independent Business（2018）"*Small Business Economic Trends*," March 2018.
浅野敬一（2017）「三重構造—中小企業政策の展開と"ベンチャー"」谷口明丈・須藤功編『現代アメリカ経済史—問題大国の出現』有斐閣。

（浅野）

Q77 産業

アメリカのIT産業はなぜ強いのか？

〈IT産業〉

　Q56で触れたように，1980年代後半から1990年代初頭は，アメリカ企業の競争力に深刻な懸念が投げかけられていた時代だった。その懸念が深刻だったのは，鉄鋼や自動車だけではなく，コンピューターや半導体のような「ハイテク産業」でもアメリカ企業の影響力が低下していたからである。例えば，1990年の世界半導体メーカーの出荷額上位10位に占める日本企業の数は6社だったが，アメリカ企業は3社にすぎない。

　しかし，その後情報技術（IT）産業におけるアメリカの地位は急速に復活した。半導体産業では，かつて日本企業との競争に敗れてメモリー生産から撤退したインテルがCPUに特化して復活し，1992年に世界の半導体メーカー別売上高ランキングでNECを抜いて首位についた。各種世界競争力ランキングでも，アメリカは今日までほとんど毎年，最上位に位置するようになった。

「水平的なコンピューター産業」

　では，アメリカ企業の産業競争力の復調は，かつての日本企業のような「製造と設計の密接な連関」がアメリカ企業でも採用されたからもたらされたのだろうか。多くの論者は，むしろ，両者のネットワーク的な分離にこそアメリカ企業の復調の根拠があったと見る。すなわち，外部の契約製造業者に生産を委託する大規模な外部化の進展が，製造と設計が分離していても両者が持続的に発展し続けられる条件を与えた，と見るのである。

　エレクトロニクス産業ないしIT産業において大規模に見られるような，こうした産業組織のあり方は「水平的なコンピューター産業」（アンドリュー・グローブ）と呼ばれ，インテルやマイクロソフト，シスコ・システムズといった専業企業の市場支配を生み出すと同時に，製造活動と設計活動をともに企業

内に統合していたIBMのような企業は，新たに台頭してきた専業企業によって脇に追いやられていったと考えられたのである。

こうした産業組織のあり方は，その典型企業の名前をとって「Wintelism」と呼ばれる（マイケル・ボーラス／ジョン・ザイスマン）。これは，①「オープンだが所有された」製品の普及，②専業企業による市場を介した要素技術の供給，③アセンブラーから「製品を定義する企業」への市場支配力のシフト，④製造拠点を維持することへの関心の喪失の4点である。

このように，「Wintelism」に基づく議論は，「独占的な製品もしくは技術を指向し，製造技術や製造過程を改善するイノベーションから遠ざけるという強いバイアス」（フロリダ／ケニー）が，「オープンだが所有された」製品の普及の下で，ブランド企業（ファブレス企業）と契約製造業者のネットワーク的な協業によって克服された，と考える。それゆえ，このような産業組織は，1980年代に日本で見られた「リーン生産方式」に対するオルタナティブであり，「製造活動の新たなアメリカモデル」ないし「産業組織の新たなアメリカモデル」（ティモシー・スタージョン）と見なされるようになった。

マイクロソフトやインテルだけがアメリカのIT産業のシンボルではない

アメリカのIT産業の強さの一因がこうした「Wintelism」に象徴される専業企業のネットワーク的な分離にあったことは間違いないが，同時に指摘する必要があるのは，専業化／ネットワーク化だけではアメリカのIT産業の特徴を把握することはできないということである。例えばIBMは1990年代初頭に経営危機に陥ったものの，その後マイクロソフトやインテルとは別のビジネスモデル（「統合化モデル」）を採用することで劇的な復活を果たしたし，アップルも特定の要素技術に特化した専業企業ということはできない。アメリカIT産業の強さは技術や市場動向を再定義する企業戦略の主体性や柔軟さそのものにあるといえるだろう。

|参考文献| 夏目啓二編著（2017）『21世紀ICT企業の経営戦略』文眞堂。
森原康仁（2017）『アメリカIT産業のサービス化』日本経済評論社。

（森原）

Q78 産業

アメリカのバイオ・医薬品産業はなぜ強いのか？

〈バイオ医薬品産業〉

　アメリカのバイオ・医薬品産業を，医療機器製造業，種子製造業等農業関連産業を含まない生命科学研究とその応用に関わる産業，製薬産業と定義する。アメリカのバイオ・医薬品産業は抜きん出た科学技術力と投資力，NIH（国立衛生研究所），FDA（食品医薬品局）を中核とする進んだ研究・新薬認可体制，巨額の医療費支出，ボストンやシリコンバレーという世界トップクラスのバイオ・医薬品開発のイノベーションセンターを有する。

バイオ・医薬品産業の成立と展開

　米バイオ・医薬品産業のトップ企業，ファイザーは19世紀（南北戦争期に医薬品提供）から存在しているが，科学の応用と医薬品の大量生産という現代バイオ・医薬品産業の原型が成立したのは，1930年代から第2次大戦後にかけてである。この時期は傷病や感染症などの人類や国民の生存に関わる標的探索型の技術開発，医薬品開発が重視されており，医薬品の大量生産が実現され，アメリカ国民の福利厚生を高めた。1980年代以降になると，アメリカおよび先進国の生活水準が高度化するに伴い，生活習慣病やがん治療などに研究開発と製品開発の重点がシフトしたが，研究開発のあり方は依然として20世紀型ともいえる生化学の応用である「標的探索型」であった。

　研究開発のあり方が大きく変化するのは，遺伝子解析技術が飛躍的に進んだ1990年代以降である。情報技術や解析技術も取り込み，研究開発や製品開発が複雑化し高度化したため，一企業や民間企業だけではイノベーション，製品開発が困難になってきたのである。このため産業のイノベーション体制の「エコシステム化」とグローバル化が急速に進むこととなった。

　アメリカのバイオ・医薬品産業は，先進国中群を抜くアメリカの巨額医療費

支出に裏打ちされた巨大な国内市場，世界トップクラスのバイオ技術・医薬品研究開発体制に支えられて，世界をリードしている。

アメリカ・バイオ・医薬品産業の強み

　最近ではバイオテクノロジーの新技術や新薬開発を大学・研究機関，そこからのスピンオフであるベンチャー企業が行い，大企業がそれを買収し，製品化するというイノベーション体制が構築されつつある。一企業や民間企業だけでなく，大学・研究機関，ベンチャー企業が事実上，相互に協力しイノベーションから製品化まで成し遂げるという「エコシステム」が形成されているのである。グローバル化が進み，外国企業がアメリカ企業を買収する事例，外国企業がMIT，ハーバード大学，その他世界トップクラスの病院医療機関の集積するボストン，スタンフォード大学と国立研究所が存在するシリコンバレーに研究開発センターや販売拠点の展開を加速しており，アメリカ・バイオ・医薬品産業は，内外の大企業，大学・研究機関，ベンチャー企業が複雑に絡み合った地域エコシステムを形成している。

　このようなアメリカ・バイオ・医薬品産業における強靭なイノベーション・システムはさらに強化されつつある。バイオ・医薬品企業自体が研究開発投資を増額しているほか，年々NIHが競争的研究費を増額し，大学・研究所のイノベーションとベンチャー企業創出を加速しているからである。

バイオ・医薬品産業の直面する課題

　しかし，アメリカのバイオ・医薬品産業も試練のときを迎えつつある。研究開発と製品開発が遺伝子解析をベースとする段階に入り，探査，研究対象があまりにも複雑化したため，イノベーションと製品開発の不確実性が拡大しているからである。そのためにアメリカ・バイオ・医薬品産業は外部資源取り込みを加速せざるを得ない段階に入ったと言える。

　参考文献　OECD著，バイオインダストリー協会編訳（1999）『バイオテクノロジーと21世紀の産業』オーム社。
　　　　　　みずほ銀行産業調査部（2014）『みずほ産業調査』Vol.45。

（山縣）

Q79 〔産業〕

アマゾンは流通業を破壊するのか？

〈流　通〉

　アマゾンは書籍のインターネット販売から出発し，グローバルなIT・流通企業として君臨するに至った。顧客中心主義，質量抜きん出たITシステムの開発能力，物流インフラ構築，AIの活用，情報技術と流通業の融合，あくなき挑戦により，ハード，ソフトの両面から，世界および各国の流通業のあり方を大きく変革している。

アマゾンの登場と事業拡大

　アマゾンは1994年に投資銀行に勤めていたジェフ・ベゾスがシアトルで創業した。優秀なITエンジニアが確保できること，創業と事業のコストが安価なことが理由であった。優秀なITエンジニア確保はアマゾンのその後の成功の鍵となった。ちなみにシアトルの自宅ガレージで創業している。

　アマゾンはインターネット書店から出発し，オンライン音楽配信，玩具，各種ソフトなどEC店舗での取扱商品拡大，データセンターとクラウド事業，実物店舗，生鮮食料品取り扱いなど事業範囲を次々に拡大してきた。先進国中心に巨大物流センター（フルフィルメントセンター）を整備し，自らの事業を支える実物的基盤である物流機能を構築，強化してきた。物流センター内のIT化・ロボット化の推進，ドローンによる配送システム，レジのない実店舗，購買データによる予測配達システム開発と実験など，配送，販売システムについてもイノベーションを追究している。

アマゾンの強み

　成長初期において，1990年代半ばのWebビジネス黎明期の成長の波に乗った面もあるが，多くのEコマースサイト，Webビジネス間の激しい競争を勝

ち抜いたのは，資金調達が非常に容易であった2000年に至るドットコムバブル時に，過度な事業拡張を行わず堅実な経営を続けたこと，物流界をIT技術を駆使し変革するという壮大な目標を掲げ，購買予測，物流センター，配送システムなどに巨額の投資を行い，叩かれても貪欲にそれを追求し続けてきたこと，ベゾス自身も明言しているとおり，上記全てを顧客利便性の向上を重視しつつ行ってきたことによる。

　またIT技術，AIを駆使した強力なレコメンデーション機能は世界最先端とされており，個人レベルでアクセスし販売するという小売業において重視されていたイノベーションを実現した。電子書籍，オンライン音楽，映像販売でも革新は進んでおり，安価なKindleなどの利用端末等の開発も非常に速いペースで実現している。

　成長投資で他を圧倒しているのである。

批判・流通業界を「破壊」するのか？

　変革を強いられる流通業界や競合他社からは，アマゾンに対しては強い批判があり，利益をあまり計上しない経営スタイルが課税逃れとして批判された。物流センターにおける労働環境が，リベラル系の新聞から「過酷」であるとされた時期もある。商品配送を請け負う末端業者からは，業務量を過度に増やすとして敬遠された。レコメンデーション機能については，個人情報保護の観点から批判もある。

　アメリカではEコマースの割合が比較的高いが，その他先進国においては実物店舗での購買行動はいまだ根強い。アマゾンも生鮮食料品等の分野ではリアル店舗を展開しているほか，高級スーパーのWhole Foods Marketを買収した。イノベーション，成長投資，経営陣の強い意志により，各国でアマゾンは存在感を強めていくだろう。

参考文献　角井亮一（2016）『アマゾンと物流大戦争』NHK出版新書。
ブラッド・ストーン著，井口耕二訳（2014）『ジェフ・ベゾス 果てなき野望』日経BP社。

(山縣)

Q80

産　業

反トラスト法はアマゾンを止めることができるのか？
〈ビッグデータ〉

　かつて石油が世界を制したことを「石油の時代」と形容したが，現在の情報通信技術の発展は「情報の時代」をもたらし，過去に石油にまつわる独占問題が反トラスト法の成立を促したときと同じような状況を生じさせている。

　特に2000年に入ってからのインターネットの普及に伴う情報処理技術の発展は，いわゆるビッグデータと呼ばれる大容量で，多様かつ最新のデジタルデータを扱うことを可能にした。インターネットを通じて，利用者から集めた情報を蓄積し，利用者にとってより便利に，そして自社に利用者を囲い込むための手段として，ビッグデータを用いている企業がある。現在，グーグル，アップル，フェイスブック，アマゾンの4社に代表される巨大データ企業は，その頭文字をとってGAFAと呼ばれる。GAFAは，「モノ」ではなく「情報」を独占している企業であり，「モノ」の独占を想定していたこれまでとは異なる対応の必要を社会に認識させた。

　たしかに，データを単に持っていることや，自社の提供するサービスを最適化するために利用することに問題はないだろう。しかし実際は，保有したデータを自社以外に提供することで，巨額の利益を得ている企業が存在する。また，こうした企業は，ビジネスを行う基盤を他社に提供するプラットフォーマーとしての絶対的に優位な立場を利用して，他社を不当に扱うことがある。これに対しヨーロッパでは，GAFAをそれぞれEU競争法違反の調査の対象としたり，もしくは制裁金を科すなどしている。さらに，EU競争法とは別に，個人情報の保護を目的とした「一般データ保護規則（General Data Protection Regulation: GDPR）」が2018年5月から施行され，同意を得ずして個人情報を利用することができなくなり，違反すれば制裁金が科されることになった。これは，GAFAのような情報を扱うことで利益を得ている企業にとっては，経営

の根幹を揺るがす事態であった。

　ヨーロッパのように個人情報保護に関する法律は，アメリカでは今のところ成立していないが，個人情報の扱いに関する法律は存在する。連邦取引委員会では，電子市場における個人情報の取り扱いについて，1998年に「公正情報行動原則（Fair Information Practice Principles :FIPPS）」といったガイドラインを示している。これによると，電子市場で個人情報を取り扱う企業は，その利用について個人から同意を得なければならない。しかし実際は，同意せずに企業の提供するサービスを利用することはできないため，同意しないという選択は無きに等しい。これに対し，先に見たGDPRでは，個人情報を本人の同意なく目的外に利用できず，また，個人の意思により自由にデータを移動させることのできるデータポータビリティの権利を明記している。

　では，反トラスト法では，GAFAのような企業を規制することはできないのだろうか。かつて，IBMやマイクロソフトが，反トラスト法違反の疑いによりアメリカ国内で訴訟の対象となったことはあった。しかし現在，GAFAのような企業がアメリカ経済のけん引役を担っているということもあり，反トラスト法違反の対象とはなっていない。この背景には，1970年代後半から転換を見せた反トラスト政策における企業規制緩和の傾向も影響しており，情報独占を直ちに規制するような気運は見られていない。

　しかし，1980年代からの規制緩和とこれに伴う技術革新は，独占企業の交代を促し，規制に代わって独占を解消させる役割を果たしている。IT産業を見れば，ハードウェアを提供してきたIBMは，ソフトウェアを提供するマイクロソフトの登場によりその地位を奪われ，また，マイクロソフトさえも，いまやビッグデータを扱うGAFAの後塵を拝している状況である。つまり，現在はインターネット市場の中心に位置し，店舗さえも閉店に追い込む勢いのアマゾンも，今後登場するであろう新しいタイプの企業によって，将来その座を奪われるかもしれない。

参考文献　ビクター・マイヤー＝ショーンベルガー，ケネス・クキエ著，斎藤栄一郎訳（2013）『ビッグデータの正体』講談社。

（水野）

Q81 産業

次世代自動車を巡る論点は何か？
〈自動運転・EVへの対応〉

　テスラモーターズ（Tesla Motors）は，2003年に創業されたバッテリー型電気自動車を中心にした自動車メーカー。創業かつCEOはペイパル（PayPal）の共同創業者であるイーロン・マスクで，本社をカリフォルニア州パロアルトに置く。従来までアメリカ自動車産業といえば，ビッグ3（GM，フォード，クライスラー）の本社のあるミシガン州デトロイト市周辺であった。しかしテスラは内燃機関のエンジンを利用しない電気自動車（EV: Electric Vehicle）を開発・製造・販売するベンチャー企業ということもあり，西海岸のシリコンバレーに本社を置く。

　最新車種は2016年に発表されたモデル3で，従来より価格帯を3万5,000ドルからとガソリン車並みに下げ，さらなる大量生産・販売をもくろんだ。2017年末に量産ペースを「1週間に5,000台」としていたにもかかわらず，本格的量産時期を2018年6月末へと遅延させることを発表した。遅延の原因は蓄電池の自社工場組立工程にあり，自動車産業にシリコンバレー流の経営スタイルで新風を吹き込んだテスラであったが，ここにきて生産工程管理において不慣れさを露呈してしまった形である。

　自動車産業への新規参入での不慣れさは，別車種のリコールにおいても顕在化した。2018年3月29日に発表された内容によれば，リコール対象は2016年4月以前に製造したモデルSで，対象台数は累計販売の4割強に相当し，同車種に対する軽微ではない不信感を与えた。従来型のエンジン自動車よりも電気自動車は部品点数が少ないため，テスラでは自動車生産を従来よりも人手に頼らずロボットを多用し，さらなる自動化が目指されている。とはいえ，テスラは自動車産業へは全くの新規参入企業であり，さまざまな困難に逢着し，さらなる成長へ向けて厳しい時期に差し掛かりつつあるといえる。

こうした障害に直面しつつも，テスラは依然として強気の拡大経営方針を目指している。これまで自国アメリカを中心にした販売から，諸外国，とりわけ中国市場に注目し，中国国内で新工場計画を具体化しつつある。中国進出を必要とする要因は大きく分けて2つ挙げられる。1つ目は中国政府による「外資の出資規制の撤廃方針」，2つ目は中国における「電気自動車へのシフト」の動きである。

　中国政府は従来よりも自国市場開放をアピールするようになり，自動車分野ではこれまで50％としていた外資による出資上限を段階的に廃止する計画をすでに発表している。EVをはじめとする新エネルギー車については2018年中に規制が撤廃される予定であり，テスラによる単独出資計画が首尾よく進展すれば，中国政府による規制緩和政策適用の第1例目になる可能性もある。また中国のとりわけ都市部において大気汚染への懸念が強く，政府を挙げてエンジンによる自動車から電気自動車を推進する政策への転換が始まっている。

　テスラが電気自動車で先行したアメリカ国内市場で，他社も徐々に追い上げつつある。また次世代自動車技術に関して，電池メーカー，自動運転技術（人工知能・半導体技術など）で重要性を増す「非」自動車企業も存在感を高めつつある。GMはメアリ・バーラ（Mary Barra）CEOが2017年に発表した内容によると，2023年までに電気自動車や燃料電池車などを20車種発売する計画であるという。またドイツ・ダイムラー社もアメリカで電気自動車生産に10億ドルの投資計画をすでに発表している。ちなみに2017年上半期時点において，アメリカ電気自動車シェアでテスラは全体の45％を占め，次はシボレー・ボルトの16％，日産リーフが15％，フィアット・500eが8％の順となっている。アメリカ国内市場では依然としてSUV，ピックアップトラックなど燃費効率の良くない車種が人気であるため，ボリュームゾーンとして電気自動車が主流になるのはまだほど遠い。こうしたなかでテスラが現在抱える課題にどう取り組み，成長路線を確実なものにするのか，目が離せないといえる。

参考文献　鶴原吉郎（2018）『EVと自動運転―クルマをどう変えるか』岩波新書。
　　　　　　一橋大学イノベーション研究センター（2018）『一橋ビジネスレビュー 2018年AUT.66巻2号：EVの将来』東洋経済新報社。

（篠原）

Q82 政策

バーナンキは大恐慌をどう再解釈したか？
〈インフレ目標政策〉

ミルトン・フリードマンの90歳の誕生日でのバーナンキのスピーチ

　2002年11月8日，シカゴ大学で開催されたマネタリストの泰斗ミルトン・フリードマンの90歳の誕生日を祝う会に，当時FRB理事であったバーナンキは，次のようなスピーチを寄せた。バーナンキは，フリードマンの多くの業績の中で，アンナ・シュワーツとの『金融史』（1963年），特に，1929-33年にかけての経済の「大収縮（The Great Contraction）」に注目した。フリードマンとシュワーツは，4つのエピソード──①1928年春から翌年10月の金融引き締め政策，②1931年9月のイギリスのポンド危機に対してFRBが「対外流失（金準備の流出）」にのみ対応し「対内流出（外国人・国内の預金者の銀行からの現金引き出し）」に対応しなかった，③1932年4月にFRBは公開市場での大規模な証券買入を開始したが，7月にはこの買入プログラムを終了し，活性化した経済が逆戻りしてしまった，④1932年から33年にかけてのフーバーからルーズベルトへの政権移行期に，FRBが銀行の破綻と金流出に対抗したマネーサプライの減少策によって1932年11月から33年3月にかけて，経済は最大の落ち込みを見せた──を，各種資料を使って実証した。その結果，多くの研究者が論じているような，大恐慌でマネーは受け身の役割を果たしているに過ぎなかったという見解を反駁し，「まさに収縮こそが，貨幣的要因が重要であることの悲劇的な証明にほかならない」（フリードマン，シュワーツ）と指摘している。バーナンキは，「大恐慌についてです。あなた方は正しい。われわれ（セントラル・バンカー）がこれを引き起こしたのであり，大変残念に思っています。しかしお2人のおかげでわれわれは二度と同じ過ちは繰り返しません」。

インフレ目標政策

　バーナンキは，実際，第14代FRB議長（2006‐2014年）に就任し，2008年リーマン・ショック後の世界経済の収縮に対して，インフレ目標政策とも呼ばれるフリードマンの衣鉢を継ぐ金融政策で対応した。このインフレ目標政策の考え方を次に検討しよう。

　インフレ目標政策は，中央銀行が，インフレ目標を明示して金融政策を運営するものだが，歴史的には，ブレトン・ウッズの固定為替レート体制終焉後，1970年代後半から80年代にかけてのドイツのブンデスバンクとスイス国立銀行の施策に始まるものである。インフレ目標政策のアプローチは，①政策の選択肢を策定する特定の枠組みと，②これらの選択肢の内容と根拠を国民に伝達するための戦略からなる。第1に，「政策枠組み」とは，政策担当者が従わなければならない厳密な政策ルールに内在するところの硬直性と政策担当者の自由裁量の方向性のバランスを意味する。中央銀行は，関与すべき対象である経済システムと自らの関与が及ぼす政策的効果について知識が不完全であることを前提としつつ，一定の短期的な混乱を無視しつつ，国内生産と雇用の安定のために最善を尽くそうとする。そうした場合，重要な条件は，そうした安定化政策を実施するに当たって，中央銀行がインフレーション——そして，それゆえに国民のインフレ予想——に対するコントロールをグリップする強固なコミットメントとその意思表示を市場において維持する点にこそある。第2のコミュニケーション戦略とは，中央銀行が金融市場，経済界および一般国民と政界に対して，自らの意図を緊密にコミュニケーションするという意味での相互了解である。

> **参考文献**　ベン・バーナンキ著，高橋洋一訳（2004）『リフレと金融政策』日本経済新聞社。
> ベン・バーナンキ著，栗原潤・中村亨・三宅敦史訳（2013）『大恐慌論』日本経済新聞出版社。

（坂出）

Q83 リーマン・ショック後の量的緩和とは何だったのか？

政策

〈量的緩和〉

　リーマン・ショック後の2008年後半から2009年にかけて，FRBをはじめとする先進各国の中央銀行は，相次いで政策金利をゼロ％近辺に引き下げるゼロ金利政策へと移行した。しかし，銀行間の資金融通が停滞し，金融市場が全般的な機能不全に陥っている下では，その効果は限定的であり，また名目金利をゼロ以下に下げられない以上，一段の緩和も困難であった。そこで各国の中央銀行が採用したのが，中央銀行が市場から金融資産を大規模に購入することで緩和効果を狙う「量的緩和（quantitative easing: QE）」と呼ばれる手法であった。

　従来の金融政策は，中央銀行が短期金融市場の金利を誘導し，その影響が各種金融資産の利回り，ひいては実体経済へと波及することを狙うものであり，中央銀行が金融資産を購入するとしても一時的で，その対象も流通量の豊富な短期国債等に限られていた。こうした金融政策のあり方を「伝統的金融政策」と呼ぶ。これに対し，「量的緩和」では，モーゲージ（住宅ローン）担保証券（MBS），長期国債など，従来と異なる金融資産が購入対象となり，さらに購入規模がはるかに大きいことが特徴であり，それゆえ「量的緩和」政策は一般に「非伝統的金融政策」と呼ばれている。

　FRBが「量的緩和」政策を採用したのは，2008年11月にMBSを5,000億ドル購入すると発表したことが最初とされる。ただし，当初FRBは自らの政策を「信用緩和」と呼び，「量的緩和」との区別を強調していた。これは，当時「量的緩和」といえば，2001年3月に日本銀行が採用した，長期国債の買入れによって日銀当座預金の超過準備を維持する政策が意識されたためである。これに対し，FRBは自らの政策意図は超過準備の維持ではなく，あくまで棄損したMBSの市場機能を改善することにあるとし，「信用緩和」という呼称にこだ

わった。しかし，その後FRBによる購入対象に長期国債が加えられ，2010年11月から2011年6月にかけて，長期国債を6,000億ドル購入する計画が発表されると，その政策は一般に「量的緩和第2弾（QE2）」と呼ばれるようになり，翻って2008年11月からの政策はQE1，また2012年9月以降のMBS，および2013年1月以降の長期国債の毎月の購入計画はQE3と呼称されるようになった。その後も，FRBは一連の政策を一貫して大規模資産購入プログラムと呼び，自らはQEという呼称を用いていない。しかし，中央銀行が市中銀行の保有する長期国債等を大量に購入してバランスシートの資産側を拡大すれば，必然的に負債側には当座預金（超過準備）が積み上がるわけであるから，その点ではFRBと日銀の政策にはそれほど大きな違いはないともいえる。

　FRBがその「量的緩和」政策によって直接的に意図したのは，長期金利の引き下げである。FRBがMBSや長期国債を大量に購入すれば，債券価格は上昇し，金利は低下せざるをえない。長期金利の低下は，企業の資金調達コストを引き下げるとともに，住宅ローン金利を低下させて住宅投資を刺激する役割を果たした。また，FRBが民間部門の保有する長期国債等を買い上げれば，その売却資金が社債や株式などの他の資産の購入に振り向けられ，株価の上昇や社債利回りの低下が生じる。これをポートフォリオ・リバランス効果というが，先進各国による「量的緩和」政策は，世界的な株式市場の活況とともに，比較的高利回りを期待できる新興国への投資を促す条件となった。

　しかし，長期国債等の市場において中央銀行が最大の保有主体として立ち現れると，中央銀行の売買によって金利や価格が左右され，価格形成メカニズムがゆがめられるという副作用が生じる。「量的緩和」の「非伝統的金融政策」という呼称には，あくまで伝統的な，本来の金融政策は短期金利の誘導であり，「量的緩和」は非常時の，緊急避難的な措置であるというニュアンスがある。金融政策の「正常化」に向けた「出口」政策が求められるのはこのためである（→**Q86**参照）。

> **参考文献**　翁邦雄（2011）『ポスト・マネタリズムの金融政策』日本経済新聞出版社。
> 湯本雅士（2011）『デフレ下の金融・財政・為替政策』岩波書店。

（豊福）

Q84 政策

今日のアメリカ経済は長期停滞の状況にあるのか？

〈長期停滞〉

サマーズの長期停滞論

ローレンス・サマーズは，かつて1950年代にアルヴィン・ハンセンが唱えた議論をもとに，世界金融危機後のアメリカおよび先進国経済が恒常的に需給ギャップを抱え低成長が常態化する長期停滞（Secular Stagnation）にあると論じた（ハンセンの長期停滞論については，**Q25**を参照されたい）。

サマーズの長期停滞論は以下のように要約できる。第1に，大不況後の実質GDP実績と潜在成長率とのギャップがある（**図表**の①部分）。さらに，大不況後の需要低下が設備投資と労働供給の減少をもたらし，潜在成長率が低下している（**図表**の②部分）。こうして需給ギャップが恒常化し，かつその要因は需要不足にあるという。

第2に，サマーズは，こうした需給ギャップは大不況以前から始まっていたという。すなわち，2000年代の経済成長は，住宅価格上昇や過剰な家計債務によって支えられた金融バブルの資産効果によってかさ上げされた架空の需要であった。

サマーズは，こうした長期停滞が金融政策フル稼働の下で生じている以

図表 アメリカのGDP実績と潜在GDP：2007-2017年

(10億ドル)

- ---- 実績値
- ── 潜在GDP（2007年推計）
- ── 潜在GDP（2013年推計）

出所：Summers (2014).

上，経済成長には大胆な財政政策が不可欠であると主張した。

サマーズ，バーナンキ論争

　これに対して，前FRB議長のベン・バーナンキは大不況後の需給ギャップが景気回復に向けた循環的，一時的なものであり，仮に構造的な変化があるとしてもそれはドイツ，中国等の黒字国の貯蓄過剰が原因だとした。サマーズとバーナンキの論争は，大不況後のアメリカ経済のパフォーマンス評価のみならず，大不況後の量的緩和政策や2011年以降の緊縮財政の妥当性の評価に及ぶ。

供給サイドからの議論

　大不況後の低成長を需要サイドから論じるサマーズの議論に対して，問題は供給サイドにあるとの批判もある。第1は，ロバート・ゴードンらによる長期的生産性低下論である。ゴードンは，19世紀後半から1960年代までにもたらされた幾多のイノベーションが生産・生活様式の大変革を通じて高い潜在成長率に結実したのに比して，今日のIT等による生産性上昇率は低く，これが低成長の要因であるとした。これに対して，MITの研究グループは，逆にIT等今日の生産性の急速すぎる上昇が，格差拡大と経済停滞をもたらしているという。

　世界金融危機，大不況から早くも10年が経ち，アメリカ経済は比較的良好なパフォーマンスを示しているものの，その持続可能性には疑義も多い。サマーズの長期停滞論を巡る論争は，今日のアメリカ経済の実態とマクロ経済政策のあり方を考えるうえで依然重要な論点となっている。

参考文献 Lawrence H. Summers (2014) "U.S. Economic Prospects: Secular Stagnation, Hysteresis, and the Zero Lower Bound," National Association for Business Economics, *Business Economics*, Vol.49 No.2, Oct. pp.65-73.
Coen Teulings and Richard Baldwin (eds.) (2014) *Secular Stagnation: Facts, Causes and Cures*, CEPR Press.

（河音）

Q85 政策

テイラー・ルールとは何か？
〈政策金利水準ルール〉

テイラー・ルールとは何か？

ジョン・テイラー教授（スタンフォード大）が，経済安定化に望ましい金融政策の運営手法として提唱したもの。金融政策は，伝統的に短期金利を調整することで，運営されてきた。景気やインフレ率が高まり過ぎると，短期金利を引き上げて引き締める。逆に，景気やインフレ率が低下し過ぎると，短期金利を引き下げて緩和する。原則はシンプルだが，実際の調整は相当に難しいものであり，どの中央銀行もしばしば失敗して批判を浴びてきた。

テイラー教授は次式で表されるようなシンプルな政策反応を推薦した。

政策短期金利（％）＝（自然（実質）利子率（％）＋インフレ率（％））
　　　　＋0.5×（インフレ率（％）－インフレ目標（％））＋0.5×GDPギャップ（％）

右辺の第1の要素である景気に中立的な利子率を中心として，短期金利を調整する。第2要素であるインフレ率の目標からの乖離と，第3要素であるGDPギャップ（実質GDPの潜在GDPからの乖離率）に基づいて，それぞれの半分だけ政策金利を調整すればよいというのである。

テイラー・ルールにどんな利点があるのか？

経済政策に関する主要な論争点の1つに，政策運営を裁量的に行うべきか，安定した政策パターン（ルール）に基づいて行うべきかというポイントがある。裁量的な政策運営とは，当面の状況に応じて最適な政策を実施することであり，それでよいと考えられるかもしれない。現実の政策運営は年々続けられていくものなのでもう一段の吟味が必要である。例えば，1回限りの借金なら返済しないことが金銭的にプラスだろうが，将来また借りる可能性があるのなら返済しておかないと困るだろう。

金融政策においても短期的な最適化が長期的なマイナスをもたらすことがある。1960年代半ばのアメリカ経済ではインフレ率が2％程度で安定しており，期待インフレ率も安定していた。しかし，拡張的な経済政策の結果，好景気となったがインフレ率も上昇した。対応して期待インフレ率も上昇し，フィリップス曲線が上方シフトしてしまった。その後でインフレを鎮静化するには，高い失業率を甘受しなければならなかった。インフレ期待が低位に安定している状況では，裁量的に緩和政策を実施することで低失業率というメリットを一時的に得ることができたが，長期的には高いインフレ率や高い失業率というコストを払わねばならなかったのである。

　ルールか裁量かという論争に関して，最近のマクロ経済学ではルール型の政策運営への支持がさらに強まっている。主流派モデルでは多期間の動学的な分析が実施されており，金融・財政政策の予想された将来経路が現在の均衡点を左右する。そうした分析で裁量的な政策運営を行うと，その後の政策の将来経路に関する予想次第で政策効果が大きく異なってしまう。政策効果が不確実な政策運営なのである。現実の金融政策運営においても，インフレ目標制度のように将来の政策経路に関して積極的に情報発信するようになってきた。

他の政策ルールもあるのか？

　貨幣量の調整ルールも提案されている。また，外為レートも考慮したり，金利調整を緩やかにしたり，あるいは民間金融機関向けのリスクプレミアムを追加したりと，テイラー・ルールのさまざまな修正版も提案されている。

　もともと，テイラー教授は，中規模のアメリカ経済モデルを用いたシミュレーションで，テイラー・ルールのパフォーマンスが良好であることを示した。また，1990年代の好調なアメリカ経済を支えたグリーンスパン連邦準備理事会議長の政策運営が，ほぼテイラー・ルールに沿っていたことも確認されている。テイラー・ルールに関する評価としては，分かりやすい上に，ベストではないが，かなり良い政策ルールであるというところであろう。

参考文献　アラン・S. ブラインダー著，鈴木英明訳（2008）『中央銀行の「静かなる革命」―金融政策が直面する3つの課題』日本経済新聞出版社。

(地主)

Q86 政策

「出口」政策とは何か？

〈出口問題〉

　リーマン・ショック後のゼロ金利政策下で展開されてきた「量的緩和」政策は，本来の「伝統的」な金融政策に対して，あくまで「非伝統的」な，非常時の政策であり，いずれは本来の姿に「正常化」しなければならない（→**Q83**参照）。こうした正常化のプロセスを「出口」戦略，または「出口」政策という。

　しかし，**図表**に示したとおり，数次にわたる「量的緩和」政策の下で，FRBの保有資産規模は急速に拡大し，モーゲージ担保証券（MBS）および国債市場におけるFRBの保有シェアはかつてなく大きくなっている。FRBが保有縮小に転じれば，それが市場に及ぼす影響は大きく，また，FRBの「量的緩和」政策は，低金利とドル安を誘導し，世界的な株高と新興国への資金流入を促す条件となってきた。それゆえ，性急な「出口」の追求は，こうした資金の流れの急速な反転をもたらしかねない。そこで，FRBは市場の反応を見極めつつ，次のように段階的な「出口」政策を実行してきた。

　その第1段階は，QEの終了に向けた「テーパリング」である。2012年9月に開始されたQE3では，MBSを毎月400億ドル，長期国債を毎月450億ドルのペースで購入し続けていたが，2013年12月からはその購入額が段階的に縮小され，2014年10月をもって追加購入は終了された。ただし，その後も満期時の償還分を再投資する措置がとられたため，FRBの保有資産額は約4.5兆ドルで維持される状態が続いた。第2段階は，金利の引き上げである。2015年12月，事実上ゼロ％に据え置かれてきたFFレートの誘導目標が引き上げられ，その後段階的な引き上げが実施されてきている。そして第3段階が資産残高自体の縮小である。まず2017年10月からの3カ月間に，月々の再投資額がMBS40億ドル，国債60億ドルの計100億ドル減額された。その後3カ月ごとに再投資額が100億ドルずつ減らされ，2018年10月以降は500億ドルに固定して減額を進める計画

図表　FRBの保有資産とFFレートの推移

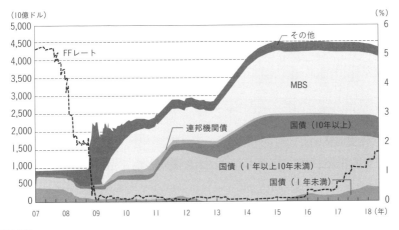

出所：FRR

となっている。

　しかしながら，このような「出口」政策が今後どの程度順調に進行するのか，その見通しは不透明である。現時点では市場に大きな混乱は生じていないものの，FRBの「量的緩和」から「出口」への本格的な移行に加え，トランプ政権の大規模減税に伴う国債の大量発行と，国際的な資源価格の高騰を背景にインフレ圧力が強まっており，長期金利は着実に上昇しつつある。その結果，ドル高と新興国通貨安によって新興国からの資金流出が生じるなど，世界経済の不安定要素が拡大している。もし今後，想定以上にドル高と長期金利の上昇が進めば，FRBによる資産規模の縮小ペースも修正を余儀なくされよう。それゆえ，今後資産規模の縮小が進むとしても，金融危機以前の水準（約9,000億ドル）に戻ることはなく，はるかに高い規模で残高が維持されるとの見方は多い。また，先進国の中央銀行が相次いで「出口」に向かえば，ますます新興国からの資金流出の流れが加速する可能性もある。それゆえ，「出口」への道のりは決して平坦ではなく，また仮に「出口」政策の終了が宣言されるとしても，それは金融危機以前の状態への単純な回帰とは異なるものとなるであろう。

参考文献　小林正宏（2018）「FRBの出口戦略と日本への影響」『住宅金融』No.45。

（豊福）

Q87 政策

オバマケアの行方は？

〈オバマケア改革〉

オバマケアとは何か

2009年1月に大統領に就任したオバマ政権の下で、翌2010年3月に医療保障改革法（Patient Protection and Affordable Care Act of 2010 [P.L.111-152]）とその一部を修正する条項を含む調整法が成立した。これらの法に基づく一連の医療保障改革が「オバマケア」と呼ばれる。

主な内容としては、第1に、医療保険加入が義務化され、未加入者には罰則金が科せられることとなった（一部例外あり）。第2に、雇用主に対しては、被用者やその家族等に対する保険提供義務や保険料拠出義務は課されなかったが、一定規模以上の雇用主に対して、被用者らが医療保険取引所を通じて保険加入している場合には、所定の罰則金を雇用主に科すことなどが規定された。

貧困・低所得層に対する保険加入可能性と保険料負担可能性を高めるため、第3に、子どもとその親、妊婦、扶養家族のいない成人を対象とした医療扶助の適用条件を寛大化した。第4に、新たに民間医療保険への加入を支援する医療保険取引所を創設し、同取引所を通じて保険加入する場合、一定の所得以下の者を対象に、保険料補助や医療機関受診の際の「窓口負担」への補助を行うこととした。第5に、保険会社に対しては、消費者保護の観点から、新規契約加入保証、契約更新保証等、加入資格に関する規制強化などを行った。

オバマケアの成果

2000年代に入って無保険者は増加の一途をたどり、2010年の非高齢者の無保険者数は約4,995万人、無保険率は16.3％に達していた。2014年の諸規定施行後、無保険者数、無保険率ともに劇的に改善し、2016年には無保険者数は約2,805万人、無保険率は8.8％となった（センサス局）。特に、これまで相対的に無保

険率の高かった19歳から25歳の無保険率は，2013年から2016年の間で，22.6％から13.1％に，9.5％も改善した。また，医療扶助の適用条件寛大化により，同期間に連邦貧困基準100％未満の貧困層（65歳未満）で8.6％（24.9％→16.3％），100〜199％の準貧困層（65歳未満）で8.3％（20.9％→12.6％）も減少した。そして，2017年3月時点で，約1,033万人が医療保険取引所を通じて医療保険に加入し，うち84％が保険料補助を受けている（連邦保健福祉省）。

トランプ政権後の医療保障改革の動向

　オバマケアの撤廃を掲げて当選したトランプ大統領であるが，民主党はオバマケア堅持で結束し，共和党は党内対立や一部造反により，2017年7月にはオバマケア撤廃・代替法案（共和党法案）が上院で否決され，9月末には完全廃案となった。ただ，トランプ大統領は，オバマケアに関わるさまざまな大統領令を連発している。例えば2017年10月には，医療保険取引所に保険プランを提供する保険会社への補助金の支給を停止するとの大統領令を出した。この補助金は，保険加入者の「窓口負担」補助の償還を目的としたものであり，支給が停止されれば，そのコストを埋めるために保険料が高騰すると考えられる。

　2017年12月に成立した税制改革法では，医療保険未加入者への罰則金を撤廃し，実質的に個人への医療保険加入義務を廃止した。議会予算局は，個人への加入義務撤廃により，2018年からの今後10年間で，財政赤字が約3,380億ドル減少する一方，無保険者が1,300万人増加すると予測した（2017年11月）。個人への加入義務の実質的な撤廃は，現時点において医療保険を必要としない層が無保険となる可能性があるが，他方で，消費者保護のための諸規定や医療扶助拡充は継続するため，医療保険を必要とする層は加入を継続すると考えられる。医療保障改革法は，医療費そのものを抑制する策を持たないため，今後保険料の高騰とそれに伴う保険料負担可能性の低下が懸念される。

参考文献
　長谷川千春（2010）『アメリカの医療保障―グローバル化と企業保障のゆくえ』昭和堂。
　長谷川千春（2012）「オバマ医療保険改革―無保険者問題の地域性と分権的な無保険者対策」渋谷博史・根岸毅宏編『アメリカの分権と民間活用』日本経済評論社，203-231頁。

（長谷川）

Q88 政策

退職後所得保障に問題はないのか？

〈年金〉

年金システムによる退職後所得保障

アメリカの年金システムは，1階部分として低所得者を含む幅広い階層に基礎的な年金給付を提供する公的な社会保障年金と，2階部分として企業年金等の雇用主提供年金からなる。退職後所得保障としては，社会保障年金が現役時稼得のおよそ4割程度の給付水準で，低所得者に相対的に有利となるよう傾斜がかけられ，他方で中流層以上の稼得水準は4割よりもさらに低い。そのため，中流層以上の稼得層には，個人貯蓄や雇用主提供年金も重要となっている。

社会保障年金の課題

社会保障年金における課題は，財政問題である。社会保障年金は，連邦政府により管理運営されているが，1990年代以降，その財政健全化が大きな政策課題となった。歴代政権においてもさまざまな改革案が提示されたが，いずれも実現せず，社会保障年金の財政状況はより一層悪化した。社会保障年金の信託基金が発表する推計では，G.W.ブッシュ政権時の2004年には，75年間の赤字は社会保障税率に換算して1.89％，積立基金の枯渇年は2042年と予測されていた。しかし，オバマ政権時の2010年には，同1.92％，枯渇年は2037年，2015年には，同2.68％，枯渇年は2034年に前倒しされた。2015年推計では，資金枯渇後は，予定年金給付から21％の給付削減が必要とされたが，抜本的・包括的な改革はなされていないのが現状である。

雇用主提供年金の課題

第1に，企業年金へのアクセスは非常に限定されている。強制加入である社会保障年金に対し，雇用主提供年金は，雇用主による任意により，あるいは労

使間での合意に基づき設立されてきた。その結果、雇用主提供年金は、大企業や金融機関の被用者や労働組合員、公務員など、限られた労働者が加入する制度となった。企業年金の加入は、民間被用者の40〜45％程度の水準で推移している。小規模企業の被用者や非正規労働者、低所得者は、企業年金に加入する機会がそもそも限られており、年金被提供率は2，3割程度である。

　第2に、企業年金による退職後所得保障の水準は非常にばらつきがある。勤続30年で退職前所得の30％という数値は、あくまでモデルケースであり、実際には企業年金の算定式は多様である。確定給付型の年金プランの場合は、転職を繰り返すことでもらえる年金額は低下する。今日中心的なプランである401（k）プランなど貯蓄プランの場合、被用者の加入期間、拠出の程度、運用のあり方やその運用成績も多様である。稼得額の低い低所得者の場合、企業年金を提供されても十分に拠出できず、拠出期間の短さや運用成績も低い傾向にある。その結果、退職直前となっても十分な資産形成が行えていない、というのが現状である。50歳代の401（k）プラン加入者の資産残高の中央値は、賃金が10万ドルを超えている場合42万852ドルであるが、2万ドル〜8万ドルの場合17万4,458ドル、2万ドル〜4万ドルの場合7万8,077ドルに過ぎない。

　第3に、金融商品としての不安定性、不透明性である。確定拠出型の貯蓄プランに加入し、勤勉に拠出して積み立てていたとしても、株価の暴落などに直面すれば、退職後の資産は大きく目減りする。実際、株式市場が大きく低迷した1999年から2002年の間に、401（k）プランの資産残高は平均値で5万5,502ドルから3万9,885ドルへ28.1％減少した。また、サブプライムローン危機が発生した2007年から2008年の間には、6万5,454ドルから4万5,519ドルへ30.5％減少しており、退職時期における景気動向に大きく左右されるリスクがある。

参考文献　吉田健三（2016）「年金政策―公的年金の調整案と貯蓄支援の革新案」河音琢郎・藤木剛康編著『オバマ政権の経済政策―リベラリズムとアメリカ再生のゆくえ』ミネルヴァ書房．
　　　　　Investment Company Institute (ICI) (2017), "401(k) Plan Asset Allocation, Account Balances, and Loan Activity in 2015", *ICI Research Perspective*, Vol.23, No.6.

（長谷川）

Q89 政策

トランプ減税とは何か？
〈トランプ減税〉

　2017年12月，連邦議会両院は減税・雇用法（Tax Cuts and Jobs Act of 2017，以下，TCJA）を採択。トランプ大統領の署名を経て成立を見た。その内容は，個人所得税率の一律引き下げ（2025年までの時限立法），パススルー事業体への減税，オバマケア未加入者への罰則金の撤廃など，個人所得課税をも含めた広範囲に及ぶ。しかし，その最大の眼目は，法人税率の大幅引き下げとグローバル企業に対する国際課税ルールの変更という，企業課税，国際課税改革にある。

TCJAの企業課税，国際課税改革

　企業課税における最大の改革は法人税率の大幅引き下げである。アメリカの法定法人税率はレーガン政権期の1986年税制改革法以来長きにわたって35％に据え置かれてきた。その間他の先進諸国は「底辺への競争」とも呼ばれる法人税率引き下げを繰り返してきた。この結果生み出されている法人税制上のアメリカ国内企業の競争劣位を逆転させるとの意図から，TCJAは法人税率を21％にまで大幅に引き下げた。TCJAが1986年税制改革法以来の大規模税制改革と称されるゆえんである。

　国際課税面における改革の主たる内容は，全世界所得課税から領域主義課税への国際課税原則の転換である。これまでアメリカ連邦政府は，アメリカ企業の在外子会社が海外で稼いだ所得に対しても課税権を有するという全世界所得課税の立場をとってきた。それゆえ，アメリカのグローバル企業は在外子会社に所得を移転，留保することでアメリカ当局の課税を回避するという行動をとり，逆にこうしたグローバル企業の海外への所得移転，留保に対してアメリカ政府が国際課税を強化するという「いたちごっこ」が続いてきた。TCJAは，

全世界所得課税の立場を放棄し，課税対象を国内源泉所得に限るという領域主義課税へとその立場を転換させた。この結果，海外で稼いだ所得が課税対象から外されることとなり，海外子会社からアメリカ本国への配当の還流が進み，アメリカの投資促進につながるものと期待されている。

さらに，TCJAでは海外留保所得のみならず，知的財産権をはじめとした無体財産の国内還流をも促す措置が盛り込まれている。領域主義課税への転換に伴う国際的租税回避行動を防止するための措置として，海外に置かれた知的財産等の無形資産に対して課税を強化したり（Global Intangible Low Tax Income, GILTI），他方で国内所在の無形資産から派生する海外所得に対しては軽課したり（Foreign-Derived Intangible Income, FDII）という，国際課税ルールがその代表例である。すなわち，知的財産権をはじめとした無形資産から派生する所得については別ルールで差別化し，全世界所得課税を適用しつつ，他の所得より軽課することで知財の国内還流を促している。

TCJAの含意と展望

このように見てくると，TCJAの含意は，EUをはじめとした他の先進諸国において先行してきた法人税率の引き下げ，パテント・ボックスによる知的財産権の囲い込みといった租税競争にアメリカが本格的に参入し，グローバル企業の所得とその主たる源泉として台頭している無形資産をアメリカ本国に還流させ，アメリカ経済の投資促進を図る点にある。しかし，こうした立法当局者の描いたシナリオ通りにグローバル企業が行動するのかどうかについては疑義も多い。さらに，歳入中立を原則として実施された1986年税制改革法とは異なり，TCJAは最低でも向こう10年間で1.5兆ドルの財源不足をもたらすとされており，TCJAがもたらす財政赤字拡大にも注視する必要がある。

参考文献　河音琢郎（2019）「トランプ政権の減税政策―大規模税制改革のねらいと影響」『経済』1月号，57-67頁。
Kyle Pomerleau (2018) "A Hybrid Approach: The Treatment of Foreign Profits under the Tax Cuts and Jobs Act," Tax Foundation, *Fiscal Facts*, No.586, May.

（河音）

Q90 なぜ予算交渉は難航するのか？

政策

〈財政の崖〉

マスト・パスとしての予算立法

　他の立法とは異なり，予算関連の立法は決められた期限内に必ず成立させなければならない。この意味で予算立法は「マスト・パス」法である。しかし，近年のイデオロギー的分極化が進むアメリカ政治では，予算問題は党派間対立の最も激しい政策領域の1つであり，それゆえ予算編成の滞りが常態となっている。さらに，各政党やその諸分派は，予算のマスト・パス的性格を政治的に活用し，自らの政策を強制的に押し通すための瀬戸際政治を展開している。こうしたことが近年の予算交渉のデッドロック状況の基本的背景である。

政府機関閉鎖と債務上限問題

　予算難航の第1の事例は歳出予算法制定の困難である。歳出予算法は会計年度が始まる10月には制定されなければならないが，近年期限内に歳出予算法が制定されたことはない。この場合，前年度を踏襲した暫定予算でしのぐことになるが，暫定予算すら制定できない場合，予算執行がかなわず，連邦政府機関の閉鎖となる。2013年には，オバマケアの施行実施阻止を求めて共和党保守派が暫定予算の策定に抵抗した結果，約3週間連邦政府機関が閉鎖された。また，2018年末から2019年初頭にかけて，トランプ・ウォール建設を求めるトランプ大統領と議会民主党が対立し，史上最長となる35日間の政府機関閉鎖がもたらされた。

　第2の事例は，政府債務上限法を巡る瀬戸際政治である。1917年自由公債法以来，連邦政府の債務上限額は議会が制定することとされており，この法定上限額を超えた国債の発行は認められていない。2011年，議会共和党指導部は，債務上限法を人質として，大規模な支出削減予算の策定をオバマ政権，民主党

に迫り，債務不履行を回避するための予算交渉は難航を極めた。これ以降も公債残高が法定上限額に近づくにつれ，債務上限法を人質とした瀬戸際政治が程度の差はあれ繰り返されている。

ブッシュ減税の時限失効と「財政の崖」

　予算のマスト・パス的性格は歳出予算法や債務上限法に限られない。租税関連の諸規定は恒久法ではなく時限立法となっているケースも多く，その失効か延長かを巡る立法措置もまた瀬戸際政治の対象となる。その最たる事例がブッシュ減税失効の是非を巡って争われた「財政の崖（fiscal cliff）」である。

　G.W.ブッシュ政権期に制定された大規模減税は全て，2010年末までの時限立法であった。オバマ政権は2010年中間選挙での大敗を受け，ブッシュ減税を2年間延長することで議会共和党と妥協したが，2年後の2012年に再びブッシュ減税の期限切れ失効への対応を迫られた。もしこれを放置すれば，ブッシュ減税の諸規程全てが失効し，実質的な大増税となり，アメリカ経済に甚大な影響を及ぼすことから，「財政の崖」と呼ばれた。

　「財政の崖」への対応を巡って，共和党はブッシュ減税の諸規定全ての恒久化を主張したのに対して，オバマ政権と民主党は富裕層向けの最高税率とキャピタルゲイン・配当税率に関するブッシュ減税の失効を主張し，両者の対立の溝は埋まらなかった。2012年の大統領選挙でオバマの再選が確定した段階でようやく「財政の崖」対応の交渉が始まったものの，オバマ政権，議会共和党指導部双方が自身の主張に固執して交渉は難航し，期限1日前にようやく妥協案が成立し，「財政の崖」はかろうじて回避された。

　以上のように，予算を巡る党派間対立の激化という政治状況を前提として，予算のマスト・パス的性格が両党，各派による瀬戸際政治に活用され，予算交渉が難航するという事態は，今日の連邦予算政治の大きな特徴となっている。

参考文献　　河音琢郎（2016）「財政政策―『決められない政治』とその場しのぎの予算編成」河音琢郎・藤木剛康編著『オバマ政権の経済政策―リベラリズムとアメリカ再生のゆくえ』ミネルヴァ書房，第3章，81-109頁。
　　　　　　　ボブ・ウッドワード著，伏見威蕃訳（2013）『政治の代償』日本経済新聞出版社。

（河音）

Q91 政策

ウォール街改革法の行方は？

〈ドッド・フランク法〉

　リーマン・ブラザーズの破綻に端を発した金融危機は，証券，保険，ノンバンクといった，従来比較的緩やかな規制の下に置かれてきた部門が危機の震源となったこと，また，部門間相互の連関の強まりにより，ある部門や金融機関の問題が金融システム全体に波及するシステミック・リスクの問題を浮き彫りにしたことで，従来のアメリカの金融規制・監督のあり方に根本的な見直しを迫ることになった。このため，金融危機の渦中に誕生したオバマ政権は，金融規制改革をその公約に掲げ，同政権の主導の下，2010年7月21日に「ウォール街改革・消費者保護法」，通称「ドッド・フランク法（以下，DF法）」が成立した。DF法の内容は多岐にわたるが，その要点は次のとおりである。

　第1に，システミック・リスクを防止・軽減するための監督・規制体制の整備である。まず，財務長官や連邦監督諸機関の合議体として，金融安定監督協議会（FSOC）が新設され，その中核としてFRBの権限が強化された。また，新たに「システム上重要な金融機関（SIFIs）」という概念が導入され，連結総資産が500億ドル以上の銀行持株会社を全てSIFIsに指定するとともに，ノンバンク金融会社についても，必要に応じてSIFIsに指定する権限をFSOCに付与した。さらに，システミック・リスクの監視のため，FRBがSIFIsに対して定期的にストレステスト（健全性検査）を実施することになった。第2に，金融危機拡大の一因とされた店頭デリバティブ市場に対する規制や，ヘッジファンド・マネージャーのSECへの登録などが規定された。第3に，銀行持株会社など預金保険加入の金融機関に対し，自己利益のための自己勘定取引や，ヘッジファンドやプライベートエクイティ・ファンドへの投資および保有を禁止する，いわゆる「ボルカー・ルール」が導入された。第4に，サブプライムローンのような高リスク商品が，専門的知識の乏しい消費者に大量に貸し付けられたこ

となどへの反省から，FRB内に消費者金融保護局（CFPB）が新設された。

　以上のように，DF法はそれまで市場規律に委ねられてきた領域の多くを連邦政府の規制・監督下に置くとともに，システミック・リスクの防止のため，マクロ・プルーデンス（金融システム全体の信用秩序維持）という観点から新たな監督・規制体制を構築した点に特徴がある。しかし，DF法には成立当初からさまざまな批判がつきまとった。とりわけ，FSOCによるSIFIsの指定や，FRBによるストレステストのあり方に対しては，金融機関に対して過度なコスト負担や業務の制約をもたらしているとの批判が次第に強まり，連邦議会ではDF法の修正法案が超党派で提出されるケースも目立つようになってきた。

　こうした流れを受けて，2018年5月24日，オバマ政権から交替したトランプ政権の下で，DF法の一部改正を伴う「経済成長，規制緩和，消費者保護法」が成立した。特にDF法に関わる内容としては，第1に，マクロ・プルーデンス規制の対象となる銀行持株会社の規模が，従前の連結総資産500億ドルから2,500億ドルに引き上げられた。第2に，連結総資産100億ドル未満で，かつ総トレーディング資産・負債が総資産の5％以下である中小金融機関については，ボルカー・ルールの適用が免除されることとなった。総じて，中小金融機関に対する規制を緩和することで，地域企業への貸出を増加させ，アメリカ経済の活性化を図ることが同法の目的とされている。

　もっとも，同法がトランプ政権の主導の下で成立したかといえば，必ずしもそうではない。同法が超党派の賛成を得て可決されたことに示されているように，DF法を一部改正しつつも，その大枠には手をつけない同法の内容は，共和・民主両党にとって合意しやすい内容であったといえる。トランプ大統領は，金融監督機関のトップを軒並み規制緩和派の人材に入れ替えるなど，この間一定のパフォーマンスを示してきた。しかし，DF法の何を問題とし，具体的にどのように変えようとしているのかは定かではなく，目下のところ，その優先度は高くないように見える。今後もDF法の枠組みが維持されるのかどうか，金融制度改革を巡る議論の動向が注目されるところである。

参考文献　翁百合（2010）『金融危機とプルーデンス政策』日本経済新聞出版社。
　　　　　　若園智明（2015）『米国の金融規制改革』日本経済評論社。

（豊福）

Q92 [国際関係] アメリカがTPPに復帰する見込みはあるか？

〈自由貿易協定〉

メガFTAとは何か

　今日の世界における貿易自由化の原動力は各国が独自に進める自由貿易協定（FTA）交渉となっている。1990年代半ば以降，WTO加盟国全体で進める多角的自由化交渉が欧米諸国と中国やインドなどの新興大国との対立で停滞する一方で，各国は世界貿易におけるより有利な位置を占めるため，次々とFTA締結競争に参入した。さらに，2008年の世界金融危機後はアジア太平洋やアメリカとヨーロッパなど，地域をまたいだ多数の国々で深い統合を実現するメガFTAが注目を集めるようになった。

　これらメガFTAの中で最も先行していたのが，アメリカを中心とするアジア太平洋諸国が進めたTPPである。TPP交渉はアメリカ，オーストラリア，シンガポール，ニュージーランド，ベトナムなどアジア太平洋8カ国で2010年3月に開始され，その後，カナダ，メキシコ，日本など4カ国が参加し，2015年10月に妥結した。その特徴は，①物品とサービスを含む高水準の市場アクセス，②グローバル・サプライチェーンへの対応，③国有企業や労働・環境問題に関わる規制や制度の整備といった高度かつ広範な規定が含まれていることで，21世紀の貿易協定のモデルだとされた。

　当初，オバマ政権は高い水準の地域合意を形成するとして，中国の参加を期待する態度を示していた。しかし，2013年に中国が周辺国とのインフラ開発を進めて独自の地域秩序を構築する一帯一路構想を提起したため，TPPは中国との経済的勢力圏争いという政治外交上の目的を実現するための手段として活用されるようになった。オバマ政権は，中国のような閉鎖的経済システムを追求する国に21世紀の貿易ルールを書かせるわけにはいかないとして，中国との勢力圏争いという観点から連邦議会に対してTPPの批准を促した。

アメリカのTPPへの復帰はあるか

　2016年の大統領選挙ではTPPが重要な争点の1つとしてフレームアップされ，主要な大統領候補が軒並み反対の態度を打ち出す事態となった。とりわけ，新大統領となったトランプは，これまで進められてきた経済グローバル化こそがアメリカ人の所得を停滞させ，雇用を海外に流出させた元凶であり，今後はアメリカの経済的主権が重要であると主張した。TPPについてはアメリカ国民がコントロールできない国際委員会を生み出す協定であると非難し，これに代えて2国間での通商交渉を進めていくとし，就任直後に離脱した。

　その後，アメリカ以外の11カ国が再交渉を進め，2018年3月にTPP11をまとめる一方で，アメリカはNAFTAおよび米韓FTAの再交渉をまとめ，日本やEU，中国との2国間交渉を開始した。トランプはTPPへの復帰をにおわせる発言をすることもあるが，現時点では2国間交渉を有利に進めるためのカード以上の位置づけは与えられていないようである。

参考文献　藤木剛康（2017）『ポスト冷戦期アメリカの通商政策―自由貿易論と公正貿易論をめぐる対立』ミネルヴァ書房。
　　　　　　イアン・ブレマー，御立尚資（2015）『ジオエコノミクスの世紀―Gゼロ後の日本が生き残る道』日本経済新聞出版社。

（藤木）

Q93 アメリカはNAFTAを脱退するか？

〈NAFTA〉

[国際関係]

NAFTA再交渉の経緯

　北米自由貿易協定（NAFTA）とは，1994年に発効したアメリカとカナダ，メキシコ3国間での貿易と投資の自由化を目指した自由貿易協定である。先進国が途上国と締結した初めてのFTAであり，交渉の際，アメリカ企業が労働条件や環境基準の低いメキシコに工場を移転して雇用が大量に流出するという懸念が政治争点化し，それぞれの問題に対応するための補完協定が付け加えられた。発効後，3国間の貿易額は3倍以上に増加し，2016年のアメリカの輸出相手国としてカナダは1位，メキシコは2位，輸入相手国としてはそれぞれ2位と3位（1位は中国）を占めている。また，自動車産業を中心にサプライチェーンが域内で形成され，アメリカとカナダやメキシコとの貿易額のうち，自動車とその部品で20％以上を占める。カナダとメキシコにはアメリカ自動車市場への生産拠点として各国の企業が進出し，カナダは生産台数の8割，メキシコは6割をアメリカへ輸出している。その一方で，アメリカ国内では労働組合や環境団体を中心としたNAFTA反対論も根強く，オバマ前大統領もNAFTA再交渉を選挙公約としていた（大統領就任後に撤回）。

再交渉の目的と展望

　トランプは2016年の大統領選挙でNAFTAの再交渉を重要な選挙公約としていた。このためUSTRは2017年7月に再交渉の交渉目的を発表し，8月にカナダ・メキシコ両国との再交渉を開始した。発表された交渉目的では「貿易赤字の削減」が最初に挙げられたほか，デジタル貿易や国有企業，中小企業に関わる規定など，NAFTAを時代に合ったものに更新する「近代化」や貿易救済措置の緩和などの項目が列挙されていた。

これらの交渉項目のうちNAFTAの近代化に関わる論点は早期に合意が成立したが，2017年10月に開催された第4回会合において，アメリカが新たに厳しい要求を提起した結果，その後の交渉は停滞した。これらの要求には，第1に，5年ごとに協定を更新するサンセット条項がある。サンセット条項に対しては，貿易や投資の予測不可能性が大きくなるとしてカナダもメキシコも反対した。第2に，原産地規制の厳格化である。原産地規制とは，NAFTAの特恵関税の対象となる原産品と認められるための規制であり，例えば日本の自動車メーカーがカナダやメキシコに工場を建設し，域内で生産された部品を一定以上使えばアメリカに無税で輸出できる。アメリカは北米3カ国での現地調達率の引き上げだけではなく，アメリカ国内産比率という新基準を新たに導入し，国内への製造業の回帰を促そうとした。第3に，外国人投資家と投資受け入れ国との紛争解決手続き（ISDS）を選択制とし，アメリカ政府がカナダやメキシコの企業から訴えられた場合は国際仲裁機関の判決を受け入れないとした。第4に，アンチ・ダンピング関税，相殺関税，セーフガードなどの貿易救済措置の発動要件の緩和である。

　これらの要求に対しては，カナダ・メキシコ側だけではなくアメリカの産業界からも協定を死に至らしめる毒素条項として強い反発があった。しかし，アメリカはまずメキシコとの2国間交渉をまとめた上で，2018年9月にカナダとの合意にこぎつけ，新協定（USMCA）を成立させた。USMCAでは，第1に，原産地規制を強化し，メキシコやカナダからの自動車の対米輸出に数量制限が追加された。第2に，サンセット条項については期限を16年に延長した上で，6年ごとに見直しを行う内容となった。第3に，ISDSについてはカナダとの間では撤廃，メキシコについては要望のあった一部の業界について残された。さらに，輸出拡大のための為替操作を制限する為替条項，中国などの非市場経済国とのFTA締結を困難にする条項などが追加された。トランプ政権はUSMCAをひな型に日本やEUとの交渉を進める構えだが，その一方で，議会の批准を得られるのかどうか，事態はまだ予断を許さない。

> **参考文献**　みずほ総研（2018）「米国第一主義と通商問題～通商関連刊行物のコンピレーション」2018年4月25日。

（藤木）

Q94 トランプ政権による技術政策の変化とその意味合いは？

国際関係

〈技術政策〉

　「アメリカ第一主義」を掲げるトランプ政権は，技術政策の分野にも変化をもたらし始めている。2018年8月に成立した2019年度国防権限法には，外資による投資規制と輸出管理の強化，そしてサイバーセキュリティの強化が盛り込まれ，特に海外への技術流出に対しては，これを厳格に防止する方策を打ち出してきている。

危機対応型の技術政策

　この現状を理解するためには，アメリカの技術政策の歴史的な流れを見ておく必要がある。第2次大戦後までさかのぼると，当時のアメリカが抱えていた安全保障分野における最大の課題はソ連を中心とする東側陣営との冷戦であり，技術政策にもこれが反映された。アメリカは，ソ連の軍事力の脅威に対して，研究開発を強化して技術面の優位性を確立することに注力し，このために国防総省に多額の政府研究開発資金を投入し，軍事技術の開発を促した。このため，1955年には政府研究開発費の76％に当たる金額が，国防総省向けとなっている。さらには，1957年にソ連が人工衛星スプートニクの打ち上げに成功すると，宇宙分野の技術優位性が脅かされているとして，今度は宇宙分野に多額の研究開発費が投入された。1958年に創設されたNASA（連邦航空宇宙局）がこの受け皿になり，その研究開発費の比率は，1966年には全体の36％を占めるまでに急増した。その後の1970年代には，オイルショックに対応するために，エネルギー保存や代替エネルギーの開発に研究資金が投入され，新設されたエネルギー省の研究開発に占める比率が上昇した。また，2001年の9.11テロ事件の発生により，テロ対策がアメリカの緊急の課題となり，テロに対処できる技術開発のため多くの資金が新設された国土安全保障省に投入された。

このように，戦後の歴史を振り返ると，アメリカの技術政策が，直面する危機に対応する形で変化してきたことが分かる。すなわち，新たな危機が発生すると，新たな省庁が新設されるなどの制度の変化が起こり，多額の研究開発資金がそこに投入されてきたのである。このパターンは，省庁間の研究開発費の比率が安定的な日本とは大きく異なる特徴であり，アメリカでは，技術によりアメリカ社会が抱える問題を解決できるという，技術信奉にも近い考え方が存在している。経済成長のためには技術発展は必須であり，このための研究開発が行われてきたが，アメリカ社会が危機に直面したときには，危機の解決のためにも技術が活用されてきたのである。

中国の技術的台頭がもたらす危機

　冒頭で見たトランプ政権の技術政策の背景には，中国の技術的な台頭が存在する。すでに，中国への技術流出に対する政策が具体的に動き始め，研究開発費においても，2018年度の予算では国防総省の研究開発費が20%近くの増加をみている。中国への技術流出の懸念は1990年代の終わりにはすでに存在していたが，中国が経済的に急速に台頭することにより，問題の重要さが広く認識されるに至り，2007年にはブッシュ政権下で中国向けの輸出管理制度が技術の軍事転用を見据えて見直され，また，同年にはアメリカへの外国資本投資も規制強化されている。その後のオバマ政権では大きな変化は起こらなかったが，この趨勢的な変化が，トランプ政権の誕生により一気に顕在化したといえる。

　1980年代は，アメリカは日本との間で半導体などを巡る技術摩擦を経験したが，中国との技術摩擦がこれと比較して決定的に異なる点がある。これは，中国はアメリカの同盟国ではないという事実であり，このため，日米間で存在していた同盟という摩擦への歯止めは機能しない。トランプ政権の政策は，経済と安全保障問題を明確にリンクさせており，中国との間で技術流出や窃取が顕在化すると，これが米中関係全体を一気に悪化させる危機をはらんでいる。

参考文献　村山裕三（1996）『アメリカの経済安全保障戦略―軍事偏重からの転換と日米摩擦』PHP研究所。

（村山）

Q95 トランプ政権はなぜパリ協定離脱を表明したのか？

[国際関係]

〈温暖化ガス〉

パリ協定とは何か

　パリ協定は，2015年12月にパリにおけるCOP21（The 21st Conference of the Parties），つまり第21回気候変動枠組み条約締約国会合で採択され，2016年11月に発効した国際協定であり，2012年までを対象とした京都議定書にかわって，2020年以降の枠組みを定めたものである。

　1997年の京都議定書は先進国と途上国に2分法を採用し「共通だが差異のある責任」を原則とし，先進国だけが温室効果ガス削減の義務を負い，途上国には義務を求めなかった。それへの不満のためアメリカは京都議定書を離脱し，その後，京都議定書以降の枠組みが模索された。ようやく2015年のCOP21では「すべての締約国に適用される…合意」に至った。

　パリ協定の主な内容は，第1に，「産業革命以前に比べた平均気温上昇を2℃より十分低く保つとともに，1.5℃に抑える努力を追求すること」が確認され，「温室効果ガスのピークアウトを目指し」「今世紀後半に温室効果ガスの排出と吸収のバランスを図る」との長期目標が設定されたことである。

　第2に，京都議定書と異なり，全ての国が排出削減に参加するよう改めたことである。これがパリ条約の最大の特徴だが，全ての国がNationally Determinded Contribution（NDC，各国が決めた貢献）を策定・通報し，その進捗状況を報告し，レビューを受けるという「プレッジ＆レビュー（約束と評価）」が義務付けられた。COP21に先立って，アメリカは2025年までに2005年比でCO_2を26-28％削減するプランを提出していた。

　そして第3に，パリ条約では先進国は年間1,000億ドルの資金援助を2025年まで継続し，そのときまでに1,000億ドルを下限として新たな数値目標を定めるとしたことである。

トランプ陣営の環境エネルギー政策

　ところが，2016年春ごろから大統領選挙戦において，気候変動問題に懐疑的なトランプ氏が共和党の有力候補になりつつあった。当時，オバマ政権がパリ条約のため，上記のようなCO_2削減の比較的高い目標を掲げ，そのため石炭発電所を減らす「クリーン・パワー・プラン」を推進していた。トランプ氏はオバマ政権の環境政策に真っ向から反対し，その見直し・撤回を主張した。2017年1月，トランプ政権が発足し，同年3月には，「エネルギー独立・経済成長促進のための大統領令」が出された。それは環境保護庁の「クリーン・パワー・プラン」の撤回に加えて，オバマ政権時代の環境エネルギー関連の政策を撤回する，国内エネルギー資源開発に障害となる全省庁の規制を見直す，アメリカの石油・ガス生産に関わる諸規制を見直すことが主な内容となっている。

トランプ大統領のパリ協定離脱表明とその後

　トランプ政権内ではパリ協定残留を主張したグループもあったが，2017年6月1日，トランプ大統領はパリ協定離脱を表明した。パリ協定がアメリカ経済に悪影響を与え，アメリカに膨大な資金拠出を強いる，というのがその理由である。しかし，パリ協定は参加国が自ら削減目標を設定できるので，むしろ，支持層に対するアピールではないかという見方もあった。

　トランプ政権は石炭を復活させ，長距離パイプラインの建設を承認し化石燃料に有利な政策を推進している。石油・天然ガス生産が高揚し石炭が一定復活し，再生可能エネルギーの発展のスピードが落ちる可能性はある。しかし，2017年のCOP23（ドイツ）では欧州諸国はじめ多くの国が熱心にCO_2削減を追求し，また，アメリカの多くの州政府や自治体がパリ協定に「残留」し，温室効果ガスの排出削減を積極的に実施すると表明した点は，若干の希望になっている。

参考文献　有馬純（2017）『トランプ・リスク―米国第一主義と地球温暖化』エネルギーフォーラム。

（小林）

Q96 米中貿易戦争はどうなるのか？

〔国際関係〕

〈米中貿易摩擦〉

アメリカ対中政策の転換

ポスト冷戦期におけるアメリカの対中政策の基調は，中国をアメリカ主導のリベラルな国際秩序に統合し，中国の民主化と市場経済化を促すという関与政策だった。台湾問題や中国国内の人権問題，あるいは中国の対米輸出の増加による貿易摩擦問題など米中間にはさまざまな懸案が存在するが，そうした問題を適切に管理し，全体としては協調的な関係を維持することでアメリカの外交専門家の見解はおおむね一致していた。関与政策とは，軍事・安全保障，経済，人権などの広範な論点にまたがるアメリカ国内の多様な利害関心を緩やかにまとめるコンセンサスであったともいえよう。巨額の貿易不均衡をアメリカが許容してきた背景には，関与政策という合意の存在があった。

しかし今日，アメリカの対中政策は協調から対立へとその軸足を移している。2017年末に発表された国家安全保障戦略は，冷戦後のアメリカは自己満足に陥って中国の挑戦を看過し続けた結果，中国は国際秩序を巡る地政学的な競争相手に成長したとし，過去20年間の関与政策は失敗だったと結論づけている。したがって，国有企業に対する補助金，外国企業に対する技術移転の要求，知的所有権の侵害などの中国の重商主義政策を地政学的な脅威として警戒し，適切な対抗策を講じる必要があるという幅広い合意がアメリカの外交専門家の間に存在する。

対中通商交渉を巡る政策対立

一方，トランプ政権は対中貿易赤字や中国への製造業の「流出」を問題視し，それらの是正を最優先の政策課題としてきた。例えば，政権の政策アドバイザーであるナヴァロは，中国への経済的依存を軽減して中国の経済成長と軍拡

資金調達能力を抑制しつつ，アメリカ国内の製造業を強化して対中優位を確立し，「力による平和」を中国に受け入れさせるべきだと主張している。したがって，中国の脅威に対して同盟国や友好国と連携して対処し，リベラルな国際秩序を擁護すべきだとする外交政策コミュニティとは大きな隔たりが存在する。トランプ政権の対中通商政策を主導する経済的ナショナリストは，貿易赤字の削減や製造業雇用の拡大を優先し，WTOのルールに縛られない2国間アプローチを選好する。さらに，機会主義的な「取引」を好むトランプの交渉スタイルもあり，今後の米中経済摩擦の展開は予測が難しくなっている。

　これまでトランプ政権は，通商法に基づいて次のような措置を進めてきた。①通商法第201条による大型洗濯機と太陽電池に対するセーフガード，②通商法第232条による鉄鋼・アルミに対する追加関税，③通商法第301条による中国の知的財産権侵害に対する制裁リストの発表などである。とりわけ③は中国を対象に1,300品目，500億ドル相当もの輸入品に対して25％の追加関税を課すという措置であり，中国も即座に同規模の対抗措置を発表した。

　今後は双方が制裁措置を示しつつ，2国間交渉を通じた合意の形成を図ることになる。しかし，妥協の成立は容易なことではなかろう。そもそも，トランプ政権内部ですら，貿易赤字の削減を優先して早期の合意形成を目指すのか，重商主義政策の是正までをも要求するのかで優先順位が定まっていない。本格的な貿易戦争は双方にとってあまりに犠牲が大きく引き合わないが，交渉の落としどころも見つからず，影響が限定的な制裁措置を双方が小出しに実行していく小競り合いの状況が続くものと思われる。

参考文献　ピーター・ナヴァロ著，赤根洋子訳（2016）『米中もし戦わば―戦争の地政学』文藝春秋。

（藤木）

Q97 今後の国際分業関係はどのように再編されていくのか？

国際関係

〈国際分業〉

　アメリカの貿易収支が，年単位で見て戦後初めて赤字に転落したのは1971年のことである（この年，経常収支も赤字に転落した）。以後，ほぼ一貫してアメリカ経済は貿易赤字を出し続けることになるが，その大きな原因の1つはアメリカ企業の海外進出にある。アメリカ企業の多国籍化は1950年代から始まり，1960年代にはヨーロッパを含めた先進国にさかんに進出することで，フランスなど一部の国ではアメリカ多国籍企業に対する恐怖感情も大きくなった。

新国際分業とグローバル価値連鎖

　途上国に進出したアメリカ企業は，安価な労働力を活用して製品を組み立て，本国に逆輸入する動きを強めた。その結果として生じたのは，途上国（農業国）が先進国（工業国）に一次産品を輸出しそこから工業製品を輸入するといった伝統的な農工間分業ではなく，同一産業内の工程を細かく各国に割り当て，複雑なサプライチェーンを構築する同一産業内の水平分業である。これが実現したのは，①無尽蔵の労働力の貯水池が発展途上国に生まれたこと，②生産工程の分割と細分化が可能になったこと，③運輸・通信技術が発達し世界のどの地域からも生産された財を輸送することが可能になったこと，である。これを伝統的な国際分業と対比して「新国際分業」と呼ぶこともある。この3つの条件のうち，特に②については1990年代に「モジュール化」と呼ばれる製品設計仕様の共通化によって飛躍的に発展した。このため，従来に増して生産工程の細分化が進行している。これは，グローバルな次元で生じているため，一般に「グローバル価値連鎖（Global Value Chains：GVC）」と呼ばれている。このことを世界的に普及しているアップルのiPodを例にして解説してみよう。

　iPodのようなデバイスは，日本，韓国，台湾など各国・各地域の複数の企業

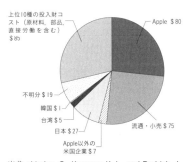

図表 iPodの小売価格（＄299）の内訳

出典：Linden, G., Kraemer, K. L., and Dedrick, J. (2009) "Who Captures Value in a Global Innovation Network? The Case of Apple's iPod," *Communications of the ACM*, 52 (3), March, p. 143.

の部品が利用されているだけでなく，組み立ても台湾企業が担っている。アップルが担当するのは基本的に「設計とデザインだけ」である。**図表**によれば，2005年10月発売の30GBビデオモデルのiPodの小売価格は299ドルだったが，そのうち実際に部品を提供したり組み立てを担っている日韓台企業の取り分はわずか33ドルだった（約11％）。部品の製造はおろか，組み立てもしていないアップルの取り分は80ドルである（約27％）。

このように，生産工程が細分化され，直接の資本所有関係もない企業が個々の工程に参加しているGVCの実態は「平等」ではない。GVCを編成する一部の巨大企業——多くの場合，アメリカのブランド企業——が利益の大半を獲得するだけでなく，ネットワークを「統治」する力も持っていることになる。

グローバル価値連鎖の統治

ところで，このような産業における付加価値獲得の手段として，物理的な資産の所有よりも「無形資産」の所有の重要性が増大している。この無形資産に該当するのは技術情報だけではない。「ビジネスを構築する能力」や企業と企業の「相互関係をもたらすビジネスアーキテクチャ」あるいは「コア・コンピタンスの確保」といった，「ビジネスモデルと呼ばれる無形資産が重要」になっている。こうした資産の所有者は超過利潤を得ることができる。

多くのケースでアメリカの多国籍企業はGVCの統治と編成を司る立場にあるが，それは貿易収支や経常収支といったアメリカのマクロ経済パフォーマンスとは相対的に無関係である。そのため，こうした国際分業の発展は，現在生じている米中貿易摩擦のような政治的コンフリクトに発展する一因になる。

参考文献 石田修（2011）『グローバリゼーションと貿易構造』文眞堂。
田中祐二（1996）『新国際分業と自動車多国籍企業—発展の矛盾』新評論。

（森原）

Q98 〔国際関係〕
グローバル・インバランスは どう調整されていくのか？
〈国際収支不均衡〉

グローバル・インバランス

　アメリカは，著しいドル下落を伴うことなく膨大な経常収支赤字（グローバル・インバランス）を維持することが可能なのだろうか？　経済史家バリー・アイケングリーンは，以下のような懸念を示している。第1に，ブレトン・ウッズ体制期のヨーロッパ・日本と同じ位置にある，新たな周辺地域（アメリカ市場での輸出シェアを確保するため，中央銀行が，自国通貨の増価を抑制するために為替市場でドル買い介入を行っている地域）を構成しているアジア諸国では，ブレトン・ウッズ体制下の先進工業国と違って，各国の利益よりも共通の利益を優先することが難しい。第2に，現在は，ブレトン・ウッズ体制期と違ってドルとの競合通貨が存在する。ブレトン・ウッズ体制期には，世界第2位の準備通貨はイギリス・ポンドであり，ドルに代わるほど保有する魅力がある通貨ではなかった。そのため，ブレトン・ウッズ体制支持国は国際的なシステムの安定に支援するしかなかった。しかし，対照的に現代においては，ユーロが存在している。第3に，ブレトン・ウッズ体制の下では，アメリカは少なくともドルと金の固定レートでの兌換という制度上の義務を受け入れていたのに対し，現代では，アメリカの政策当局の意図は曖昧である。このため，他国の中央銀行がドルを積極的に保有するか，また周辺国間の協調の結束がどの程度強いかは，外国中央銀行の請求権の価値を維持するという準備通貨国（アメリカ）のコミットメントを，他の諸国がどのように受け止められるかに依存している。第4に，公的資本と民間資本の力関係が異なる。資本移動規制の撤廃により，現状の為替レートの相互の位置関係に圧力を加える民間資本取引を封じ込めることが，より困難になってきている。第5に，アジア諸国の政策当局者が，金ドル交換停止にいたったブレトン・ウッズ体制の歴史的事実を

しっかり把握しており，自国通貨の過少評価により輸出を増大させるというメリットを減少するトレンドを自覚していることが挙げられる。

ドル・ユーロ・人民元の複数基軸通貨体制へ

現在の国際通貨システムは，ドル・ユーロ・人民元の三極通貨体制に移行しつつある。このシステムが安定的かどうかの見通しは不明である。リカーズは言う。すでに第3次通貨戦争（第1次1921-36年，第2次1967-87年に続く第3次）が始まっていると考えるものもいる。リカーズによれば，現在の第3次通貨戦争が，第1次通貨戦争での第2次世界大戦のような悲劇的な結末を迎えるか，それとも第2次通貨戦争での国際マクロ政策協調のようにソフトランディングするかは分からない。ただし，次のことは確実である。1980年代以降の経済成長，紙幣発行量の増大，デリバティブ（金融派生商品）の活用による負債の劇的な増加を考慮すると，今回の（第3次）通貨戦争は，真の意味でグローバルな性格を持ち，未曾有の規模で戦われる。現在の主要戦線はドル対人民元の太平洋戦線，ドル対ユーロの大西洋戦線，ユーロ対人民元のユーラシア戦線である。この地理的な呼称はあくまでも比喩的なもので，実際のところ，通貨戦争は世界の全ての主要金融センターで同時的に，自動システムによって行われている。これら3つの戦線を俯瞰すると，大西洋戦線，すなわちドルとユーロの関係は，対立というよりは相互依存と考えた方がよい。米欧間の資本市場や銀行システムの連携は，世界の他のどの地域における2地域間の金融関係と比べても大規模かつ深いからである。ユーロと人民元の関係は前者の後者への依存関係と呼べるであろう。中国は南ヨーロッパ諸国のようなヨーロッパ周縁国の救済者になりうる存在だからである。最後に，ドルと人民元の争いは，現代のグローバル金融の最大の関心事であり，第3次通貨戦争の最も重要な戦線である。米中貿易戦争，人民元問題のさらなる検討が必要であろう。

> **参考文献** バリー・アイケングリーン著，畑瀬真理子・松林洋一訳（2010）『グローバルインバランス』東洋経済新報社。
> ジェームズ・リカーズ著，藤井清美訳（2012）『通貨戦争』朝日新聞出版。

（坂出）

Q99

国際関係

トランプはドン・キホーテか？

〈まとめ〉

アメリカは第2次南北戦争進行中か？

　2006年，ヨーロッパ歴史小説の妙手佐藤賢一が発表した『アメリカ第二次南北戦争（*The Civil War II*）』は，2013年に南西部諸州がアメリカ連合国独立を宣言し，北部のアメリカ合衆国との内戦が勃発するというストーリーである。同書は，近未来SFとして確かな洞察力を持っていた。サミュエル・ハンチントンは，『分断されるアメリカ』では，国内的にはアングロ・プロテスタント文化とヒスパニック系移民（→**Q11**）との分裂が進行していると分析した。トランプは，この分断において取り残されたラストベルト（→**Q73**），失業の危機に瀕した白人労働者（→映画⑦）に焦点を当て，エキセントリックに不法移民阻止のための「トランプ・ウォール」（→**Q72**）建設，自由貿易協定（NAFTA・TPP離脱（→**Q92/93**）），オバマケア撤廃（→**Q87**），銃規制反対（→**Q71**）およびあからさまなレイシズム・女性差別を掲げた。2016年12月の大統領選挙で，絶対的優勢と見られていた民主党候補ヒラリー・クリントンに，クリントン夫妻・オバマが進めてきた「リベラルな」価値観を徹底的にこき下ろしたトランプが勝利したのは，時期的にも佐藤が予見した「第二次南北戦争」を連想させる。

ニューエコノミーとトランプ政権

　アメリカのリベラルが約束し，ケインズ型マクロ経済学によって経済理論的正当化をされたニューディール政治経済秩序（→**Q100**）は，1970年代のスタグフレーション（インフレと不況の同時進行→**Q51**）によって行き詰まった。その打開策がレーガノミクス（→**Q52**）の提示した「アメリカ経済再生」，そのための「小さな」政府と競争力政策（→**Q56/57**）であった。この打開策は，

政策体系と理念（→**Q62**），産業構造，社会保障（→**Q45-47**），人的資本（→**Q63**）の諸側面で，アメリカ経済を大きく変革し，1990年代以降のアメリカ経済の活況を生み出した。

「ニュー・エコノミー」（→**Q53-55**）は，「ジョブレス・リカバリー（雇用なき景気回復）」・「産業空洞化」とシリコンバレーへのイノベーションセクターの集中（→**Q74/75**），金融セクターおよび金融派生商品の拡大とサブプライム層労働者（→**Q68**）のそれらへの依存という不均衡を伴った。その不均衡は，サブプライム住宅ローン危機（2007年），リーマン・ショック（2008年）（→**Q69/70**）によって，白人製造業労働者に経済的にもアイデンティティ的にも絶望感を与えた。これを汲み取ったのがトランプである。

ホセ・オルテガ・イ・ガセット『大衆の反逆』（1929年）

スペインの哲学者ガセットは『大衆の反逆』で，大国スペイン没落の要因として「高貴な貴族」と「大衆人」（mass-man）の分裂，後者の野蛮性を批判した。大衆社会論の嚆矢であり，大衆蔑視ともとられるオルテガの議論は彼の初期作「ドン・キホーテをめぐる思索」（1914年）を合わせて考えると，単純なエリート・大衆二元論でないことに気づく。物語と現実の区別が付かなくなり，中世騎士を気取って風車との闘いに赴くドン・キホーテの再解釈に何らかの寓意があるようにも見えるからである。

職をなくしたラストベルトの白人男性労働者ら大衆受けをするレトリックを連発し，エリート・リベラル層の代表としてヒラリー・クリントンを口撃したトランプには，なにかしらオルテガの見たドン・キホーテ像と重なるものがある。これには，ドン・キホーテの忠実な下僕サンチョ・パンサを演ずる日本政府を合わせて考えるべき点がある。

（坂出）

Q100 ポスト・ニューディール政治経済秩序はどこへ向かうか？

国際関係

〈展　望〉

建国理念からニューディール政治経済秩序へ

　アメリカは建国（→**Q7**）以来，マニュフェスト・デスティニー（→**Q8**）に則って，西部・フロンティア（→**Q9**）への拡大を続けた。そこでは，自主独立の家族経営自営農民の精神が最善のものとされた。しかし，19世紀末に，ヨーロッパと異なる社会の「安全弁」とされていたフロンティアは消滅（→**Q12**）した。その後，金ピカ時代・1930年代不況のなかでニューディール政策が断行された。ニューディールは多面的であるが，少なくとも，上記の「自立自助」の社会理念からの転換を含むものであり，社会保障（→**Q44-47**）の本格的登場・労使関係の変化から成る「福祉国家」「アメリカ産業社会」の登場を意味した。これを，ニューディール政治経済秩序（連邦政府と労働者のニューディール契約）と呼ぼう。「アメリカ産業社会」の基礎であるワグナー法（→**Q21**，1935年）は，フォード社が確立した大量生産・大量販売，ローンを通じた労働者の奢侈品（自動車）購入を通じ，消費者にもなるというフォーディズム（→**Q15**）がアメリカ社会全体に拡張されたものであり，また，1946年雇用法によってアメリカ大統領にマクロ経済政策を通じて国民の完全雇用達成を義務づけることによって国家体制の政策枠組みとして確立された。

　この契約は，アメリカ社会において１つのモデルではあったが，ナチュラル・ボーンなものではない。アメリカの建国理念からすると，ケインズ経済学的理念がしばしば重視する国家による需要創出よりも，自主独立の自営農民によるフロンティアの開拓（→**Q9**）がアメリカ「家族」「文化」の基本線であり，国家の介入を排除・最小化しようとするレーガノミクス（→**Q52**）の経済理念・規制緩和（→**Q40**）はその延長線上にあるといえる。

　そうしたアメリカ政府像は，連邦政府の歳出・歳入の推移・社会保障と軍事

支出の推移に端的に現れる（→**Q43-47**）。戦後アメリカ経済は基軸通貨特権国（→**Q49**）として，「ガン&バター（軍事も社会保障も）」を追求し得た。レーガノミクスは理念としては，上記のように「小さな政府」を目指したが，実際の景気回復はレーガン軍拡による軍事スペンディングの果たした役割が大きく，そのために拡大した双子の赤字（貿易赤字と財政赤字）は国際マクロ政策協調によって資金調達された（→**Q61, 66**）。

企業家（イノベーター）と独占，強い政府

アメリカの独立不羈と進取の気性は，自動車社会を切り開いたヘンリー・フォード（→**Q15**），IT社会において堅固な地位を占めているシリコンバレー（→**Q74**），アマゾン（→**Q79, 80**），フェイスブック（→**映画⑥**）などのイノベーター（→**Q75**）に見て取れる。多くの論者が言及するようにアメリカのイノベーション力がアメリカの競争力の根幹にあることは間違いない。一方，こうしたイノベーションが，既存の独占との関係（→**映画③**）・連邦政府（司法省）の反トラスト法（日本の独占禁止法に当たる→**Q37**）の厳格なレギュレーションの管理下にあり，またそうであるからこそアメリカのイノベーション力が強力であることに着目する必要がある。

1970年代のオイルショック・スタグフレーションからレーガノミクスを出発点とした経済構造改革が進展した。そのプロセスで，ニュー・エコノミー（→**Q53-55**），サブプライム問題（→**Q68**），リーマン・ショック（→**Q69, 70**）といったジグザグを伴いながら，アメリカ政府・中央銀行は，量的緩和（→**Q83**）・ゼロ金利政策という非伝統的金融政策に取り組んできた。今日，トランプ政権は，欧日が追随し得ない量的緩和からの「出口」（→**Q86**）を実行し，政策金利・為替・関税のユニラテラル（自国本位）な活用を試みている。この行方を注視したい。

（坂出）

あとがき

　さて本書をひもといてひととおり読んだ読者は，どのような感想をお持ちであろうか。本書をアメリカ経済の入門書と考えた場合，本書によって得られた知見をどのようにさらに展開すれば良いのか，ここではそのヒントになるような議論のすじ道を考えてみたい。

　経済史の観点から見ると，ある国，ないしはある地域において，産業の発展は農耕の開始から始まって，手工業から工業，製造業へと発展（これらをオールド・エコノミーと呼ぶこともある）し，やがて，商業からサービス業に重点が移る。19世紀はおおむね製造業中心だったが，20・21世紀，特にその後半にはサービスとニュー・エコノミーと呼ばれる新産業群が次第に中心となってゆく。アメリカの場合，第2次大戦後の30年間は製造業の競争上の優位がきわだち，産業覇権の時代であった。しかし，やがて日本やヨーロッパ諸国の競争力が追いついて行き，貿易面でも，輸出入の優位を後発諸国に譲り渡すことになった。

　ここで注意しなければならないのは，産業構造と政治史や社会史の発展とは必ずしもいつも並行的に進むものではないということである。アメリカが旧来の産業の伝統と市場に大きく束縛されて，新産業への転換がうまくいかないのは，ある程度まで仕方のないことであろう。中国の事例を見れば分かるように，ニュー・エコノミーへの転換はヨーロッパやアメリカ，場合によっては日本の歴史よりもスムーズだと見られる。

　ドナルド・トランプが大統領になってからというもの，イスラム圏からの移民を禁止ないし制限すると表明することが多い。アメリカという国は，もともと先住民しかいなかった荒野に最初は主としてヨーロッパ方面から移民が集住してできあがった国である。そして，過去180年間のアメリカへの移民を出身地別に見ると，アメリカがヨーロッパとの紐帯を強めていた19世紀まではヨーロッパからの大量移民が主流であり，南北アメリカとの関係を強化してきた20

世紀以降はそれらの諸国からの移民が増大するという変動が読みとれる。これらの変化は，その時々の政権や各階層の，場合によっては急激な考え方の変転が引き起こした結果であった。この場合，社会経済的には，ある地域コミュニティにとって新たな移民集団が大きなプラスの変動をもたらすことがしばしば起きてきたことは記憶にとどめるべきであろう。

　一般に，トランプ大統領の支持基盤の話をするとき，オハイオやペンシルベニア，ウエスト・バージニア州に住むラストベルトの白人ブルーカラー労働者，という答えが返ってくることが多い。こうした解答がいつも間違っているわけではないだろう。しかしながら，このように民衆がずらずらとトランプ大統領の後に追従している姿を思い浮かべるなら，現実は少し違うのではないかという気がする。エリートと民衆のあいだには多くの階層化された中間的な人々が時に応じて異なる判断をして政治の世界に影響力を行使してきたのである。

　リーマン・ショック以降より鮮明になったアメリカの上流階級と新下層階級とのあいだの社会的，経済的乖離についてここで述べなくてはならないだろう。何よりも，この間の産業セクターに対する金融セクターの急速な伸びが，国民経済的に見た上流階級の所得や資産のシェアを格段に増大させた。アメリカの政治学者で階級分析に詳しいチャールズ・マレー（『階級「断絶」社会アメリカ』橘明美訳，2013年）によれば，1960年代初頭のアメリカには下層階級も上流階級も存在しなかったが，今や所得階層の上から5％に属する人々が新上流階級として出現した。これは世帯所得19万9千ドル以上の階層である。今や新上流階級は，アメリカの経済，政治，文化を形成する人々が担っており，他方で，新下層階級は，労働や結婚など，アメリカの市民文化の根底を形成する制度から脱落した人々によって構成されている。注意したいのは，上流階層の政治的連帯の強化がこのようにして生みだされたことである。

　アメリカの社会と経済，そして政治の現在，未来を正しく把握するには，以上のような立体的，複眼的な認識が必要なのである。

多くの執筆者の原稿のとりまとめを必要とした本書の出版は，中央経済社学術編集部酒井隆氏のご尽力なしには成立しなかった。本書はアメリカ経済史学会出版助成の支援を受けた。記して感謝したい。

　本書執筆者松尾文夫先生（元共同通信社ワシントン支局長）は，アメリカ東部時間2019年2月25日，人生を閉じる間際まで実践されたアメリカ現地調査の途上，ご逝去された。刊行を待たずご逝去された松尾文夫先生に謹んで本書を捧げたい。

索引

●英数

401（k）プラン ………………… 117, 118
CAB ……………………………… 104
CEO ………………………………… 93
DARPA …………………………… 143
EV ………………………………… 196
Eコマース ………………………… 193
F. J. ターナー ………………… 24, 67, 36
FRB ………………………………… 90
FTA ……………………………… 218
GAFA …………………………… 194
IMF …………………… 88, 91, 120, 138
IT …………………………… 136, 188, 192
IT産業 ……………………………… 3
LCC ……………………………… 105
M&A ……………………………… 92
NAFTA ………………………… 4, 220
「N番目の通貨」論 ……………… 121
S＆L ……………………………… 149
TPP …………………………… 4, 219
TVA ……………………………… 58
T型フォード …………………… 29, 42
USTR ……………………………… 86
WTO ………………………… 87, 227

●あ行

アファーマティブ・アクション ……… 49
アマゾン ……………………… 145, 192
アメリカ革命 ……………………… 15
イノベーション ………………… 184
移民 …………………………… 3, 34, 178
医療 ………………………………… 5
医療保険 ………………………… 209
インフレ目標 ………………… 199, 205
インペリアル・サークル ………… 151

エコシステム …………………… 191
エリー運河 ………………………… 16
エリサ法 ………………………… 117
オイルショック ……………… 131, 156
オイルダラー …………………… 156
オバマケア …………………… 4, 113, 208
オフショアリング ……………… 143

●か行

確定給付型 ……………………… 118
確定拠出 …………………… 118, 211
株主価値 ………………………… 93, 170
環境 ……………………………… 73
管理フロート制 ………………… 89
企業年金 ………………………… 116, 210
技術政策 ………………………… 222
決められない政治 ………………… 81
競争力問題 ……………………… 141
金本位制 ………………………… 7, 55
グラス・スティーガル法 ……… 62, 65
グラム・リーチ・ブライリー法 … 63, 65
クレイトン法 …………………… 94
グローバリゼーション ………… 138
グローバル・インバランス ……… 230
グローバル価値連鎖（Global Value Chains） ……………………… 228
黒字国責任論 …………………… 158
経済ナショナリスト ……………… 86
ケインズ学派 …………………… 152
公民権法 ………………………… 77
合理的期待 ……………………… 152
国際金本位制 ………………… 121, 158
国際流動性 ……………………… 122
『国富論』 ………………………… 21
コットン・ジン …………………… 14
コルレス制度 …………………… 64

241

●さ 行

歳出予算法……………………………… 108
再生可能エネルギー…………………… 107
財政の崖………………………………… 215
サイバーセキュリティ………………… 222
債務上限法……………………………… 215
サブプライム・ローン…… 170, 173, 174
サプライサイド………………………… 154
サマーズ………………………………… 203
サンベルト……………………………… 103
シェアクロッピング制………………… 19
シェール・ガス………………………… 107
シカゴ学派……………………………… 152
システムインテグレーター…………… 146
自動運転………………………………… 197
ジムクロウ法…………………………… 19
シャーマン法…………………………… 94
社会保障………………………………… 5
銃乱射事件……………………………… 3
受給権…………………………………… 117
シリコンバレー………………………… 182
人的資本論……………………………… 48
スタグフレーション………… 3, 8, 130
スタンダード・オイル社……………… 38
スムート・ホーレイ関税法…… 56, 120
制憲会議………………………………… 20
西部開拓…………………………… 24, 36
世界大不況……………………………… 2
全国産業復興法………………………… 58

●た 行

大恐慌………………………… 54, 57, 67
タバコ…………………………………… 15
中間層…………………………………… 5
中産階級………………………………… 8
中小企業庁………………………… 46, 186
長期停滞…………………………… 163, 202
『沈黙の春』…………………………… 106
テイラー・ルール……………………… 204
ディロンの原則………………………… 75
「出口」………………………… 3, 201, 206
デュポン社………………………… 40, 45
デレギュレーション…………………… 3, 5
ドッド・フランク法…………………… 216
トランプ減税……………………… 187, 212
トリフィンのジレンマ………………… 122

●な 行

内陸水運………………………………… 17
南北戦争………………… 18, 23, 32, 42, 102
ニュー・エコノミー…………… 3, 8, 134
ニューディール… 2, 5, 13, 43, 54, 61, 100, 114
ニューディール連合…………………… 85
ねじれ議会……………………………… 83
年金……………………………………… 5

●は 行

バイオ…………………………………… 190
パリ協定…………………………… 4, 224
ビジネスアーキテクチャ……………… 229
ヒスパニック系移民…………………… 35
ファニーメイ……………………… 123, 172
フィリップス曲線………………… 130, 153
フィリバスター………………………… 80
フェイスブック社……………………… 128
フォーディズム…………………… 42, 44
福祉国家………………………………… 114
福祉資本主義…………………………… 116
双子の赤字………………………… 3, 160
ブラケット・クリープ………………… 110
プラザ合意………………………… 89, 160
ブラック・マンデー…………………… 89
フランクリン・ルーズベルト…… 13, 76
プランテーション……………………… 30

ブルー・ステイツ…………………79	綿花……………………………15, 31
フレディーマック……………123, 172	●や　行
フレデリック・テイラー…………42, 44	
ブレトン・ウッズ………2, 120, 125, 230	予算編成……………………108, 214
フロンティア……………………36, 67	●ら　行
ペコラ調査…………………………62	
ベトナム戦争……………………70, 133	ラストベルト………………4, 103, 181
ベン・バーナンキ………………198, 203	ラッファーカーブ…………………150
ペンション…………………………112	リーマン・ショック………………3, 44
ヘンリー・フォード………………43, 44	量的緩和……………………200, 206
ホームステッド法…………………36	ルーブル合意………………………89
保護関税……………………………18	レーガノミクス……………132, 154, 160
ボルカー・ルール…………………216	レッド・ステイツ………………79, 100
●ま　行	連邦公開市場委員会（FOMC）………90
	連邦税制……………………………110
マイノリティー……………73, 103, 167	ローレンス・サマーズ…………163, 202
ムーアの法則………………………136	ロバート・マンデル………………163
明白な天命………………………3, 22	●わ　行
メディケア………………108, 110, 112	
メディケイド………………………113	ワグナー法…………………………58

243

◉執筆者紹介（五十音順・★は編著者）

★秋元　英一　　千葉大学名誉教授
　浅野　敬一　　大阪経済大学経済学部教授
　伊藤　裕人　　元大阪経済大学教授
★加藤　一誠　　慶應義塾大学商学部教授
　河音　琢郎　　立命館大学経済学部教授
　小林　健一　　元東京経済大学教授
★坂出　健　　　京都大学公共政策大学院准教授
　地主　敏樹　　関西大学総合情報学部教授
　篠原　健一　　京都産業大学経営学部教授
　柴田　努　　　岐阜大学地域科学部准教授
　下斗米　秀之　明治大学政治経済学部専任講師
　須藤　功　　　明治大学政治経済学部教授
　豊田　太郎　　駒澤大学経営学部教授
　豊福　裕二　　三重大学人文学部教授
　長谷川　千春　立命館大学産業社会学部准教授
　塙　武郎　　　専修大学経済学部教授
　藤木　剛康　　和歌山大学経済学部准教授
　本田　浩邦　　獨協大学経済学部教授
　松尾　文夫　　元ジャーナリスト
　松村　博行　　岡山理科大学経営学部准教授
　水野　里香　　横浜国立大学非常勤講師
　村山　裕三　　同志社大学大学院ビジネス研究科教授
　森原　康仁　　専修大学経済学部教授
　柳生　智子　　慶應義塾大学経済学部准教授
　山縣　宏之　　立教大学経済学部教授

◉イラスト（本文・カバー）

　小野　綾子

●編著者紹介

坂出　健（さかで　たけし）
京都大学公共政策大学院准教授
博士（経済学）（京都大学）
専攻：国際安全保障・国際政治経済学・世界経済史
主著：『イギリス航空機産業と「帝国の終焉」――軍事産業基盤と英米生産提携』（2010，有斐閣），D・エジャトン著『戦争国家イギリス――非福祉・反衰退の現代史』（（監訳）2017，名古屋大学出版会）

秋元　英一（あきもと　えいいち）
千葉大学名誉教授
博士（経済学）（東京大学）
専攻：アメリカ経済史
主著：『ニューディールとアメリカ資本主義――民衆運動史の観点から』（東京大学出版会，1989），『アメリカ経済の歴史，1492-1993』（東京大学出版会，1995），『世界大恐慌』（講談社学術文庫，2009）。

加藤　一誠（かとう　かずせい）
慶應義塾大学商学部教授
博士（経済学）（同志社大学）
専攻：交通経済，アメリカ経済
主著：(共編著)『空港経営と地域』（成山堂書店，2014年），(共編著)『交通インフラの多様性』（日本評論社，2017年）

入門　アメリカ経済Q&A100

2019年5月20日	第1版第1刷発行
2021年5月30日	第1版第4刷発行

編著者　坂　　出　　　　　健
　　　　秋　元　英　　一
　　　　加　藤　一　　誠

発行者　山　本　　　　　継

発行所　㈱中央経済社

発売元　㈱中央経済グループ
　　　　パブリッシング

〒101-0051　東京都千代田区神田神保町1-31-2
電話　03 (3293) 3371（編集代表）
　　　03 (3293) 3381（営業代表）
https://www.chuokeizai.co.jp
印刷／三英印刷㈱
製本／㈲井上製本所

Ⓒ 2019
Printed in Japan

＊頁の「欠落」や「順序違い」などがありましたらお取り替えいたしますので発売元までご送付ください。（送料小社負担）
ISBN978-4-502-29191-3　C3033

JCOPY〈出版者著作権管理機構委託出版物〉本書を無断で複写複製（コピー）することは，著作権法上の例外を除き，禁じられています。本書をコピーされる場合は事前に出版者著作権管理機構（JCOPY）の許諾を受けてください。
　JCOPY〈http://www.jcopy.or.jp　eメール：info@jcopy.or.jp〉

本書とともにお薦めします

新版 経済学辞典

辻　正次・竹内　信仁・柳原　光芳〔編著〕　　四六判・544頁

本辞典の特色

- 経済学を学ぶうえで，また，現実の経済事象を理解するうえで必要とされる基本用語約1,600語について，平易で簡明な解説を加えています。

- 用語に対する解説に加えて，その用語と他の用語との関連についても示しています。それにより，体系的に用語の理解を深めることができます。

- 巻末の索引・欧語索引だけでなく，巻頭にも体系目次を掲載しています。そのため，用語の検索を分野・トピックスからも行うことができます。

中央経済社